영남대학교

인문학

육성총서

···34

저자 소개

김정화

영남대학교 국어국문학과 교수
「고시 율격의 비교학적 연구」 외 논문 다수

권현주

영남대학교 기초교육대학 객원교수
「유배가사에 나타난 세계관의 양상 연구」 외 논문 다수

운포 이중린의 북정가
초판 발행 2024년 4월 30일
옮긴이 김정화, 권현주
디자인 정재완
펴낸곳 영남대학교출판부
펴낸이 최외출
출판등록 1975년 9월 5일 경산 제16-1호
주소 경북 경산시 대학로 280
전화 053) 810-1802~4
FAX 053) 810-4722
홈페이지 book.yu.ac.kr

ISBN 978-89-7581-956-8 (93810)

값은 표지 뒷면에 있습니다.
잘못 만들어진 책은 바꾸어 드립니다.

운포 이중린의 북정가

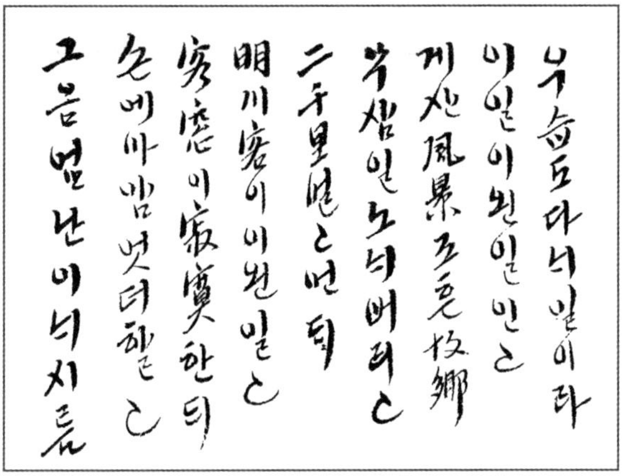

김정화, 권현주 옮김

영남대학교출판부

서문

<북정가>는 운포 이중린이 쓴 유배가사로, 현재 영남대학교에서 소장하고 있는 도남문고본 『歌曲三十八種』에 들어있는 작품이다. 도남은 경북 안동이 가사의 본거지 중 하나라는 점에 착안하여, 하회에 거주하고 있던 류재하[1]라는 분에게 하회 지역의 가사를 등사하도록 부탁하였다. 이에 류재하씨는 지역에 유통되던 가사를 등사하여 『歌曲三十八種』 외에 『歌曲十三種』, 『歌曲十四種』 등 3권의 책을 만들어 도남에게 보냈다.[2]

---

1 류재하(柳在夏). 1897-1966. 본관은 풍산이고 자는 래옥(來玉)이다. 생부는 시원(時源)으로, 백부(伯父)인 시억(時億)의 양자로 갔다. 겸암(謙庵)과 서애(西厓)의 증조부였던 류자온(柳子溫)의 셋째 아들 류공석(柳公奭)의 후손으로, 모하당파(慕河堂派)의 27세 주손(胄孫)이다.

2 『歌曲三十八種』표지에는 책제인 歌曲 三十八種 및 등사자의 이름과 주소(慶北 安東郡 豊南面 河回洞 謄本者 柳在夏), 지면수(紙數 五百十六枚)가 기재되어 있다. 『歌曲 13種』의 표지 뒷면에는 류재하씨가 도남에게 쓴 짧은 편지글이 있는데, '歌曲은 謄寫하온ᄃᆡ로 우션 付送ᄒᆞ오니 考領하신 후 料金은 生에 名義로 惠送하시기를 千萬切仰切仰~'으로 보아, 도남은 안동 하회에 거주하고 있는 류재하씨와 접촉을 했고 그에게 그곳의 가사를 직접 등

현재까지 알려진 유배가사가 20편 정도밖에 되지 않는 상황에서 또 하나의 유배가사가 발견되었으니 실로 놀라운 일이 아닐 수 없다. 게다가 <북정가>는 양반 사대부가의 작품이면서 상당한 장편이고, 가장 최근의 유배가사이며, 규방 공간에서 향유되었다는 점 등 여러 면에서 비상한 관심을 끈다.

<북정가>의 존재를 처음 알았을 때가 2013년 봄이다. 영남대학교 도서관 도남본 장서를 검토하던 중 몇 편의 가사를 만났다. 여기저기서 필사본을 심심찮게 봐왔지만, 이미 알려졌거나 작품성이 현저히 떨어지는 것들이 대부분이어서 처음 도남본 장서를 대할 때도 큰 기대는 없었다. 책 맨 앞장에는 수록 작품 목록이 있었는데, <북정가> 역시 이미 알려진 기행가사 <북정가>의 이본이겠거니 생각했다. 이본의 필사 정도를 알기 위해 펼쳐 본 <북정가>는 그야말로 놀라움 자체였다. 그해 여름 <북정가>의 존재를 학계에 알렸고,[3] 그때부터 교주 작업에 들어갔다. 류재하씨의 글씨는 비교적 알아보기 쉽게 정서된 것이었으나, 워낙 오탈자가 많고 어려운 고사나 인용구가 많아 교주 작업은 생각보다 쉽지 않았고 긴 과정이 되었다.

혹시나 해서 지속적으로 이본을 찾는 과정에서 풍산류씨 하회 화경당(북촌)에서 나온 화경당본 <북정가>를 손에 얻게 되었다. 현재 화경당본 <북정가>는 한국가사문학 국가지식 DB에서도 확인할 수 있다. 그런데 화경당본 <북정가>는 전문이 기록되어 있지 않

사하여 자신에게 보내 줄 것을 부탁했으며 그 수고에 상응하는 돈까지 지불하기로 약속했음을 알 수 있다. 책의 등사 순서는 『歌曲 13種』, 『歌曲 14種』, 『歌曲 38種』 순이다.

3 김정화, 「유배가사 <북정가> 연구」, 『민족문화연구』 제 54집, 영남대학교 민족문화연구소, 2013.

았으며, 순한글 필사본으로 오탈자가 도남본에 비해 훨씬 많았다. 운포 이중린의 족적에 관해서는 운포의 건국훈장 애족장 추서를 주도적으로 진행하신 장인진 선생님으로부터 많은 정보를 얻을 수 있었다. 그러면서 운포의 후손 이필상씨와 연락이 닿아 내심 <북정가>의 가장본을 기대했으나, 이필상씨는 <북정가>의 존재를 알지 못하셨다. 하지만 운포의 문집을 확보함은 물론, 운포의 활동상을 접하면서 <북정가>를 쓰게 된 배경도 추측할 수 있게 되었다.

교주에 큰 도움을 주셨던 고 홍재휴 선생님과 사모님의 은혜는 결코 잊지 못할 것이다. 제자의 일이라면 본인의 일보다 더 기뻐하고 슬퍼하셨던 선생님과 사모님의 온정에 못난 제자는 몸둘 바를 모를 따름이다. 또한 바쁘신 시간을 쪼개 필자의 우둔한 질문에 현답을 내려 주셨던 경북대학교 황위주 선생님께도 머리 숙여 감사의 마음을 전한다. 관련 자료와 업적을 선뜻 내 주시며 격려해주셨던 장인진 선생님, 운포(雲圃) 이중린(李中麟)의 후손 이필상씨께도 이 자리를 빌려 큰 고마움을 전한다. 아울러 교주의 처음부터 끝까지 늘 함께 고민하고 즐거워했던 권현주 박사, 그리고 윤독 과정에 참여하면서 일자사(一子師)가 되어 주었던 김미정, 김하나, 백규리, 우세인 선생에게도 고마움을 전한다.

한편으로 기대에 미치지 못함이 부끄러울 뿐이다. 시간이 더 지나면 조금 더 나은 교주를 완성할 수 있겠지만, 이미 너무 많은 시간이 흘러 죄송하기 짝이 없다. 더이상 출간을 미루는 것은 도리가 아니라 생각하고 무식한 용기를 내본다. 이제서라도 고마운 분들의 은혜에 조금이라도 보답하고자 하는 마음과 그동안 <북정가>에 대한 책임감을 조금이라도 덜고 싶은 마음에서 이번 출간을 결심하게 되었음을 고백하며 학계의 질정을 기다린다.

김정화

차례

제1부 해제편

1. 작자 및 작품 창작 배경

1) 작자, 운포(雲圃) 이중린(李中麟)의 생애

<북정가>의 작자는 운포 이중린이다. 필자는 영남대학교 도서관에서 도남본 <교녀가>와 <북정가>를 입수[1]하여, 연구를 진행한 바 있다.[2] 당시에는 <북정가>와 <교녀가>의 작자가 동일함을 밝히며, 작자를 운포 이중언으로 추정했었다. <북정가>의 표지에 작자가 이운포라는 기록이 있었고, 작품 속에서는 작자 자신을 '이중언'이라 표기하였기 때문이다.[3] 후에 <생조감구가>, <어느여자탄>과 <교녀가>, <북정가>의 비교를 통해, 이 작품들의 작자가 부녀지간임을 깨닫게 되었다. <생조감구가>와 <어느여자탄>의 작자는 이사호로 운포의 4녀였다. 그리고 <교녀가>, <북정가>의 작자는 이사호의 아버지로, 운포 이중언이 아니라 운포 이중린임을 알게 된 것이다.

이중린(李中麟, 1838-1917)의 본관은 진성(眞城)이고, 자는 진백(振伯), 호는 운포(雲圃)·황산(潢山)이다. 1838년 안동시 예안면 온혜동 용계

---

1 <교녀가>는 <북정가>와 같이 영남대학교에서 소장하고 있는 도남문고본 『歌曲三十八種』에 들어있는 작품이다.

2 김정화, 「<교녀가> 연구」, 『어문학』 125집, 한국어문학회, 2014. 「유배가사 <북정가> 연구」, 2013.

3 <북정가>에서 작자 자신을 '이중언'이라 한 것은 필사 과정에서 '린'을 '언'으로 잘못 보고 표기한 착오일 가능성이 높다. '엇즙짠은 셩명삼자 무명싸만 못하오니 리즁언 셋글자을 아무도 몰나스면 문닷고 안즌사람 이욕을 보긴는가' <북정가>.

리(龍溪里)에서 부친인 석포(石圃) 이만시(李晩蓍)와 모친 연안이씨(延安李氏) 사이에서 3남 1녀 중 맏아들로 태어났다. 진성이씨 상계파로 퇴계의 12대손이며, 계당(溪堂) 류주목(柳疇睦, 1813-1872)의 문하에서 공부하였다.

이중린의 생애 초반에 대한 자료는 많지 않다. 1873년 흥선대원군의 복위를 청하는 <청대원군복위소(請大院君復位疏)>를 지어 올린 것이 이른 시기의 활동으로 추정된다. 흥선대원군이 물러난 이듬해, 안동 유림을 중심으로 한 영남 선비들은 안동 숭부당(崇報堂)에 모여 대원군의 복위를 주장하는 상소를 올리기로 하였는데, 이때 상소문을 지을 사람으로 운포가 뽑힌 것이다. 이 상소로 말미암아 운포는 예천군 용궁현으로 유배되었다가 풀려난다. 1877년에는 경향에 뜻있는 선비들과 함께 문경 요성(堯城)으로 거처를 옮겨 상의계(尙儀禊)를 조직하고 학문을 강론하기도 한다.[4] <북정가>에 의하면 문경에서는 8~9년 정도 머물렀던 것으로 보인다. 1884년 갑신정변 이후 민씨 세력의 전횡이 심해지면서 영남 지역의 명망 있는 유생들이 귀양을 가게 되었고, 운포 역시 1885년 12월 구금되었다가 다음 해 2월 명천(明川) 유배를 선고받게 된다. 1886년 2월 29일 발행하여 유배지인 명천에 도착하지만, 바로 길주(吉州)에 이배(移配)되어 이곳에서 약 4년 정도 유배 생활을 한 후, 1890년 1월에 해배된다. 명천 유배를 소재로 하여 창작한 작품이 바로 <북정가>이다.

해배 이후 갑오변란이 있었던 1894년에는 당시의 총리대신인 경

---

4 장인진, 「운포 이중린의 척사정신과 의병항쟁」, 『영남학』 제9호, 경북대학교 영남문화연구원, 2006. p251.

상도 위무사(慰撫使) 이중하(李重夏)에 의해 조정에 천거[5]되기도 했다. 하지만 1895년 을미사변 후, 태양력의 사용, 단발령 실시, 양력 사용, 종두법 실시, 건양이라는 연호 사용 등이 공포되자 안동 지역에서는 의병봉기를 촉구하는 통문이 동시다발적으로 나왔다. 그 해 11월 29일에는 <예안통문>이 발의되었고, 12월에 운포는 <청진의려소(請鎭義旅疏)>라는 의진(義陳)을 청하는 상소문을 지어 조정에 올린다. <청진의려소>는 국모 시해와 국부의 삭발로 인해 핍박을 당한 일은 물론, 전 안동부 관찰사 김석중이 흉역의 앞잡이가 되어 활동하였던 일을 비난하고, 충성스러운 선비들과 함께 의병을 일으켜 역적을 토벌하겠다는 의지를 밝힌 것이다.[6]

---

5 『승정원일기』 고종 31년 갑오 12월 27일 기사 참고. '총리대신이 아뢰기를, "방금 경상도 위무사 이중하가 조목별로 진술한 별단을 보니, ~중략~ 안동의 유학 곽종석, 예안의 유학 이중린 등은 모두 훌륭한 행실로 인해 위무사가 천거하는 글에까지 올랐으니, 재능에 따라 등용해야 합니다."하였는데, 그대로 윤허한다는 칙지를 받들었다.'(摠理大臣, 卽見慶尙道慰撫使李重夏別單條陳者, ~중략~ 安東幼學郭鍾錫, 禮安幼學李中麟, 俱有實行, 至登剡牘, 隨材錄用爲宜. 奉旨依允.)

6 '삼가 아룁니다. 천지가 어두워지고 원수가 난리를 선동하여 왕비께서 시해되는 재앙이 있고 임금께는 머리를 깎도록 핍박하는 변고가 있었으니 신 등은 이것을 들은 이후로 목 놓아 큰 소리로 울면서 죽기를 맹세하고 망령되이 생각하기를 '나라의 원수를 갚지 못하면 신하의 대의를 펼 수 없고, 머리털을 지키지 못하면 부모님께 받은 몸이 온전하지 못하게 된다'고 여겼습니다. ~중략~ 신 등은 격렬한 충성심을 이기지 못하여 이에 인근의 충성된 지사(志士)와 의려를 일으켜 적을 토벌하려는 계획을 의논하였습니다. 마침 또 전(前) 안동관찰사(安東觀察使) 김석중(金奭中)이 흉역(凶逆)의 효시가 되었는데 남모르게 왜놈들을 모아 병정(兵丁)들과 함께 마구 몰아 충돌하고 살생과 노략질을 멋대로 행하니 여러 고을의 백성들이 놀라서 산

1895년 12월 9일에는 퇴계 학문을 계승한 자들이 중심이 된 예안의진이 결성되어, 대장에는 이만도(李晩燾), 부장에 이중린, 유격장에 이인화(李仁和), 중군장에 김석교(金奭敎)등이 포진하였다. 하지만 예안의진은 안동의진이 관군에 패하였다는 소식을 듣고 좌절에 빠져, 창의한 지 9일 만인 12월 18일에 해산하게 된다. 이후 1896년 1월 4일 운포는 흩어진 의병을 수습한 후 청량산에서 예안의진을 다시 세우고, 2대 대장 자리에 오르게 된다. 안동의진 역시 진용을 수습하게 되었고, 운포는 안동의진을 쳤던 안동부 관찰사 김석중(金奭中)의 목에 현상금을 걸고 체포령을 내렸다. 의병의 기세에 놀란 김석중은 문경에서 이강년의진에 의해 체포되어 처형당한다. 하지만 1896년 4월 19일 예안을 침범한 일본군이 퇴계종택에 불을 질러 건물과 문서, 서책을 모두 불태우는 일이 발생하게 되고 이로 인해 운포가 이끌던 예안의진은 해산하게 된다.[7] 이후 의병으로서의 운포의 행적은 알려진 바가 없다.

운포는 1902년에는 통덕랑(通德郞)의 품계를 받았으며, 소백산 기슭 천부산(千浮山)과 속리산 일대의 회인(懷仁) 등지에서 은거 생

골로 숨어 마을이 텅 비고 민가에서 불 때는 연기가 끊겼으니 이것은 참혹하여 차마 볼 수 없는 것입니다.'(伏以天地湮晦仇讎煽亂君母有犯弑之禍君父有逼剃之變臣等聞来號泣誓不欲生妄以爲國讎未復 則臣子之大義莫伸身鬂未保則父母之遺體不全非. ~중략~ 故臣等不勝彜衷之激乃與隣近忠志之士方謀擧義討賊之計矣適又前安東觀察使金奭中爲凶逆嚆矢潛募倭奴與兵丁長驅隳突恣行殺掠列邑人民駭竄山谷閭巷蕭條烟火斷絶已是慘酷不忍當覩.) 이중린, 『운포유고 (天)』 <청진의려소(請鎭義旅疏)> 중 발췌.

7 안동대학교 안동문화연구소, 『경북독립운동사 I 』, 경상북도, 2012. pp58~92. 참조.

활을 하다가 1917년 1월 20일 세상을 떠나게 된다. 2007년 운포에게는 건국훈장 애족장이 추서되었다.

2) <북정가>의 창작과 유배 동인

<북정가>는 명천에 유배를 가게 되면서, 자신의 인생을 돌아보고 고향을 출발하여 명천까지의 유배 여정을 그린 작품이다. <북정가>에서 운포는 자신의 유배가 무고에 의한 억울한 것이었음을 누누이 강조한다. 죄목에 대한 가장 구체적인 기술은 안동부에 잡혀가 하옥을 당한 후 관정(官庭)에 오른 부분에서 찾을 수 있다.

관자 숫틔 다짐하니 죄목이 무어신고
한죄목 일너스되 너이가 士儒로셔
자셰하야 호강하고 힝신이 괴약하니
직초을 하라하ᄂᆡ
어허 우습도다 죄목도 불명하다
엇지하니 자셰하며 엇지하니 호강이며
엇더하니 괴려한지 조목이 업셔스니
되덥흔 이공사가 쥬지타난 쳬격인가
죄목듯고 ᄉᆡᆼ각하니 모을노다 모을노다

새끼 결박을 당하고 형틀에 앉아서 듣게 된 죄명은 '자셰하야 호강하고 힝신이 괴약'하다는 것이다. 관문(關文)에는 죄목이 명시되지 않은 듯 보이며[8], '자세(藉勢)', '호강(豪强)', '행신(行身) 고약' 등은 고신(拷訊)을 당하며 들은 말인 듯하다. 죄목을 듣기는 했어도 도대체 이해할 수 없었고 관문에조차 없었으니 '주지타는 체격' 즉 덮어씌우는 것으로밖에 받아들일 수 없었다.

죄목을 인정할 수 없었던 운포는 자신이 참소를 당했음을 확신한다.

당당한 사ᄃᆡ부와 헌헌한 호걸남자
졔공명을 할일업고 남에기화 되단말가
간교하고 악독한놈 쥬사야탁 코우슴에
셰도붓는 조흔ᄭᅳᆫ이 ᄂᆡ몸이 되단말가
공명하난 거름쬥이 ᄂᆡ몸이 되단말가

당당한 사대부, 헌헌한 호걸남자가 자기 공명을 이루지 못하고 간교하고 악독한 놈들의 출세를 위한 빌미가 되었다는 것이다. 죄가 없는 자신이 '셰도붓는 조흔ᄭᅳᆫ', '공명하난 거름쬥이'가 됨에 대해 원통함과 분노를 표출한다.

남먹어 제잘되기 참소가 ᄌᆡ조로다
충후한 영남풍속 근ᄂᆡ에 ᄃᆡ변하야
힝셰가 추비하고 인심이 악착기을
무지한 셔북도가 오히려 추로로다
영남사람 거려여키 영남놈이 안이할가

---

8 '관자에 죄목업시 우연이 잡혀스니' <북정가>

밋고셔 쓰든독기 발등도 찍켜보니

일가도 못미덥고 친척도 못미더워

~

쳐남에 창질씨야 혈마나 엇더하랴

족하을 차즈라고 거기기별 하엿던니

~

그력져력 소문나셔 일가친척 차자왓니

날잡든 사람빅졍 그즁에 잇건만은

분명한 형젹업고 쪽쪽이도 모을바에

외면슈습 안이할가

죄인으로 추착(推捉)이 되었음을 듣자마자 직지어사(直指御使) 유석의 고자질[9]을 의심했고, 영남 사람의 참소임을 확실시했다. 한양에 도착한 후에도 모두 못 미더워 기별도 않고 가려다가, 처남 정창칠(鄭蒼七)에게 기별을 한다. 결국 소문이 나서 일가친척들을 만나게 되지만, 모여든 사람들 중에 '날잡든 사람빅졍'이 있음을 의심했다. 분명한 형적이 없고 똑똑히도 몰라 외면 수습은 해야하지만, 자신이 영남사람 특히 가까운 사람에게 참소를 당했음을 거의 확실시하고 있음을 알 수 있다.

표면적인 죄목이었던 '자세', '호강', '행신 고약'에 대해, 운포는 '자세', '호강'은 인정하지 않고, '괴려(행신고약)'에 대해서만은 인정 아닌 인정을 한다.

---

9 '어허 고이하다 이마리 왼말인고 직져어사 유셕이가 젹지을 하엿는가 관자에 죄목업시 우연이 잡혀스니' <북정가>

괴려라고 하난거시 남다른게 괴려로다
추세불이 하난세월 너난엇지 남다르며
탐ᄌᆡ호ᄉᆡᆨ 하난세월 너난어이 남다른야
거셰ᄀᆡ탁 남다르고 거셰ᄀᆡ최 남다르니
남다른게 괴려로다 괴려죄을 면할손야

추세불의(趨勢不義), 탐재호색(貪財好色)하는 혼탁한 세상에서 혼자 남과 달랐다는 것이 괴려죄라는 결론이다. 거세개탁(擧世皆濁), 거세개취(擧世皆醉)에 놓인 굴원처럼, 자신이 남과는 달리 홀로 깨끗하고 깨어있는 존재라는 것을 밝히고 있다.

科擧便 셔울가셔 世態을 살펴보니
염이염치 젼혀업시 ~ 토포악발 져려할가
~
조상으로 말을하면 졔가날만 못할게요
쳐심힝사 일은ᄃᆡ도 ᄂᆡ가져만 못할손가
~
富貴公名 하엿다고 교긍지ᄐᆡ 져려할가
문닷고 이려셜ᄌᆡ 다시볼 병신업다
彼丈夫 我丈夫라 자최하여 욕을볼가

아셔라 썬져두소 공명길 썬져두소 ~
親命이 게시기로 무심염불 하엿구나
징상명사 몰나스니 관절청택 이슬손가
규中에 잇는 쳐자 즁ᄆᆡ업시 시집가며

山間에 인난승이 졔손으로 삭발할가

모난바탕 둥근쭈게 마질수가 젼혀업고

낭걸비어 쳘엽하니 고기을 구할손가

그력져력 십오연에 명불과방 하엿구나

좋은 집안에서 태어나 과거(科擧)를 보기 위해 서울에 갔으나 엄청난 실망과 좌절에 부딪힌다. 이 부분은 당대 현실에 대한 운포의 시선을 그대로 보여준다. 구한말 선비의 눈에 비친 서울의 모습은 염우염치(廉隅廉恥)가 전혀 없고 아유구용(阿諛苟容), 협견첨소(狹見諂笑)가 성풍(成風)이었다. 부귀공명으로 교긍지태(驕矜之態)를 부리는 재상명사(宰相名士)의 모습을 직접 눈으로 확인한 운포는 실망감과 모욕감을 감추지 못한다. 부모님이 계실 때는 폐과(廢科)할 수 없어 무심염불(無心念佛)했을 따름이다.[10] 권력에 아첨하지 않고는 환로

10 결국 운포는 과거의 길을 접었지만, 상당히 명망 있는 유학자로 인정받았던 것으로 보인다. 1894년에는 경상도 위무사 이중하가 이중린을 포함한 영남 6인을 조정에 천거하기도 했고, 1902년에는 경상북도관찰사 조기하가 문학, 효행, 경제를 겸비한 자로 이중린을 포함한 10인을 거론한 바가 있다. 장인진, 「애국지사 운포 이중린 의병대장 생가 복원」 『열화』 33호, 진성이씨대종회, 2020. p153. 참조.
『고종실록』 32권, 고종 31년 12월 27일 기사. '1894년 조선 개국(開國) 503년 총리대신 등이 영남의 민폐를 지적하고 시정하는 대책을 아뢰다.' (總理大臣, 內務大臣, 度支大臣奏: 卽見慶尙道慰撫使李重夏別單條陳者, 俱係躬行探訪, 確鑿有據. 當此更張之會, 亟宜矯正, 臣等公同核閱, 謹將合行事件, 開列如左, 伏候聖裁. ~중략~ 安東幼學姜鋧·郭鍾錫, 禮安幼學李中麟, 星州前都事李種杞, 幼學李承熙, 善山幼學許薰, 俱有實行, 至登剡牘, 隨材錄用爲宜. 奉旨依允.)

(宦路)로 나갈 수 없는 세태를 냉소적으로 비꼬며, 불의와 타협할 수 없음을 확실히 보여주고 있다고 하겠다.

한편 유배의 실질적인 동인은 다음 구절을 통해 추측해 볼 수 있을 듯하다.

공동사젹 업슨후에 구일홈은 좃컨이와
엇둅짠은 셩명삼자 무명싸만 못하오니
리즁언 셋글자을 아무도 몰나스면
문닷고 안즌사람 이욕을 보긴는가

운포는 <북정가>에서 자신의 이름이 무명씨만 못하다고 한다. 공동사적(共同事跡)이 없었다면 예전부터 쓰던 이름은 괜찮겠지만, 지금에 와서는 어쭙잖은 자신의 이름이 세상에 알려졌기 때문에 이러한 욕을 당했다는 것이다. 위 구절을 그대로 본다면 운포가 하옥되어 욕을 보는 것은 공동사적으로 인해 이름이 이미 알려졌기 때문이다. 공동사적은 <청대원군복위소(請大院君復位疏)>[11]의 일을 의미할 가능성이 크다. 1873년 흥선대원군이 하야하자 영남의 유림들은 대원군의 복위를 청하는 상소를 올리기로 했고, 운포는 영남 유림을 대표하여 <청대원군복위소>를 썼다. 이 일은 운포의 이

<황성신문, 1184호(1902.8.15.) 잡보(雜報)> '學行薦報 慶北遞觀察使 趙夔夏씨가 管下四十一郡에 文學孝行經濟가 兼備한 者라도 李中麟 姜鳳永 趙昇衍 權萬植 朴海齡 李根重 張志求 姜薰 黃在晋 申弘均 等 十人은 內部에 薦報ᄒᆞ고 擇用00 ᄒᆞ얏더라' 『황성신문』 6, 한국문화개발사, 1973. p736. 참조.

11 이중린, 『운포유고 (天)』 <청대원군복위소(請大院君復位疏) 대영유작(代嶺儒作)>

름을 세상에 알린 계기가 되었던 것이다.

이와 관련하여, 운포의 넷째 딸인 이사호는 <생조감구가>에서 부친의 유배에 대해 다음과 같이 언급하고 있다.

> 국명이니 어명이니 어ᄉᆞ애 비관츄ᄌᆞᆨ
> 안동슈옥 허다욕경 분울한 우리마음
> 하날을 ᄢᅦ치고져
> ~
> 셩군이 계실터ᄋᆡ 부ᄌᆞ화친 죄목도 ᄒᆡ괴ᄒᆞ다
> 소인애 참소득의 소인애 참소득의
> 만고셩왕 쥬문왕도 유리옥ᄋᆡ 칠곤ᄋᆡᆨ년 ~
> 혼인날 셕양ᄭᆞ지 납제ᄂᆞᆫ 아니오니
> 만당애 모힌빈ᄀᆡᆨ 일졔히 ᄒᆞᄂᆞᆫ말이
> 위험한 이집소문 그집ᄋᆡ 드른 모양
> 퇴혼은 졍녕ᄒᆞ다[12]

<생조감구가>에서 언급되는 운포의 유배는 1886년의 일[13]이다. 선행 연구에서는 이사호가 말한 '부자화친'의 죄목을 운포가 흥선대원군의 복위를 도모한 일로 보았고, <청대원군복위소>가 명천

12 <싱조감구가>, 『가사문학주해연구』, 아세아문화사, 2005.

13 유배 당시의 상황을 서술하는 부분에서 <북정가>와 유사한 구절도 상당수 보이며, 특히 자신의 결혼을 앞두고 부친이 안동부에 하옥되었다는 기록을 보아도 1886년의 일임이 분명하다. <청대원군복위소>를 쓰고 안동부에 하옥되었을 때, 이사호는 5살도 채 안된 어린아이였고 <생조감구가>나 <어느여자탄>에도 1874년의 유배에 대해서는 언급이 없다.

유배의 직접적인 원인으로 지목되었다.[14] <청대원군복위소>는 최익현의 상소를 비난하고 천하인륜지도(天下人倫之道)와 고종의 효심을 강조하면서 대원군의 복위를 청하는 글이다. 그런데 <청대원군복위소>는 1873년 최익현의 대원군 탄핵 상소가 있고 대원군이 하야한 이듬해 1874년에 쓴 것이며, 이 일로 인해 운포는 그해 안동부에 하옥되었다가 명천이 아니라 예천군 용궁현으로 유배된다.[15] <북정가>의 유배는 1886년의 일이라 이와는 상당한 거리가 있다. 따라서 명천 유배 동인에 관한 선행연구는 재고의 여지가 있다고 하겠다.

그렇다면 이사호가 말한 '부자화친'의 죄목과 운포가 말한 '공동사적' 및 '이름이 알려진 사실'은 명천 유배와 어떤 관계에 있는 것일까. 공동사적을 <청대원군복위소>로 본다고 해서 이것이 명천 유배의 직접적인 동인이 되는 것은 아니다. <청대원군복위소>라는 공동사적이 있은 후 세상에 이름이 알려진 운포는 민씨 세력으로부터 지속적인 견제를 받았을 것임을 짐작할 수 있다. 흥선대원군은 실

---

14 '<생조감구가>에서 말한 부자 화친은 고종이 명성황후 민씨 입장에서 아버지인 대원군을 몰아붙여 부자관계가 악화되었기 때문이다. 급기야 순종의 세자 책봉 때 고종은 아버지인 대원군을 무시하고 참여시키지 않았다. 이를 본 안동의 선비들이 부자간의 화친이 나라의 복이고 치국의 근본임을 상소했다가 도리어 이를 미워하는 무리들에게 무고를 입고 국문을 받았다. 운포도 이러한 일련의 사건에 연루되어 안동 감옥에서 취조를 받고 함경도 명천으로 귀양을 가게 된다.' 장인진·남상권, 「<생조감구가>의 작자 고증과 작가 가문의 항일운동」, 『반교어문연구』 제20집, 반교어문학회, 2006, p165.

15 이만도, 『향산일기』, 국사편찬위원회, 1985. p192.

각 후에도 계속해서 정계의 복귀를 도모했고, 운포는 대원군을 지지하는 영남 유림의 일원이었다. 따라서 그가 대원군의 복권을 위해 지속적으로 노력했을 가능성은 다분하다. 더구나 1885년 청국에 유폐되어 3년을 보냈던 대원군의 귀환은 위정척사파들은 물론 영남 유림들을 들썩이게 했고, 민씨 세력으로서는 이 일에 민감하지 않을 수 없었을 것이다. 따라서 안동부에 추착되어 명천으로 유배를 가게 된 데는 대원군의 복위와 관련된 일이 동인이 되었을 가능성이 크다고 하겠다. 이사호가 <생조감구가>에서 언급한 '부자화친'을 <청대원군복위소>로 보는 것은 무리가 있지만, 대원군 복위를 위한 운포의 노력이나 행동 정도로 추정해 볼 수 있을 것이다.

3) 운포 이중린의 문학활동

운포는 <북정가> 외에도 <교녀가>와 <입산가> 등 총 세 편의 가사와 5수의 시조를 남겼다. 운포의 저술로는 『운포유고(雲圃遺稿)』와 『운포수간(雲圃手簡)』이 있는데, 여기에는 시조 5수 외, 다수의 한시와 한문 산문[16]을 찾아볼 수 있다. 이 외에도 한국국학진흥원과 한국학 중앙연구원 등에 운포가 남긴 일부 간찰이 보존되어 있다.[17]

<교녀가>는 <북정가>보다 거의 10년이나 앞서 창작된 것으로, 아내가 죽고 난 후 남겨진 어린 딸의 교육을 위해 지은 작품이다. <

---

16 『운포유고』에는 대략 시 256편, 산문 183편 등이 실려 전한다. 이중린, 『운포유고 (天),(地),(人)』 참조. 『운포수간』에도 33편의 시와 산문이 전하는데, 이 중 17편은 『운포유고』와 중복된다.

17 장인진, 「운포 이중린의 척사정신과 의병항쟁」, p257. 참조.

북정가>에 따르면 운포는 신미년(1871)에 선비상(先妣喪)을 당했고, 을해년(1875)에는 조부와 선인(先人)에 이어 아내까지 잃는 슬픔을 겪게 된다.[18] 당시 슬하에는 다섯 딸이 있었는데, 5녀인 후경이 두 돌이 채 되기 전[19]의 일이었다. 그 후 정축년(1877)에 속현(續絃)을 하여 딸들의 교육을 재취 부인에게 맡길 수 있었으니[20], <교녀가>의 창작은 1875년에서 1877년 사이의 일이라 짐작할 수 있다.

<교녀가>는 현재 도남본 1편, 화경당본 2편[21], 양주송씨본 1편, 도합 4편이 존재한다. 이 4편은 모두가 안동 지역에서 수집된 것이지만, 표기상, 내용상 각각 차이를 보인다. 이 중에서 전문이 다 전하는 것은 양주송씨본이다. 공통된 지점까지 네 편의 유사도를 살펴보면 도남본과 화경당본(1)이, 화경당본(2)와 양주송씨본이 밀접함을 보이는데, 도남본과 화경당본(1)이 내용상 충실하다. 한편 화

18 '辛未年 先妣상에 자친이 슷쳐지고 三喪을 나자마자 乙亥年 원수ᄒᆡ에 祖父와 先人喪을 一旬間에 당하엿ᄂᆡ 오ᄂᆡ가 붕탁하고 쳔지가 회멸이라 어앙이 마지안어 近三十年 동조금슬 子息못도 ᄋᆡ씨던이 쓸자식 ᄇᆡ여싸가 경산은 무삼일고 연하여 불힝하니 고분지통 가이업ᄂᆡ' <교녀가>

19 5녀 후경에 관해서는 <북정가>에서도 언급하고 있다. '남산쥬막 다다려셔 夕後에 혼미하야 두돌젼에 失母한 것 다셧찌딸 후경이라 불상이 키우기로 마암에 ᄇᆡᆨ켜던니 허심즁 하난마리 후경아 보고져라' <북정가>

20 '三喪이 나듯마듯 聞慶짜 二百餘里 丁丑춘 ᄃᆡ모지연불게이ᄒᆡ 쎠나다라 후사을 보자하고 四十之年 續絃하여 심신은 정ᄒᆡ스나 萬事가 無心이라' <북정가> '가친이 속현ᄒᆞ여 양녀지탁 맛긔시니 정경슉덕 우리ᄌᆞ친 군ᄌᆞ숙녀 호귀시니 여자ᄒᆞᄒᆡ 셩덕이라 긔출ᄀᆞᆺ치 긔라시니 만분위ᄒᆡ 되건마ᄂᆞᆫ' 이사호, <어느여자탄>

21 편의상 화경당본(1), 화경당본(2)로 칭한다.

경당본(1), (2)에는 필사자의 기록이 덧붙여져 있다.[22]

<교녀가>는 대장편임에도 불구하고 전체적으로 구조적 통일성이 돋보이는 작품이다. 특히 '침선방적 노래'에서 보이는 구성적 치밀함은 처음부터 조직적 글쓰기를 지향하는 남성 작자의 특성이 반영된 것이라 볼 수 있다. <교녀가> 속의 침선방적에 대한 노래는 결국 부녀자의 심법(心法)에 대한 당부의 말로 귀결된다. 이는 '침선방적 노래'의 목적이 내면의 인품 및 행실 교훈의 역할을 위한 것임을 보여준다. <교녀가>의 작자인 아버지는 행위 자체의 중요성에 앞서 성리학적 이념에 바탕을 둔 이치를 이해하고, 심법을 다스리는 것을 중요하게 생각했던 것이라 볼 수 있다. 여아가 이해할 수 있도록 어려운 이치를 쉽게 풀이하려 했던 것이다.

<북정가>는 유배지까지의 여정을 상세히 드러내고 있지만, 막상 유배지인 명천에 도착하고서는 끝을 맺는다. 1886년 음력 2월 말에 떠나 5월 말경에 유배지에 도착하게 되는데, 이 점으로 볼 때 <북정가>의 창작시기는 명천에 도착한 직후인 1886년으로 짐작할 수 있다.[23]

---

22 필사본 4편에 대한 상세한 사항은 김정화, 「<교녀가> 연구」, p150-151.를 참고하기 바란다.

23 운포는 명천에 도착한 이후에도 상당수의 한시 작품을 남기며 유배 생활의 감회를 드러낸 바 있다. 이중린, 『운포유고 (天),(地),(人)』 참조. 운포의 문집에는 다수의 한시와 한문 산문이 있는데 유배 시기의 작품도 상당수 있어 <북정가>와 비교해 볼 가치가 충분하다. 권현주, 「유배가사 <북정가(北征歌)>에 나타난 이중린의 심회(心懷) 연구-『운포유고』 소재 한시를 참고하여」, 『국어교육연구』 제79집. 국어교육학회, 2022. 참조.

<북정가>는 가장본이 전하지 않으며[24], 현재까지는 영남대학교에서 소장하고 있는 도남본과 화경당본이 있다. 화경당본은 끝까지 필사하지 않아 전문을 볼 수가 없다. 두 필사본은 필사자가 다르며 필사의 과정에서 표기상의 차이가 약간 있기는 하나, 필사된 부분까지의 내용은 거의 일치한다.

<입산가>는 1910년 경 창작된 것[25]으로 추정되어 왔지만 그 이전인 1906년으로 보는 것이 옳다. 이사호의 <생조감구가>에서는 운포가 '경술국치를 당한 후에 강제로 내리는 은사금을 거부하고 입산가를 짓고 채미가를 읊었다'고 회고[26]하고 있다. 이를 근거로 선행 연구에서는 <입산가>의 창작시기를 1910년으로 추정한 것으로 보인다. 하지만 가장본 <입산가> 말미에는 경술삼월등서(庚戌三月謄書) 및 숭정기원후(崇禎紀元後) 오병오년(五丙午年) 계추(季秋)라는 기록이 있는데, 이는 등서와 창작시기를 알려주는 부분이다. 숭정기원후 오병오년은 1906년이므로 <입산가>의 창작은 1906년 가을이 되며, 경술삼월 즉 1910년 3월은 등서한 시기가 된다.

---

24 <북정가>는 가장본이 전해지지 않는다. 운포의 후손 이필상씨도 <북정가>의 존재에 대해서는 알지 못했다.

25 장인진, 「운포 이중린의 척사정신과 의병항쟁」, p273. 고순희, 「경술국치의 충격을 담은 1910년대 가사문학의 전개양상과 가사문학사적 의의」, 『민족문화연구』 제 84호, 고려대 민족문화연구원, 2019. p477.

26 '경슐년 합방후의 호리난 은ᄉᆞ금을 뉘압히라 드리던고 엄ᄎᆡᄒᆞ여 불이시니 장금으로 위협ᄒᆞ나 종시불응 금슈갓흔 야만종도 탄복ᄒᆞ고 도라간후 <입산가>를 지어시고 ᄎᆡ미가를 을퍼시며 긔산영슈 ᄌᆞ즈시니' 이사호, <생조감구가>

<입산가>의 이본으로는 이대본 1편[27]과 가장본 2편[28]이 있다. 이대본은 운포의 며느리였던 선성김씨의 친정인 영주 천운정에서 이사호의 <생조감구가> 및 <어느여자탄>과 함께 수집되었다. 가장본도 원본은 아닌데, 두 편 중 한 편은 이대본과 같은 한글 전용이며, 내용상 빠진 부분이 많다. 한편『안동문화』에 영인되어 실려 있는 또 다른 가장본은 등서와 창작연대로 추정되는 일시가 기록되어 있을 뿐만 아니라, 표기상, 내용상으로 보아 가장 원본에 가깝다고 판단된다.

운포가 천부산을 택해 입산할 수밖에 없는 이유 속에는 왜세상이 된 현실에 대한 비판과 절대 타협할 수 없었던 선비의 고고한 절개 때문이다. 입산하여 왜세상이 물러나기만을 기다리겠다는 태도를 소극적이라 할 수도 있지만, 이 역시 현실 대응의 한 방법으로 봄이 타당하다. 따라서 은일에 초점을 두기보다는 당대 현실에 대한 울분을 토로하고 태평세계를 강하게 염원하는 데서 주제를 찾아야 할 것이다.

<교녀가>의 창작에서 <북정가>, <입산가>의 창작까지는 근 30년이라는 시간적 격차가 있으며, 이들은 각기 다른 배경과 의도로 창작된 것들이다. 하지만 이 세 작품에는 파란만장한 삶 속에 고뇌

---

27 이대본은 이화여자대학교 한국어문학연구회에서 출간한『내방가사자료』에 실려 있다.『한국문학연구원논총』제 15집, 이화여대 한국문화연구원, 1970. p423-424

28 가장본은 운포의 후손인 이필상씨가 소유하고 있다. 이 중 한 편은 장인진이「운포 이중린의 척사정신과 의병항쟁」에서 이대본과의 비교하여 수록해 두었고, 또 한 편은『안동문화』26집(안동문화원, 2018)에 영인되어 실려 있다.

하는 작자의 심정과 함께, 구한말 선비의 일관된 삶의 방향과 의지를 확인할 수 있었다. 유교적 가치관을 기반으로 절대 세상과는 타협할 수 없어 유배의 고통을 감내해야만 했고, 받아들일 수 없는 세상에 대해 울분을 토로하고 새세상을 찾고자 하는 모습은 작품으로 보여주는 운포의 삶 자체라 할 것이다. 개화의 바람 속에서도 과거만 고수하는 중세적 보수주의의 한계에서 벗어나지 못했다고 치부하기 보다는, 시대의 소용돌이 속에서도 백성을 위하여 올바른 방향을 탐색하고 자신의 신념을 꿋꿋이 지켜나가려는 구한말 사대부가의 삶의 방식으로 봄이 옳을 듯하다.

또한 운포는 세 편의 가사 외에도 시조 5수를 남겼는데, 이는 『운포유고 (人)』 에 실려 전한다.[29] 그가 남긴 시조는 대부분 길주에 있는 칠보산을 유람하고 쓴 것으로, 유배 기간 중 창작된 것이다. 실제 운포의 칠보산 유람은 1886년 9월 중순이었는데, 길주로 이배(移配)된 지 두 달이 지난 시점이다. 작품에는 제명이 기록되어 있는데, <行路難 三闋>, <尋眞曲 三闋>, <遊山曲 三闋>, <下山曲>, <留別曲> 등[30]이다.

行路難ᄒᆞ니 修身도 亦是 行路難이오

---

29 운포의 시조는 선행연구(장인진, 「운포 이중린의 척사정신과 의병항쟁」, 2006.)를 통해 소개된 바 있다. 여기서는 일부 오자와 띄어쓰기의 오류를 바로 잡고 각 작품의 내용을 간단히 살펴보고자 한다.

30 <行路難>, <尋眞曲>, <遊山曲> 등은 각기 '三闋'이라 덧붙여져 있다. 아마도 이 작품들은 원래 3수였을 가능성이 있다. (장인진, 「운포 이중린의 척사정신과 의병항쟁」, p264.)

行路難ᄒᆞ니 立志도 亦是 行路難이라

아마도 古今達士 行路難의 다늙난가 修身立志 아니ᄒᆞ고 언느길노 가잔말고 <行路難>

가장 먼저 등장하는 시조는 <행로난(行路難)>으로, 험난한 자신의 인생을 단적으로 드러내 준다. 직궁(直躬)과 이렴(利廉)을 중시했던 그가 당면한 현실은 '권력에 아첨하지 않고는 환로(宦路)로 나갈 수 없는 세태'였다. 유배로 이어질 수밖에 없었던 그의 인생은 행로난 그 자체였다. 그러나 운포는 행로의 어려움을 토로하면서도 절대로 수신, 입지를 포기할 수 없는 자신의 의지를 보여주고 있다.

<행로난>을 제외한 나머지 4수의 시조는 모두 칠보산 유람을 직접적인 소재로 하고 있다.

李中鏡이 누긜넌지 七寶山이 어듸뫼냐

네싱기고 ᄂᆡ날젹의 머닷고 못맛ᄂᆡ랴

ᄂᆡ왓다 엿좌주소 童子야 神仙임께 <尋眞曲>

<심진곡>은 칠보산에 도착한 감흥을 그리고 있다. '이중경(李中鏡)'은 운포 자신을 가리킨다. 자신과 칠보산의 각별한 인연을 암시하며, 세상에 난 너와 내가 멀다고 만나지 못하겠느냐며 칠보산과의 필연적인 만남을 강조한다. 칠보산은 운포에게는 남다른 의미를 지니는 산이었다. <북정가>에 따르면 명천 유배령이 떨어지자 이웃에게 명천 지도를 얻어 보았는데 첫눈에 칠보산 개심사가 눈에 들어왔다. 사실 그 산은 10여 년 전 꿈에서 보았던 산이었는데, 돌

아오는 길에 부귀공명이라 쓰인 안경까지 얻었다고 한다.[31] 이렇듯 칠보산과의 각별한 인연이 있었으니 칠보산과의 필연적인 만남은 자연 부각될 수밖에 없다. 또한 자신의 이름을 이중경이라는 한 것도 안경을 얻은 데서 연유하였음을 짐작할 수 있다.

金剛峯 학이울고 會像臺 구름린다
人間의 謫降仙이 玉京香案 차자왓네
어혀 꿈이로다 世上萬念 <遊山曲>

운포는 한시를 통해, 금강봉은 칠보산에서 '가장 높은 봉우리'이며[32], 회상대는 '온 산의 으뜸 되는 곳으로, 기이한 암석들이 산봉우리마다 서 있어 만고의 아름다운 경치를 가진 장소'[33]라 극찬한 바 있다. 학이 울고 구름이 이는 금강봉과 회상대는 속세와는 다른 선

31 '十餘年前 꿈을꾸어 遊山을 하옵난ᄃᆡ 石山이 차아하여 경치가 절승이라 山이렴 무려보니 칠보라고 하드구나 도라셔 오든길에 안경셋치 어던난ᄃᆡ 그안경에 글을쓰되 부괴공명 하라힛ᄃᆡ' <북정가>

32 多謝羣仙勤待我 고마워라 신선들 정성스레 날 기다리고,
金剛先露最高峯 금강봉 먼저 드러나니 가장 높은 봉이네.
이중린, 『운포유고 (天)』, <등박달영망금강봉(登博達嶺望金剛峰)> 중 발췌.

33 七寶名區會像臺 칠보산에는 명승지인 회상대가 있으니,
萬千佳景總輸來 만고의 아름다운 경치를 모두 실었다네.
奇巖恠石頭頭立 기이한 암석들이 산봉우리마다 서 있고
瑞靄瓊林曲曲開 瑞氣와 옥 같은 숲 골짜기마다 열려 있네.
總是全山要領處 이 모든 것이 온 산의 으뜸 되는 곳이니,
從玆遊客壯觀回 이로부터 나그네들이 장관이라 유람하네. (하략)
이중린, 『운포유고 (天)』, <회상대(會像臺)> 중 발췌.

경의 분위기를 자아낸다. 이어 칠보산의 금강봉과 회심대를 신선이 사는 옥경(玉京)으로 표현하고, 자신은 옥경의 향안(香案)을 찾아온 적강선(謫降仙)이라 한다. 속세의 세상만렴을 꿈으로 여기고, 옥경의 향안을 찾은 적강선의 모습으로 칠보산을 유람하고 있는 것이다. 잠시나마 현실을 잊고 신선의 경지를 엿보며 칠보산을 마음껏 유람하고자 했던 작자의 심정을 잘 읽을 수 있다고 하겠다.

가겟구나 李中鏡이 됴잇거라 七寶山아
仙景도 좃컨마는 塵世賌緣 허릴업네
山無恙 水無恙ᄒᆞ소 언제다시 <下山曲>

약 7~8일 동안의 유람을 마치고 칠보산을 하산한다. 칠보산을 두루 다니다 이제는 내려와 현실로 돌아가야 하는 운포의 심정이 잘 묻어나 있다. <유산곡>에서는 마냥 유산의 즐거움에 젖어 있었다면 <하산곡>에서는 외면할 수 없는 현실로 돌아와야 하는 안타까움이 있다. 선경도 좋지만, 진세(塵世)의 인연을 어찌할 도리가 없다는 데서, 유배자의 현실로 돌아가야 하는 운포의 씁쓸함을 엿볼 수 있다. 또한 다시 볼 기약이 만무한 칠보산에 '山無恙 水無恙', 무탈을 당부하며 칠보산에 대한 각별한 애정을 드러내고 있다. 칠보산의 안위를 바라는 마음에는 사실상 유배 죄인의 임무를 잘 마치고 무사귀환을 바라는 자신의 안위에 대한 염려도 담겨 있다고 볼 수 있다.

二千里 멀고먼데 뉘보랴고 예를왓나
이고ᄀᆡ 너머서면 허릴업시 離別일세
ᄋᆡ토한 정든님 써나기로 이럴넌지 <留別曲>

이제 칠보산을 두고 운포는 떠나게 된다. <유별곡>은 운포가 칠보산을 떠나며 지은 마지막 시조 작품이다. 유별에 임하며 이천리 멀고 먼 이곳에 누구를 보려고 왔냐며 가볍지 않은 질문을 던진다. 서러운 이천리 유배길이 결국은 칠보산을 보기 위한 것이 아니었을까 스스로 위로할 정도로 칠보산에 각별한 애정을 드러낸다. 신선처럼 유람하였던 칠보산에 대한 기억은 저 너머에 두고, 하릴없이 이별해야만 하는 안타까운 마음은 절절할 수밖에 없다. 고개 하나만 넘으면 칠보산과 온전히 이별해야 하는 상황을 정든 임과의 이별에 비하기도 한다.

운포의 시조 5수는 <행로난>을 제외하면 모두 칠보산 유람시조이다. <행로난>만으로 본다면 칠보산 유람과는 별개의 작품이라 볼 수도 있지만, <행로난>은 칠보산 유람을 하게 되면서 자신의 인생을 돌아본 심정을 읊은 작품일 가능성이 높다. 운포의 시조는 유배기간 중 창작된 것이기는 하나, 유배시조라기보다는 유람시조에 가깝다. 하지만 유배 중 칠보산에서의 감흥은 일반 유람의 감흥과는 분명히 달랐을 것이다. 칠보산 유람 시조에 앞서 <행로난>을 둔 것도 그런 이유가 아니었을까 한다. 작품에서 유배의 회한을 직접적으로 드러내고 있지는 않으나, <행로난>으로 시작되는 칠보산의 유람은 그가 느끼는 삶의 무게와 칠보산으로부터 받는 위로, 아쉬움 등이 잔잔하게 녹아나 있다고 하겠다.

2. 작품 분석

- <북정가>의 구성과 의미

<북정가>는 총 1400구에 가깝다.[34] 4율어구 정격구가 대부분을 이루는데, 각 율어를 이루는 음절의 수는 3음절과 4음절이 우세하고 2음절은 드물게 나타난다. 전체적인 구성은 서사, 본사, 결사로 이루어져 있는데 각각의 구성과 의미를 살펴보기로 한다.

1) 서사의 구성과 의미

<북정가>의 서사는 총 22구로, 타 작품에 비해 서사가 긴 편이다.

우습도다 닉일이라 이일이 왼일인고
게산風景 조흔故鄕 무삼일노 닉버리고
二千里 멀고먼듸 明川客이 이왼일고
客窓이 寂寞한듸 손에마암 엇더할고
그음업난 이닉시름 할양업난 이닉회포
그뇌가 위로하며 그뇌가 아라줄고
너난닉가 되고 나난 네가 되어
닉셔름 네가알고 닉회포 네가아라
혼자말노 셔로화답 형용이 상조로다

34 4율어(<음보>)를 1구로 볼 때, <북정가>는 1374구로 계상된다. 복합격구와 편구 및 단율어구(척구)를 어떻게 보느냐에 따라 구수가 달라지기 때문에 구수의 계상에는 약간의 차이가 있을 수도 있다.

‘우습도다 ᄂᆡ일이라 이일이 왼일인고’라면서 명천의 객이 되어 떠나야 하는 자신의 우습고도 억울한 일을 알리는 것으로 서사가 시작된다. 고향을 버리고 이천 리나 되는 유배지로 떠나는 자신의 시름을 혼잣말로 화답하는 형용은 독자에게도 강한 호소력을 지니고 있다. 대부분의 경우 서사는 이상으로 충분하나, <북정가>의 서사는 여기서 끝나지 않는다.

이보소 번임ᄂᆡ야 이ᄂᆡ소회 드르시오
人生世間 한平生에 苦樂이 업슬손가
富貴公明 좃타하고 貧賤窮困 슬타하네
이모도 팔자로다 팔자가 쳔명이라
유싱지초 타난쳔명 어기든 못하나니
富貴가 좃타한들 져마다 다하오며
貧賤이 슬타한들 져마다 다면할가
한사람에 팔자라도 조만이 ᄡᅡ로잇셔
부괴힛다 빈궁하고 빈궁힛다 부괴하며
분정ᄃᆡ로 쏫차가셔 헛ᄋᆡ을 쓰지마소
어리셕은 世上사람 억지로 되난다시
一生에 영영골골 망신망명 안이보ᄂᆡ
셰상말 다던지고 이ᄂᆡ경역 드르시오

‘이보소 번임ᄂᆡ야 이ᄂᆡ소회 드르시오’ 라면서 또 다른 서사가 시작된다. 유배에 대한 직접적인 언급은 하지 않고 있지만 부귀빈천이 분정, 팔자 소관이듯 자신의 유배 역시 팔자 소관이 아니겠느냐는 뜻을 읽어낼 수가 있다. 첫 번째 서사에서는 명천객이 된 자신의 신세를 알렸다면, 두 번째 서사에서는 모든 것이 팔자 소관임을 피력하고 있으며, 말미에서는 '셰상말 다던지고 이ᄂᆡ경역 드르시오'라면서 자신의 경역에 대한 서술이 시작됨을 알리고 있다. '이보소 번임ᄂᆡ야 이ᄂᆡ소회 드르시오', '셰상말 다던지고 이ᄂᆡ경역 드르시오' 등은 규방가사에 보이는 상투어구이다.

<북정가>의 서사가 긴 이유는 이러한 이중의 구조를 지니고 있기 때문이다. 서사의 이중 구조는 일반적인 가사문학에서 그리 흔한 것은 아니다. 이는 작자 자신의 시름과 회포에 대한 무게감을 보여준다고 할 것이다.

2) 본사의 구성과 의미

본사는 크게 세 부분으로 나뉜다. 첫 번째는 유배 가기 전으로 자신이 대명가에서 태어나 어떻게 성장해 왔는지를 중점적으로 서술하고 있으며, 두 번째는 본격적인 유배에 관해, 마지막으로는 유배지에 도착한 후 자신의 삶에 대한 회한을 서술하고 있다. <북정가>는 유배지에 도착하기까지를 주 내용으로 하고 있으며, 유배지에서의 생활에 대한 직접적인 언급은 도착했을 때를 잠시 서술한 것이 전부이다. 여타 유배가사가 유배지에서의 생활을 중점적으로 읊고 있는 것과는 상당히 다른 양상을 보인다고 하겠다.

(1) 대명가에서의 성장 내력과 出故, 還故

사실 유배가 <북정가>의 중심을 이루고 있지만, 유배를 가기 전 작자가 어떠한 인물이었는지 자신의 성장 내력에 대한 서술은 작품에서 매우 중요한 위치를 차지한다. 이러한 서술을 통해 작자는 자신의 유배에 대한 부당성을 간접적으로나마 피력하고, 자신이 우습고 억울한 일을 당했음을 자연스럽게 강조할 수 있기 때문이다.

① 대명가에서의 성장

자신의 출생을 밝히는 것은 유배가사의 일반적인 현상이다. 물론 자신의 가문과 성장 내력에 대한 서술이 유배가사에만 해당되는 것은 아니지만, 특히 유배라는 상황을 고려해 볼 때 작자의 출생과 성장 내력은 중요한 의미를 지니게 된다. <북정가>의 작자는 예안의 대명가에서 출생한 사람이다.

天下로 말을하면 朝鮮이 第一이오
朝鮮으로 말을하면 嶺南이 근본이오
嶺南으로 말을하면 추로지향 安禮로다
洛江上 大名家에 山南졀이 고틱이라
이닉몸 다힝하여 그집에 틱여날분
~
아셔라 쎤져두소 공명길 쎤져두소
富貴을 하드라도 탐권낙셰 안할게라
公名을 하드라도 治國擇民 안할게니

조선의 제일이며, 그 근본인 영남, 그 중에서도 추로지향(鄒魯之鄕) 예안의 대명가에서 출생하여, 인의예지(仁義禮智)를 듣고 효제충신(孝悌忠信)을 보면서 의리이욕(義理利慾)을 분별하고 언행심법(言行心法)을 옳게 하여 바르게 성장했음을 명백히 밝히고 있다. 뒤이어 세태의 물정을 통탄하고 자신은 부귀공명을 하더라도 권세를 탐하거나 정치에는 나아가지 않을 것임을 다짐한다. 대명가의 후손으로 태어나, 부모를 위해 과거를 보지 않을 수는 없지만 권세를 탐하지 않음을 분명히 밝힌 것과, '징상명사(宰相名士) 몰나스니 관절청택(關節請託) 이슬손가~'[35]라는 말에서 자신이 유배를 가게 된 것은 있을 수 없는 억울한 일임을 미리 밝혀 두고 있다고 하겠다.

② **고향을 떠남(出故)**

작자는 1871(신미)년에 선비상을, 1875(을해)년에는 조부, 선인상과 뒤이어 아내상까지 당하면서 고향을 떠나 문경으로 옮겨가게 된다.

三喪이 나듯마듯 문경 ᄯᅡ 이백여리
丁丑춘 ᄃᆡ모지연 불게이ᄒᆡ ᄲᅥ나다라
후사을 보자하고 四十之年 讀經하여
심신은 경ᄒᆡ스나 萬事가 無心이라
~
올은편은 옥게수요 외인편은 방달활슈
발 ᄭᅩᆺ티난 홍요화요 눈압헤난 슈국화라
塵世遠遠 머려지니 神仙을 불여하라

문경에 살면서 작자는 공명에 뜻을 두지 않고 과거길을 하직하고 큰 세간은 종들에게만 맡겨 두고 자연과 벗삼아 시흥을 읊조리는

35 '징상명사 몰나스니 관절청택 이슬손가 규中에 잇는 쳐자 즁ᄆᆡ업시 시집가며 山間에 인난 승이 졔손으로 삭발할가 모난바탕 둥근 ᄯᅮ게 마질 수가 젼혀업고 낭걸비어 쳘엽하니 고기을 구할손가' <북정가>

생활을 하게 된다. 문경에서의 생활과 더불어 고향을 생각하면서는 어버이에 대한 효심과 동기지정을 상세히 서술하고 있다. 더구나 문경에서 고향으로 돌아오게 될 때는 문경 사람들이 자신을 놓아주지 않아 환고가 늦어진 사설까지를 덧붙인다. 작자는 문경에서 9년 가까이 살았으며, 그 후 고향에 돌아오자마자 추착을 당하게 되기 때문에 문경에서의 생활이 어떠했는지는 매우 중요하다. 작자의 말대로라면 자연과 더불어 부귀공명을 멀리하고, 효심과 형재애가 지극했으며 주변 사람들로부터 떠남을 만류받기까지 한 인물이니 죄를 짓고 유배를 가게 된 것은 억울한 일임을 짐작하게 한다.

③ 고향으로 돌아옴(還故)

문경에서 고향으로 다시 돌아오게 된 때는 을유년(1885년) 이월 초이다. 봉화 명호촌으로 가서 살고 싶었지만 뜻대로 되지 않아 처자를 데리고 고향에 돌아온다.

헐일업시 過歲하고 乙酉年 二月初에
소실먼 다려다가 환고을 하엿구나
~
일가친척 셩당한듸 번화장 좃컨만은
인사가 요요하고 시비가 다단하여
영정한 이닉셩졍 유시로 건되리니
明湖村 옴겨안져 山林之樂 하려하나
左右에 견권하야 쐬도것도 못희구나
엇지하야 이닉명슈 세상에 틔여스며
엇지하야 이닉명슈 百不如意 되단말가

好事난 多魔하고 惡事가 相應이라

일단 고향에 온 것은 좋은 일이다. 하지만 '인사요요 시비다단'한 세상, '百不如意', '好事多魔', '惡事相應' 등은 곧 있을 자신의 고난을 직접적으로 알려주는 말이다. 작자는 줄곧 봉화의 명호촌을 아쉬워하는데, 이는 환고를 싫어했다기보다 인간 시비에 말리기 싫었음을 밝혀 둔 것이다.

자신의 출생, 성장 및 출고, 환고의 이력에 대한 서술은 유배를 당하기 전 자신이 어떠한 인물이었는지를 알려줌과 동시에 자신의 결백과 억울함을 자연스럽게 호소할 수 있다. <북정가>는 자신의 이력을 유배의 억울함을 드러내는데 맞추어 서술하고 있으면서, 과장되지 않고 담담하게 사실적으로 서술하고 있음을 볼 수 있다.

(2) 유배

본사에서 유배에 관한 부분은 90%를 차지한다. 이 부분은 추착되면서 유배길을 떠나기 직전까지를 서술한 부분과 본격적인 유배 노정을 서술한 부분, 마지막으로 유배지 도착 후를 서술한 부분으로 나누어 살필 수 있다.

① 유배 발행 전

문경으로부터 환고를 한 것이 을유년 2월의 일인데, 추착을 당한 것은 그 해 12월이다.

乙酉年 납月初에 無心히 안자썬니
安東府 장교치사 問安삿히 하난마리

御使에 비관으로 추착이 되엿다듸
어허 고이하다 이마리 왼말인고

환고하여 얼마되지 않아 추착, 거류되어 명목 없이 욕성을 듣고 착가 하옥을 당하는 등 무수한 욕을 보게 된다. 작자는 우선 자신의 죄악을 역력히 생각해 보려고 하지만 도대체 알 수가 없다.[36] 관정에 올라 자신의 죄목을 듣게 되는데, 정작 죄목은 '자세(藉勢)하고, 호강(豪强)하며, 괴려(乖戾)하다'는 등 불분명한 죄목일 뿐이다.[37]

사마쳔이 문장할제 강회도 노라보고
반포가 셔역칠제 옥문관도 나가보고
한퇴지에 조주길은 二萬餘里 가즉잔코
여자약이 괴양갈제 四萬餘里 머려스니
다힝이 소국이라 이쳔여리 머다할가
남은 나을 불상타나 나는 남을 가련타닉
나무칼 덥펴스고 유산긱 장부답게
치마칼 덥펴스고 안방사리 장부될가
셔급푼 회포말노 한바탕 우셧구나

결국 명천으로의 유배가 결정되자 작자는 자신의 죄목이 터무니

36 '기막히고 어이업셔 분한마암 도로업고 닉평생 닉죄악을 역역히 싱각히도 황미하고 우믹하여 아무릭도 모르깃닉'

37 '엇지하니 자셰하여 엇지하니 호강이며 엇더하니 괴려한지 조목이 업셔스니'

없음을 분통히 여기기는 한편, 어쩔 수 없는 일로 담담히 받아들이고 있다. 자고급금 명인달사는 이 곤욕을 치렀으며, 그들의 유배길에 비해 자신의 유배길은 가깝다면서 스스로를 위로한다.

> 婦女에 좁은 셩졍 국밥에 눈물일세
> 익을쓰니 쓸딕업고 한탄하니 엇지하라
> 가난사람 낫쳘보와 탈이나 닉지마소
> 효유하여 타이르고 조흔쳬로 관심하나
> 썩는구나 썩는구나 이닉속이 썩는구나

집으로 돌아와 유배 발행을 준비하면서도 속마음은 참담하고 이루 다 형언할 수 없다. 가솔과 작별하는 것도 그러하거니와 스스로 생각해도 이천 리나 되는 유배길을 가려니 수란키가 그지없다. 하지만 작자는 분함과 슬픔에 머물지 않는다. '익을쓰니 쓸딕업고 한탄하니 엇지하라'에서 알 수 있듯 겉으로는 체념과 통달의 자세를 보인다.

② 유배 노정

병술년 2월 29일 고향을 출발하여 유배길에 오른다. 작자는 예안을 떠나 명천에 도착하기까지 겪은 수많은 일을 노정에 따라 서술하고 있다. 이 부분은 총 678구에 이르며, <북정가>에서 가장 많은 양을 차지한다. 작품에 드러나는 지명을 중심으로 유배 노정을 정리해 보면 다음과 같다.

경상도(예안-봉화)-충청도(단양)-경기도-강원도(평강-안변-원산-문천)-함경도(연흥-정평-함흥-덕산-홍원-북청-이원-길주-명천)

이와 같은 노정이 시간적 순서에 따라 서술되고 있기는 하나 노정 자체가 큰 의미를 지니는 것은 아니다. 노정은 목적지에 도달하는 한 과정으로 제시될 뿐, 장소에 따른 작자의 생각과 느낌, 체험이 중요한 서술 내용을 이룬다.

丙戌二月 二十九日 發行을 하려하니
遠近親故 모여드러 心懷를 돕는구나
사당에 하즉하고 家人을 作別하니
참담한 그경ᄉᆡᆨ을 형언을 다못하나
ᄂᆡ마암 관계찬아 ᄲᅮ리쳐 ᄯᅥ나구나
宋나라 고군자에 츄지완ᄎᆡ기통이
이소조 당하여셔 씩씩히 ᄯᅥ나스니
달은일은 못당ᄒᆡ도 그만일을 못당할가

유배를 떠나는 길에 원근친척들의 배웅을 받으면서 자신의 심회를 절절히 표현하고 있다. 옛 군자들이 죄도 없이 먼 곳까지 유배간 사실을 되짚으며 스스로를 위로하고 있다. 이는 자신의 유배가 어찌할 도리가 없는 것이며 이 모두가 팔자 소관이라는 생각도 있지만, 한편으로 보면 사대부가의 선비로서 죄목도 없는 유배를 가니 당당하지 않을 이유도 없었기 때문이다.

연흥에 일흥 ᄯᅡ와 요흥에 일흥 ᄯᅡ가
일홈도 좃컨이와 엇지하야 그렷턴고
연흥 ᄯᅡ 흥셩이에 ᄐᆡ조大王 탄강하사
창업을 하시무로 일흥 ᄯᅡ 일홈ᄒᆡᆺᄂᆡ

~

鬼神갓튼 ᄎᆡ금군이 千百이 ᄯᅦ을지어

산도파고 물도파고 논도파고 밧도파셔

산ᄆᆡᆨ도 단졀하고 쳔ᄆᆡᆨ도 단졀하네

아사라 말야문아 차마한들 어이하라

太祖大王 나신고지 우리나라 근본이라

국ᄆᆡᆨ을 엇지차고 근본을 ᄭᅳᆫ탄말가

역젹이 분명한ᄃᆡ 츙신인톄 하는구나

씰ᄯᅵ업난 이ᄂᆡ분이 강철이 ᄭᅳᆯ난구나

기행가사는 말할 것도 없고, 일반적으로 가사에 노정이 드러나면서 가장 많이 서술되는 것이 그곳의 고사나 역사이다. <북정가> 역시 장소에 따라 고사나 역사적 사건들이 언급되기도 하는데 많은 편은 아니다. 철원에서는 궁예를, 연흥에서는 태조대왕의 탄강처임을 서술하는데, 유배를 가고 있는 중이기 때문에 한가로이 역사에 젖을 여유는 없었을 것이다. 그렇다고 이러한 역사적 사실을 단순히 언급하는데 그치지는 않는다. 철원에서는 궁예를 통해 인심천명을 두려워하지 않았던 경솔함을 통렬히 꾸짖으며, 연흥에서는 태조대왕의 탄강처였던 곳이 채금하는 곳으로 변한데 대해 탄식하며 결국은 충신인척 하는 역적을 강하게 꾸짖는다. <북정가>에서 언급하고 있는 고사나 역사는 거의가 세태를 꾸짖는 작자의 목소리라 해도 과언이 아니다.

안변ᄯᅡ 용주원이 신의왕후 사든ᄃᆡ라

고젹도 잇슬게요 게산도 좃컨만은

병셰가 침즁하야 유이탐상 못하엿ᄂᆡ
병든지 七八日에 하로조리 못ᄒᆡ보니
원기야 잇건만은 병기야 오작하랴

새로운 장소에 들면서 좋은 풍광을 접하게 되지만 자신의 처지는 탐상(探賞)을 할 처지가 못 된다. <북정가> 전반에 걸쳐 탐상에 대한 언급은 찾아보기 힘들며[38], 대신 자신이 겪게 되는 고충을 상당 부분을 서술하게 된다. 위와 같이 병이 들어 조리를 못하면서 겪게 되는 고충이라든가 노자가 떨어져 겪는 고충 등이 매우 상세히 서술되고 있다.

<북정가>의 작자는 비록 사대부가의 출신이기는 하나 유배길에서 겪는 고생담을 숨기려고 하지는 않는다. 먼 길을 죄인의 신분으로 가면서 아프고 돈까지 떨어져 겪게 되는 고충은 충분히 짐작할 수 있지만, 정작 자신의 입으로 그러한 치욕을 드러낸다는 것은 쉬운 일만은 아닐 것이다. <만언사>나 <채환재적가>같은 작품에는 작자가 유배지에서 겪는 고충이 사실적으로 드러나 있기는 하나 이는 중인층의 작품이다. 그만큼 사대부가의 출신으로서 겪는 고생은 자존심과 관계되는 굴욕이기 때문일 것이다. 그러나 <북정가>에서 작자는 이미 이러한 생각에서는 어느 정도 벗어나 있음을 알 수 있다. 또한 자신의 고충을 그대로 드러내는 것은 글쓰기를 통한

38 만세교에서 풍속을 보고 잠시 분위기에 젖기도 하나 금방 자신의 처지를 깨닫고 슬픔에 잠기게 된다. 유배 여정에서의 견문과 의미에 대해서는 (김정화, 「운포 이중린의 <북정가> 연구」『어문학』, 제 156집, 한국어문학회, 2022.) 참조.

일종의 자기 위안 내지는 정화이면서 억울함의 표출이기도 하다. 이러한 점은 조선 최후의 유배가사로서의 면모이면서, 규방가사의 향유적 측면에서 볼 때 상당한 연민과 호응을 받았을 가능성을 점쳐 볼 수 있다.

③ 유배지 도착

고향을 떠난 후 갖은 고생 끝에 3, 4개월이 걸려 유배지인 명천 땅에 도착하게 된다.

明川邑 十五里을 낫후에 닷쳣구나
어허 여 외로다 이고지 왼고진야
~
인물도 낫치셜고 草木도 낫치셔려
한하늘 한 日月에 그밋히 잇건만은
衣冠이 갓흔지라 他國도 안일게오
面目이 사람이라 즘싱도 안이로듸
風土人事 살펴보니 판연이 다르도다

유배지에 대한 첫인상이 좋았을 리는 없다. 유배지에 도착해 보니 또다시 시운이 불행하고 명수가 기궁한 자신의 팔자가 서러워지고, 명천은 모든 것이 낯이 설어 타국같이 여겨졌던 것 같다. 경상도 예안 양반 풍속과는 달리 반상, 노소의 분별이 없고, 인사하는 모양이나 된소리 등의 구사가 옛날의 호족이라 무지막지 짝이 없다고 할 정도로 매우 거슬렸던 모양이다.

힝탁을 졍돈하고 ᄇᆡ관을 붓쳐 ᄯᅥᆫ니
거만시련 형이놈이 ᄇᆡ관죄인 드로라ᄃᆡ
당당한 사ᄃᆡ부가 가엽시도 되엿구나
하인으로 보든아젼 호ᄅᆡ쳣가 하단말가

유배지에 도착 후 하인으로 보던 아전에게 호래척거(呼來斥去)를 당하고 형리청을 찾아가나 이방은 기거도 하지 않았으며, 주수 남치원의 전갈을 가진 하인은 뻣뻣하기 짝이 없는 등 온갖 굴욕을 당한다. 하지만 주수도 상대를 해보니 자상한 인물 같고, 누추하고 협착한 주인집에서 집 좋고 인심 좋다는 김대관의 집으로 옮기게 되는 등 불행 중 다행한 일들도 있다.

十餘日 묵은후에 五월망일 발졍이라
마암을 굿게먹어 작회을 마자ᄯᅥᆫ이
족하종놈 우난거살 ᄭᅮ지자고 소리하니
즁치가 ᄶᅡᆨ ᄆᆡᆨ히여 나오든말 ᄭᅳᆺ쳐지고
두눈에 더운 눈물 난ᄃᆡ업시 쏘다지ᄂᆡ
~
별회난 ᄯᅥᆫ져두고 ᄂᆡ신세 ᄉᆡᆼ각하니
말이갓한 하늘가에 게발무려 ᄯᅥᆫ져두고
혈혈한 이ᄂᆡ일신 누기을 이지하랴
병이든들 뇌가알며 죽은들 뇌가아랴

그런데 집에서 떠날 때 가져왔던 돈을 다 써버려 종복을 더 데리고 있을 수 없는 상황에 놓이게 된다. 조카와 종놈을 두려고 했으나 더 이상 둘 수가 없어 삼노주(三奴主)를 보내려 하는데 노자가 없어 본관에게 삼십량을 변통하여 보내게 된다. 처음에는 작회(作懷)를 말자고 다짐했지만 말로 다할 수 없는 슬픈 심정을 솔직하고 꾸밈없이 절절이 서술하고 있다. 이러한 부분에서도 <북정가>가 양반 사대부가의 작품이면서도 진솔한 감정이나 소회가 상당 부분을 차지하고 있다는 사실을 확인할 수 있다.

(3) 자신의 생애에 대한 회한과 여러 삶에 대한 풍자

유배지에 도착하고 보니, 자신의 삶에 대해 다시 생각해 보게 됨도 당연하다. 이 부분은 사대부가의 선비로 살아온 자신의 삶에 대한 후회와 여러 삶에 대한 자신의 생각을 펼치는 부분으로 나누어 볼 수 있다.

① 사대부로서의 삶에 대한 후회

본사의 첫머리에 자신이 사대부의 대명가에서 자랐음을 밝힌 바 있다. 문제는 사대부로 살아온 자신의 삶이 세상에서 미움을 받아 '일생궁곤'하다는 데 있다.

후회로다 후회로다 ᄂᆡ마암 후회로다
젼싱에 무삼죄로 사ᄃᆡ부가 되여나셔
~
현부현조 가르침과 셩현현젼 이른말삼
올케듯고 올케역여 사람노름 하자기로
올치안인 공명무리 지극히도 하기실코
게관업는 이리시비 소견이 너른체로

시ᄃᆡ난 안이보고 츙분이 겸동하니

~

이려무로 미음바다 일싱궁곤 할터에난

사대부가에서 태어나 학문집에서 글을 배우고 현부현조의 가르침과 성현의 말씀을 옳게 듣고 옳게 여겨 사람노릇을 해 왔음은 본사 첫 부분에서 자신의 성장 내력을 서술하면서 이미 언급한 바가 있다. 세상에서 존경을 받고 치사를 받아야 하지만, 그렇지 못하고 오히려 이천 리나 되는 명천에 유배를 오게 되었다. 그렇게 미움을 받게 된 것은 부귀공명을 누리는 옳지 않은 무리들과는 타협하지 않았으며, 시시비비를 가려야 할 일에는 시대는 안보고 충분(忠憤)이 겸동(兼動)했기 때문이다. 즉 효제충신, 현군자로 살았기 때문에 세상으로부터 미움을 받을 수밖에 없었고 일생궁곤하다는 것이다. 겉으로는 사대부로서의 자신의 삶을 후회한다고 하면서도, 실질적으로는 죄가 없이 유배를 오게 된 세태를 신랄하게 비꼬고 있음을 알 수 있다.

② 여러 삶에 대한 풍자

사대부로 살아온 자신의 삶을 후회하고, 그렇다면 인생 백 년 얼마 되지 않는데 무슨 노릇을 하면 좋을 것인지를 고민한다. 우선 농사일로 시작해서 장사치, 노름꾼, 객주, 중, 관속, 토호(질), 학자 순으로 자신의 생각을 피력하고 있다.

	길이	결론
농사일	9구	연골에 못ᄇᆡ와셔 이거시 후회로다
장사치	9구	시셰물정 못낫스니 이역시 못하깃네
노름꾼	12구	敗家亡身 썬져두고 白쥬大賊 이게로다
객주	9구	이역시 좃컨만은 쳔하여 못하긴ᄂᆡ
중	10구	옴쥰업고 허무하야 이도역시 못할네라
관속	25구	악독한 일을하면 鬼神이 안이보나 여앙이 잇슬게니 그노릇도 못할게오
토호	10구	白晝에 강도젹질 도젹힝사
학자	22구	當時나 後世上에 공의득죄

여덟 가지 노릇 중에서 태평한 일은 농사일과 장사, 중 노릇이다. 유배를 당하고 보니 세상 시비를 떠난 무사태평이 능사일 수도 있다. 농사일은 시비, 예절도 알 필요 없는 무지막지한 상놈의 일이기는 해도 함포고복, 격양가를 부를 수 있고, 장사치와 중 노릇 역시 만사태평할 수 있다. 하지만 농사일은 못 배워서 못하며, 장사는 시세 물정을 몰라서 못하고, 중 노릇은 허무하여 못한다.

객주는 마방집을 벌여놓고 돈을 벌어들일 수 있는 장점이 있다. 그러나 '밥잡고 가시랴오', '슐잡고 가시라오', '이것팔고 져것팔고' 하는 것이 천하여 할 수 없다. 그래도 농사일, 장사, 객주, 중은 내가 못할 뿐 대놓고 비난을 하고 있지는 않은데, 나머지 것에 대해서는 사정이 다르다.

노름꾼, 관속, 토호질에 대해서는 공통적으로 도적질이라 하며, 학자에 대해서는 공의득죄라 못 박고 있다. 노름꾼과 토호질은 백주대적이다. 특히 토호질에 대해서는 자신이 토호죄로 걸렸으니 한

번 토호질이라도 해볼까 한다지만 토호질에 대한 서술을 통해 독자는 작자의 삶과는 너무나 다르다는 사실을 인지할 뿐이다. 여기에서 주목해야 할 것은 작자가 가장 비난의 목소리를 높이고 있는 것이 관속과 학자라는 점이다. 관속과 학자는 다른 것에 비해 훨씬 길게 서술되어 있기도 한데, 그만큼 비난과 풍자의 강도가 높다고 하겠다. 관속과 학자 노릇은 다른 노릇과 달리 한 번 해 볼 수도 있을 터이나 지금의 관속과 학자는 도적과 다를 바가 없다. 세상은 도적 같은 관속이나 학자 노릇을 좋다고 하지만 당연히 자신은 그럴 수 없다. 관속과 학자의 실태를 적나라하게 드러내면 낼수록 그것은 자신이 살아온 길과는 정반대이며, 또한 자신의 유배가 부당한 것임을 강하게 항변하고 있음을 볼 수 있다.

3) 결사의 구성과 의미

‘아셔라 다던지고’로 시작되는 결사는 총 5구로 이루어져 있다.

아셔라 다던지고 ᄂᆡ마암에 조흔ᄃᆡ로
궁하면 궁한ᄃᆡ로 달하면 달한ᄃᆡ로
기필도 말거시오 경영도 말거시오
바른마암 바로가져
팔자에 ᄆᆡᆨ겨노코 큰허물 업고지고

결사에서 ‘바른마음 바로가져’는 그 자체가 하나의 구를 형성하는 단율어구(척구)[39]로 볼 수 있다. 결사의 척구에 단순한 감탄어가 아닌 내용상 가장 핵심을 이루는 두 개의 율어를 배치함으로써 의미를 한층 더 강조하고 있다고 하겠다. 본사에서는 유배를 중심으로 지금까지 살아온 자신의 삶에 대한 회한을 털어놓았다면, 결사에서는 앞으로 어떻게 살아야 할지에 대한 결의를 서술하고 있다. 사대부로 올바르게 살아온 자신이 유배까지 오게 되는 궁곤한 삶을 살지만 그래도 분노와 헛된 욕심은 다 던지고 궁하면 궁한대로 달하면 달한대로 팔자에 맡기고, 오직 바른 마음을 바로 가져 큰 허물이 없도록 사는 것이 최선이다. 이것이 바로 작자가 내린 결론이다. 사대부로 평생 궁곤한 나머지 다음 세상에서는 다른 여러 삶이 어떠할지 생각도 해 보았지만 결국 결론은 '바른 마음을 바로 가지는 것'이다. 기필도 말고, 경영도 말고 궁달을 팔자에 맡기는 것은 서사에서부터 누누이 밝혀온 작자의 기본적인 생각이다. 결사에서 작자는 지금까지 자신의 삶이 세상을 잘못 만나 억울하고 궁곤하지만 잘못 살아온 것이 아님을 역설하고 있는 것이다. 즉 다시 살아도 지금까지 자신이 지켜온 대로 살겠다는 의지의 표현이기도 하다.

---

39 구를 이루는 율어는 적어도 2개 이상이 모여 이루게 되나 단율어구인 척구가 특수격구로 존재한다. 홍재휴,『韓國古詩律格硏究』태학사, 1983. p146. "단척사격구는 하나의 척사가 단독적으로 구의 기능을 감당하고 또한 독특한 기능을 가지게 되는 구단위 형식이다. 그러므로 이것은 구의 구성상으로 보아 일종의 파격적인 특수격구라고 할 수 있다."

이상 <북정가>의 서사, 본사, 결사의 구성을 정리해 보면 다음과 같다.

- **서사** 명천객이 된 자신의 신세와 팔자 소관
- **본사**
  - 1) 대명가에서의 성장 내력과 출고, 환고
    - (1) 대명가에서 성장
    - (2) 출고
    - (3) 환고
  - 2) 유배
    - (1) 유배 발행 전
    - (2) 유배 노정
    - (3) 유배지 도착
  - 3) 자신의 생애에 대한 회한과 여러 삶에 대한 풍자
    - (1) 사대부 생애에 대한 후회
    - (2) 여러 삶에 대한 풍자
- **결사** 자신의 결의를 새롭게 다짐

<북정가>는 장편임에도 불구하고 구성이 매우 정연하다고 할 수 있다. 서사는 이중의 구조를 지니고 있는데, 유배를 떠나게 된 자신의 신세와 이 모든 것이 팔자 소관이라는 것을 말하고 있고, 본사에서는 대명가에서 성장한 자신의 내력과 본격적인 유배, 사대부로 살아온 자신의 생애에 대한 후회 및 여러 삶에 대한 풍자를 드러내며 결사에서는 자신이 살아온 대로 분수에 맞게 살 수밖에 없음을 새롭게 다지고 있다. 장편 가사들이 구성면에서 대부분 부분적인 파탄을 지니고 있음에 비해, <북정가>는 그러한 부분이 매우 적으며, 유배가 주된 내용을 이루면서 다른 내용들도 자신의 유배가 부당하고 억울한 일임을 뒷받침해 주고 있다는 점에서 구조적으로 긴밀하게 짜여 있음을 볼 수 있다.

3. 맺는 말

<북정가>는 1870년 채구연의 <쵀환재적가>보다도 16년이나 뒤에 쓰여진 가사이다. 따라서 현존 유배가사 중에는 가장 늦게 창작된 조선 최후의 가사라 할 수 있다. <북정가>의 작자 이중린은 안동 예안의 대명가 출신이며 유배 가사로서 작품의 길이는 현존 최장편이다. 유배가사뿐만이 아니라 기행가사를 통틀어서도 상당한 장편에 속한다. 이상 몇 가지만 들더라도 <북정가>는 단연 주목을 끄는 작품이 아닐 수 없다. <북정가>의 가치와 의의를 간단히 정리하기는 힘들다. 본고에서는 <북정가>가 지니는 특징에 주목하여 몇 가지만 짚어 보기로 한다.

첫째, 장편의 가사이면서 전체적인 구성 면에서 매우 짜임새가 있는 작품이다. 조선 후기 가사의 장편화가 진행되면서 기행 체험을 바탕으로 한 장편 가사가 많이 등장한다. <북정가>도 그러한 가사이기는 하다. 그러나 단순한 기행가사가 아닌 유배가사라는 점에서 본다면 <북정가>가 지니는 장편이라는 의미는 상당히 주목을 요한다. 물론 <북정가>가 장편일 수 있는 이유는 서사적 구조 아래서 유배의 체험을 서술하고 있기 때문이다. 그런데 가사가 장편화되다보면 서사적 흐름에 균열이 오기도 하고, 구성상으로 볼 때 상당한 파열을 보이는 작품도 많다. 그러나 <북정가>는 대장편임에도 불구하고 흐름의 파탄을 찾기는 어려울 정도로 정연된 구성을 보인다. 앞으로 <북정가>의 형식에 대한 구체적이고 면밀한 연구가 필요해 보이며, 최장편 유배가사로서 글쓰기 방식이나 여타 가사와의 비교 연구가 행해진다면 좋은 연구가 될 수 있을 것이라 생각한다.

둘째, 양반 사대부가의 작품이면서도 매우 솔직하고, 구체적이며 사실적인 서술을 보여준다는 점을 들 수 있다. 장편 가사이면서도 표현상으로도 식상하거나 진부하지 않다. <북정가>는 규방 공간에서 향유되었을 가능성이 많다. 규방가사에 보이는 상용 표현들이 <북정가>에도 적잖이 드러난다. 그러나 <북정가>는 사대부가 출신의 남성 작자가 자신의 체험을 바탕으로 쓴 것으로, 작자의 진솔하고 개성적인 표현이 훨씬 돋보이는 작품이다. 자신의 고생담을 서술하면서도 중인 유배가사 못지않게 사실적이며, 작품 전반에 걸쳐 드러나는 세태 고발은 여타 작품에서는 보기 힘든 날카롭고 비판적인 서술임을 볼 수 있다.

셋째, <북정가>는 유배지에 도착하면서 내용이 마무리가 된다. 서사, 본사, 결사의 구성을 잘 이루고 있기는 하지만 작품의 주된 부분을 이루는 것은 유배의 노정이다. 기존의 유배가사에서도 유배길에 대한 언급은 빠지지 않지만 <북정가>만큼 유배의 노정이 상세히 서술되어 있는 작품은 없다. 특히 더 중요한 것은 노정 자체보다도 <북정가>에서는 작자가 겪는 고충과 생각이 잘 드러나 있다는 사실이다. 이러한 점들은 타 작품과 구별되는 점으로서 <북정가>는 향촌 사대부의 생활과 인식을 살펴보는 데도 좋은 자료가 될 수 있다.

김 정 화

제2부 교주편

北征歌 북정가

우습도다 ᄂᆡ일이라 우습도다 내 일이라
이일이 왼일인고 이 일이 웬일인고

게산風景 조흔故鄕 계산(溪山)[1]풍경 좋은 고향
무삼일노 ᄂᆡ버리고 무슨 일로 내버리고

二千里 멀고먼ᄃᆡ 이천 리 멀고 먼 데[2]
明川客이 이왼일고 명천객[3]이 이 웬일고[4]

客窓이 寂寞한ᄃᆡ 객창이 적막한데
손에마암 엇더할고 손의 마음 어떠할꼬[5]

그음업난 이ᄂᆡ시름 끝없는 이내 시름
할양업난 이ᄂᆡ회포 한량(限量)없는 이내 회포(懷抱)

그뇌가 위로하며 그 누가 위로하며
그뇌가 아라줄고 그 누가 알아줄꼬

---

1 계산(溪山): 산수(山水).
2 데: 멀고 먼 곳.
3 명천객(明川客): 명천으로 귀양 가는 사람.
4 웬일고: '웬일인고'의 줄임말.
5 할꼬: 할 것인가의 경상도 방언.

너난	ᄂᆡ가되고	너는	내가 되고
나난	네가되여	나는	네가 되어
ᄂᆡ셔름	네가알고	내 설움	네가 알고
ᄂᆡ회포	네가아라	내 회포	네가 알아
혼자말노	셔로화답	혼잣말로	서로 화답(和答)
형용이	상조로다	형용(形容)이	상조(相照)로다
이보소	번임ᄂᆡ야	이보소	벗님네야
이ᄂᆡ소회	드르시오	이내 소회(所懷)	들으시오
人生世間	한平生에	인생세간	한평생에
苦樂이	업슬손가	고락이	없을손가[6]
富貴公明	좃타하고	부귀공명(富貴功名)	좋다 하고
貧賤窮困	슬타하네	빈천궁곤	싫다 하네
이모도	팔자로다	이 모두	팔자(八字)로다
팔자가	쳔명이라	팔자가	천명(天命)이라

6 없을손가: 없겠는가.

유싱지초	타난쳔명	유생지초(有生之初)[7]	타난[8]천명
어기든	못하나니	어기지는	못하나니
富貴가	좃타한들	부귀가	좋다한들
져마다	다하오며	저마다	다 하오며
貧賤이	슬타한들	빈천이	싫다한들
져마다	다면할가	저마다	다 면(免)할까
한사람에	팔자라도	한 사람의	팔자라도
조만이	싸로잇셔	조만(早晩)[9]이	따로 있어
부괴힛다	빈궁하고	부귀했다	빈궁(貧窮)하고
빈궁힛다	부괴하며	빈궁(貧窮)했다	부귀하며
분졍ᄃᆡ로	쏫차가셔	분정(分定)[10]대로	좇아가서
헛ᄋᆡ을	쓰지마소	헛애를	쓰지 마소
어리셕은	世上사람	어리석은	세상 사람
억지로	되난다시	억지로	되는 듯이

7 유생지초(有生之初): 태어나면서부터.

8 타난: '타고난'의 줄임말.

9 조만(早晩): 이르고 늦음.

10 분정(分定): 정해진 분수.

一生에	영영골골	일생에	영영(永永) 골골[11]
망신망명	만이보ᄂᆡ	망신망명(亡身亡名)[12]	많이 보네
셰상말	다던지고	세상 말	다 던지고
이ᄂᆡ경역	드르시오	이내 경력(經歷)	들으시오
天下로	말을하면	천하로	말을 하면
朝鮮이	第一이오	조선이	제일이오
朝鮮으로	말을하면	조선으로	말을 하면
嶺南이	근본이오	영남이	근본(根本)이오
嶺南으로	말을하면	영남으로	말을 하면
추로지향	안예安禮로다	추로지향(鄒魯之鄕)[13]	안예[14]로다
洛江上	大名家에	낙강상[15]	대명가에

---

11 골골: 병이 오래되거나 몸이 약하여 시름시름 앓는 모양.

12 망신망명(亡身亡名): 말이나 행동을 잘못하여 자기의 지위, 명예, 체면 따위를 손상함.

13 추로지향(鄒魯之鄕): 공자(孔子)의 고향인 노(魯)나라와 맹자(孟子)의 고향인 추(鄒)나라. 예절을 알고 학문이 왕성한 곳.

14 안예(安禮): 경상북도 안동과 예안. 작자 이중린(李中麟)은 경상북도 안동군 예안면 온혜동 용계리에서 출생하였음.

15 낙강상(洛江上): 낙동강 위쪽.

山南절이	고ᄐᆡᆨ이라	산남[16]절의(節義)[17]	고택(古宅)이라
이ᄂᆡ몸	다ᄒᆡᆼ하여	이내 몸	다행(多幸)하여
그집에	ᄐᆡ여날분	그 집에	태어날 뿐[18]
우즁지	賢祖賢父	우중지(又重之)[19]	현조현부
學行文章	거록하사	학행문장	거룩하사
一道에	장셕이오	일도에	장석(丈席)[20]이오
一世에	명망이라	일세[21]에	명망(名望)[22]이라
어나유賢	父兄이	어느[23] 유현(有賢)	부형(父兄)[24]이

---

16 산남(山南): 조령(鳥嶺), 문경 새재의 남쪽이라는 뜻으로, 영남, 경상도를 말함.

17 절의(節義): 절개와 의리.

18 뿐: 뿐만 아니라.

19 우중지(又重之): 더욱이, 게다가.

20 장석(丈席): 학문과 명망이 높은 사람.

21 일세(一世): 온 세상.

22 명망(名望): 명성(名聲)과 인망(人望).

23 어나: 어느.

24 유현부형(有賢父兄): 현명하고 유능한 부형이 계심은 나를 두고 이름인가. '孟子曰中也養不中才也養不才故人樂有賢父兄也' (맹자는 중용(中庸)의 도를 실천하는 자는 중용의 도를 실천하지 못하는 자를 기르며, 재주 있는 자는 재주 없는 자를 기르기 때문에, 사람들이 현명한 부형이 계심을 즐거워하는 것이라고 했다.) 『맹자』 <이루하(離婁下)>.

나을두고	이름인가	나를 두고	이름인가
듯는거시	仁義禮智	듣는 것이	인의예지
보는거시	孝悌忠信	보는 것이	효제충신
이리이욕	분별하고	의리이욕(義理利慾)	분별(分別)하고
언ᄒᆡᆼ심법	올키하라	언행심법(言行心法)	옳게 하라
朝夕으로	바든훈게	조석으로	받은 훈계(訓誡)
괴에들고	맘에ᄉᆡᆨ여	귀에 들고[25]	맘에 새겨
견문ᄇᆡ움	이려하여	견문(見聞) 배움	이러하여
셩장하온	후에	성장(成長)하온	후에
科擧便	셔울가셔	과거편	서울 가서
世態을	살펴보니	세태[26]를	살펴보니
염이염치	젼혀업시	염우염치(廉隅廉恥)[27]	전혀 없이

25 귀에 들고: 귀에 들어오고.

26 세태(世態): 세상 돌아가는 형편.

27 염우염치(廉隅廉恥): 염우(행실이 올바르고 절조가 굳은 품성)와 염치(체면과 부끄러움을 아는 마음).

염져경상	ᄌᆡ친체로	역대성상(歷代聖上)[28]	제친[29] 채로
아유구용	협견첨소	아유구용(阿諛苟容)[30]	협견첨소(狹見諂笑)[31]
一世가	成風이라	일세가	성풍[32]이라
철업고	어린마암	철 없고	어린 마음
남ᄃᆡ로	하여볼가	남대로[33]	하여볼까
도포을	썰쳐입고	도포(道袍)를	떨쳐 입고
박셕ᄌᆡ	넘어셔셔	박석(礴石)재[34]	넘어서서
宰相名士	한두집을	재상명사[35]	한두 집을

---

28 역대성상(歷代聖上): 대를 이어 온 임금님. '염져경상'은 오자인 듯. 화경당 본에는 '역ᄌᆡ셩샹'으로 되어 있음.

29 제친: 제치다. 일정한 대상이나 범위에서 뺌.

30 아유구용(阿諛苟容): 남에게 아첨하며 구차하게 행동함.

31 협견첨소(脅肩諂笑): 어깨를 올리고 아첨하며 웃는다는 뜻으로, 아부하는 사람의 추한 모습을 비유한 말. '曾子曰脅肩諂笑,病于夏畦' (증자는 어깨를 실룩대며 아첨하며 웃는 것은 여름날 밭에서 일하는 것보다 괴롭다고 했다.) 『맹자』 <등문공하(滕文公下)>.

32 성풍(成風): 널리 행하여 풍속을 이룸.

33 대로: ~처럼. 어떤 모양이나 상태와 같이.

34 박석재: 박석(礴石)고개. 서울 은평구 갈현동에서 구파발로 넘어가는 고개. <북행가>참조. '녹번의셔 써난후의 박셕의를 다다ᄅᆞ니' 홍재휴, 『북행가 연구』 효성여대출판부, 1990. p69.

35 재상명사(宰相名士): 재상(임금을 돕고 모든 관원을 지휘 감독하는 벼슬

구경차로	차자가니	구경차로	찾아가니
기거라고	하는모양	기거(起居)[36]라고	하는 모양
마지못히	일어셔고	마지못해	일어서고
졀이라고	하는모양	절이라고	하는 모양
마지못히	하난구나	마지못해	하는구나
존현예사	드렷더니	존현예사(尊賢禮士)[37]	들었더니
토포악발	져려할가	토포악발(吐哺握發)[38]	저러할까
눈결에	틀이이고	눈결[39]에	틀이 일고[40]
마암에	안이쏘와	마음에	아니꼬와
마지못히	인사후에	마지못해	인사 후에
안자셔	싱각하니	앉아서	생각하니

자리에 있던 사람)과 명사(세상에 이름이 알려진 선비).

36 기거(起居): 손님을 맞이하기 위해 일어섬.

37 존현예사(尊賢禮士): 어진 이를 존경하고 선비를 예로써 대함.

38 토포악발(吐哺握發): 먹던 것을 뱉고, 감고 있던 머리를 거머쥔다는 뜻으로, 현사(賢士)를 얻기 위해 애씀을 비유하여 이르는 말. 여기서는 비꼬는 뜻으로 쓰임.

39 눈결: 눈이 슬쩍 뜨이는 잠깐 동안 또는 마음이 눈에 드러난 상태.

40 틀이 일고: 자연스럽지 못하고 모양이 어그러져 주름이 생기고. 마음에 들지 않아 눈썹이 꿈틀거리고.

조상으로　말을하면　조상(祖上)으로　말을 하면
졔가날만　못할게요　저가 나만　못할 게오[41]

쳐심ᄒᆡᆼ사　일은ᄃᆡ도　처심행사(處心行事)[42]　이른대도[43]
ᄂᆡ가져만　못할손가　내가 저만　못할손가[44]

하양화목　이회츈에　향양화목(向陽花木)　이위춘(易爲春)[45]에
훈야결이　하다가셔　혼야결의(昏夜決意)[46]　하고서

富貴公名　하엿다고　부귀공명(富貴功名)　하였다고
교긍지ᄐᆡ　져려할가　교긍지태(驕矜之態)[47]　저러할까

문닷고　이려셜ᄌᆡ　문 닫고　일어설 제

---

41 게오: '것이오'의 줄임말.

42 처심행사(處心行事): 마음먹은 대로 일을 행함.

43 이른대도: 이른다 하더라도. 말한다 하더라도.

44 못할손가: 못하겠는가.

45 향양화목(向陽花木) 이위춘(易爲春): 남쪽에 있는 해를 향한 꽃나무가 쉽게 봄을 맞는다.
근수누대선득월(近水樓臺先得月) 물에서 가까운 누대가 달빛을 먼저 받고
향양화목이위춘(向陽花木易爲春) 해를 향한 꽃나무가 쉽게 봄을 맞는다.
범중엄(范仲淹)에게 추천받지 못한 소린(蘇麟)이 범중엄에게 단구 14자를 보내고 추천을 받았음.
유문표(兪文豹), 『청야록(淸夜錄)』

46 혼야결의(昏夜決意): 어둡고 깊은 밤에 뜻을 맺음.

47 교긍지태(驕矜之態): 교만하고 자부(自負)하는 생각이나 모양.

다시볼 병신업다 다시 볼 병신 없다

彼丈夫 我丈夫라 피장부 아장부라[48]
자최하여 욕을볼가 자취(自取)[49]하여 욕을 볼까

ᄂᆡ팔자 ᄂᆡ가타셔 내 팔자 내가 타서[50]
貴賤苦樂 定ᄒᆡᆺ스니 귀천고락 정했으니

ᄂᆡ만일 貴할터에 내 만일 귀할 터에
네엇지 賤케하며 네 어찌 천케 하며

ᄂᆡ만일 賤할터에 내 만일 천할 터에
네어이 貴케하랴 네 어이 귀케 하랴

도라와 ᄉᆡᆼ각ᄒᆞ니 돌아와 생각하니
셰ᄐᆡ물졍 져려ᄒᆞ고 세태물정(世態物情) 저러하고

ᄂᆡ마암 이려하니 내 마음 이러하니
ᄒᆡᆼᄉᆡ가 어렵구나 행세(行世)[51]가 어렵구나

48 피장부(彼丈夫) 아장부(我丈夫)라: 저도 장부(丈夫)이고 나도 장부(丈夫)라.
49 자취(自取): 스스로 취함. 잘하든 못하든 자기 스스로 만들어 그렇게 됨.
50 타서: '타고나서'의 줄임말.
51 행세(行世): 그 사회에서 사람의 도리를 행함.

아셔라	썬져두소	아서라	던져두소
공명길	썬져두소	공명(功名)길	던져두소
富貴을	하드라도	부귀를	하더라도
탐권낙셰	안할게라	탐권낙세(貪權樂勢)[52]	안할 게라[53]
公名을	하드라도	공명(功名)을	하더라도
治國擇民	안할게니	치국택민[54]	안할 게니[55]
聖賢書에	樂을붓쳐	성현서에	낙을 붙여
修身讀書	하온후에	수신독서	하온 후에
우리집	조흔가셩	우리 집	좋은 가성(家聲)[56]
추락이나	마잣던니	추락(墜落)이나	말잤더니[57]
親命이	게시기을	친명[58]이	계시기를

---

52 탐권낙세(貪權樂勢): 권세를 탐하고, 세도 부리기를 즐김.

53 게라: '것이라'의 줄임말.

54 치국택민(治國澤民): 나라를 다스려 백성에게 은택을 입힘. 치군택민(致君澤民). 여기서는 벼슬길에 나아가지 않겠다는 의미.

55 게니: '것이니'의 줄임말.

56 가성(家聲): 한 집안의 명성이나 평판.

57 말잤더니: '말자 했더니'의 줄임말.

58 친명(親命): 부모의 명령.

폐과가	부당하다	폐과(廢科)[59]가	부당(不當)하다
程朱에	하신말삼	정주[60]의	하신 말씀
과불인누	이누과라	과불루인(科不累人)	인루과(人累科)[61]라
층층시하	졀문거시	층층시하(層層侍下)[62]	젊은 것이
삼하방어	열친인ᄃᆡ	삼하방(三下榜)에	열친(悅親) 인데[63]

---

59 폐과(廢科): 과거를 폐함.

60 정주(程朱): 송(宋)나라 때의 유학자 정호(程顥)·정이(程頤) 형제와 주희(朱喜)를 일컬음.

61 과불루인인루과(科不累人人累科): 과거가 사람을 얽매는 것이 아니라 사람이 제 스스로 과거에 얽매임.
상론과거운(嘗論科擧云) 일찍이 과거에 대해 말씀하시길
비시과거루인(非是科擧累人) 과거가 사람을 얽매는 것이 아니라
자시인루과거(自是人累科擧) 제 스스로 사람이 과거에 얽매이는 것이다
약고견원식지사(若高見遠識之士) 만약 뛰어난 견해나, 먼 앞일까지 헤아릴 수 있는 식견 있는 선비라면
독성현지서(讀聖賢之書) 성현서를 읽고
거오소견이위문이응지(據吾所見而為文以應之) 자신의 생각에 근거하여 글을 지어 시험에 응한다.
득실이해치지도외(得失利害置之度外) 이해득실은 마음에 두지 않아
수일일응거(雖日日應擧) 비록 날마다 과거에 응하더라도
역불루야(亦不累也) 또한 얽매이지 않는다
주희(朱熹). 『주자어류(朱子語類)』 권13. 이 외 진덕수(眞德秀)의 『서산독서기(西山讀書記)』 권31, 『성리대전(性理大全)』 권55 등에서도 확인됨.

62 층층시하(層層侍下): 부모, 조부모 등의 어른들을 모시고 사는 처지.

63 삼하방(三下榜)에 열친(悅親): 과거에 급제하여 어버이를 기쁘게 함. 삼하

한심하고　늘그리오　한심(寒心)하고[64]　늙으리오

親命이　게시기로　친명이　계시기로
무심염불　하엿구나　무심염불(無心念佛)[65]　하였구나

징상명사　몰나스니　재상명사(宰相名士)　몰랐으니
관졀청탁　이슬손가　관절청탁(關節請託)[66]　있을손가[67]

규中에　잇는쳐자　규중(閨中)에　있는 처자(妻子)
즁ᄆᆡ업시　시집가며　중매(仲媒) 없이　시집가며

山間에　인난僧이　산간에　있는 승이
졔손으로　삭발할가　제 손으로　삭발(削髮)할까

모난바탕　둥근쑤게　모난 바탕　둥근 둑에/뚜께[68]

(三下)는 과차(科次)의 하나. 과거 시험의 성적은 상지상(上之上)·상지중·상지하·이상(二上)·이중·이하·삼상(三上)·삼중·삼하·차상(次上)·차중·차하로 나누고 삼하 이상을 뽑아서 입격(入格)시켰음.

64 한심(寒心)한다: 정도에 너무 지나치거나 모자라서 딱하거나 기막혀하다. 또는 마음이 서늘하다.

65 무심염불(無心念佛): 여기서의 뜻은 무심히 염불만 외는 듯, 세속에 마음을 두지 않아 과거를 위해서는 노력하지 않았다는 의미.

66 관절청탁(關節請託): 권세가나 요직에 있는 인물에게 뇌물을 바치고 청탁하는 것.

67 있을손가: 있겠는가.

마질수가	젼혀업고	맞을 수가	전혀 없고
낭걸비어	쳘엽하니	나무[69](를) 베어	전렵(畋獵/田獵)[70]하니
고기을	구할손가	고기를	구할손가[71]
그력져력	십오연에	그럭저럭	십오 년(十五 年)[72]에
명불과방	하엿구나	명불괘방(名不掛榜)[73]	하였구나
우즁지	불효지죄	우중지(又重之)	불효지죄(不孝之罪)
죄역이	심즁하여	죄역(罪逆)이	심중(深重)하여
辛未年	先妣상에	신미년[74]	선비상(先妣喪)[75]에
자친이	끗쳐지고	자친(慈親)[76]이	끊어지고

---

68 둑: 덮개. 뚜께: '뚜껑'의 방언

69 낭걸: 나모에 목적격 조사 '을'이 붙은 형.

70 전렵(畋獵/田獵): 사냥하는 것.

71 구할손가: 구하겠는가.

72 십오 년(十五年): 15세.

73 명불괘방(名不掛榜): 과거시험에 낙방함. 괘방(掛榜): 과거 또는 다른 시험에 합격한 사람의 이름을 적어 붙임.

74 신미년(辛未年): 1871년. 고종 8년.

75 선비상(先妣喪): 어머니가 돌아가심.

76 자친(慈親): 남에게 자기 어머니를 높여 이르는 말.

三喪을	나자마자	삼상[77]을	나자마자
乙亥年	원수ᄒᆡ에	을해년[78]	원수(怨讐) 해에
祖父와	先人喪을	조부와	선인상[79]을
一旬間에	當하엿ᄂᆡ	일순간에	당하였네
오ᄂᆡ가	붕탁하고	오내(五內)[80]가	붕탁(崩坼)[81]하고
쳔지가	회멸이라	천지(天地)가	회멸(灰滅)[82]이라
어앙이	마지안어	여앙(餘殃)[83]이	마지않아[84]
近三十年	동조금슬	근 삼십 년	동조금슬(同調琴瑟)[85]
子息못도	ᄋᆡ씨던니	자식 못 둬	애 씌더니[86]
쓸자식	ᄇᆡ여ᄡᅡ가	쓸 자식[87]	배었다가

---

77 삼상(三喪): 삼년상.

78 을해년(乙亥年): 1875년. 고종 12년.

79 선인상(先人喪): 아버지가 돌아가심. 조부상(祖父喪)을 당한 지 11일 만에 부친상(父親喪)을 당함.

80 오내(五內): 오장.

81 붕탁(崩坼): 부서지고 끊어짐.

82 회멸(灰滅): 불에 타서 없어짐.

83 여앙(餘殃): 남은 재앙.

84 마지않아: 끝나지 않아.

85 동조금슬(同調琴瑟): 부부 금실(금슬)이 좋은 것을 말함.

86 애 씌더니: 애가 쓰이더니.

87 쓸 자식: 쓸 만한 아들. 사내아이. 대를 이을 만한 아들.

경산은	무삼일고	경산(輕産)[88]은	무슨 일고[89]
연하여	불힝하니	연(連)하여	불행(不幸)하니
고분지통	가이업늬	고분지통(鼓盆之痛)[90]	가이없네[91]
육삭지늬	사듸삼창	육삭지내(六朔之內)[92]	사대[93] 삼장(三葬)[94]

88 경산(輕産): 유산, 뱃속의 아이를 잃음.

89 일고: '일인고'의 줄임말.

90 고분지통(鼓盆之痛): 고분지탄(叩盆之嘆). 고분지척(鼓盆之戚). 술그릇을 두드리는 아픔이라는 뜻으로, 아내 상을 당함 또는 상처한 슬픔. 장자(莊子)의 아내가 죽어서 혜자(惠子)가 조문(弔問)하러 갔더니 장자가 다리를 뻗고 와분(瓦盆)을 두드리며 노래했다는 이야기에서 유래함. 『장자(莊子)』 <지락(至樂)>. 운포의 아내는 정우기(鄭愚箕, ?-1875)로, 본관은 진양(晉陽)이며 부친은 정윤우(鄭允愚)임. 운포는 정씨와의 사이에서 풍산인 류덕영(柳德榮)의 처, 풍산인 김정섭(金鼎燮)의 처, 의성인 김국형(金國衡)의 처와 여강인 이소구(李韶久)의 처(李似鎬), 그리고 연안인 이병성(李炳星)의 처 등 5녀를 두었음.

91 가이없다: 가이없다(가없다)의 '가'는 본래 공간적 처소로서의 '끝'이라는 뜻으로, 공간으로서의 '끝이 없다'는 의미를 가지고 있었지만, 점차 심리적 표현에도 많이 쓰이게 되었음. 작품에서도 단순히 '끝이 없다'는 뜻만이 아니라, '애닯다, 안타깝다, 불쌍하다'는 뜻을 내포하고 있다고 볼 수 있음. 현대국어에서 '가이없다'는 비표준어이나, 원작의 묘미를 최대한 살리는 의미에서 현대역에서도 그대로 '가이없다'로 표기하기로 함.

92 육삭지내(六朔之內): 여섯 달 안에.

93 사대: 미상

94 삼장(三葬): 세 번 장사를 치름. 삼창: 미상

일실에	삼싱이라	일실(一失)에	삼생(三生)[95]이라[96]
쥭지못한	이닉완명	죽지 못한	이내 완명(頑命)[97]
여막에	혼자안자	여막(廬幕)[98]에	혼자 앉아
풍슈에	유모지통	풍수(風樹)[99]에	유모지통(孺慕之痛)[100]
억졔할슈	젼혀업고	억제(抑制)할 수	전혀 없고
안이라	드려가니	안이라	들어가니
큰아큰	너른집에	크나큰	넓은 집에
네다셧	어린거시	네다섯	어린 것이
쏙박게	밤담드시	쪽박에	밤 담듯이
옹게종게	모여안자	옹기종기	모여 앉아
쥭은어미	싱각하야	죽은 어미	생각하여

95 일실삼생(一失三生): 한꺼번에 조부, 선인, 아내를 잃음. 을해년(1875년) 조부와 선인상을 치르고 6개월도 채 되지 않아 아내까지 잃음.

96 '육삭지닉 사딕삼창 일실에 삼싱이라' 정확한 의미는 미상.

97 완명(頑命): 죽지 않고 모질게 살아있는 목숨.

98 여막(廬幕): 상주(喪主)가 궤연(几筵: 죽은 사람의 혼령을 위하여 차려놓은 영좌)이나 무덤을 지키기 위하여 그 옆에 지어 놓고 거처하는 초가.

99 풍수(風樹): 풍수지탄(風樹之嘆). 부모에게 효도를 다하려고 생각할 때에는 이미 돌아가셔서 그 뜻을 이룰 수 없음을 이르는 말.

100 유모지통(孺慕之痛): 돌아가신 부모님을 사모(思慕)하는 아픔.

우난 것	부르난것	우는 것	부르는 것
이안이	가련하라	이 아니	가련(可憐)하랴
상젼이	창ᄒᆡ되야	상전(桑田)이	창해(蒼海)[101]되어
눈압히	막막하다	눈앞이	막막(寞寞)하다
촉목에	상심이오	촉목(觸目)에	상심(傷心)[102]이오
촉사에	비흥이라	촉사(觸事)에	비흥(非興)[103]이라
쥬야에	나는마암	주야(晝夜)에	나는 마음
집쎠나기	소원이라	집 떠나기	소원(所願)이라
三喪이	나듯마듯	삼상[104]이	나듯말듯
聞慶싸	二百餘里	문경 땅	이백여 리
丁丑춘	ᄃᆡ모지연	정축(丁丑)[105]춘(春)	대무지년(大無之年)[106]

---

101 상전창해(桑田蒼海): 상전벽해(桑田碧海). 뽕나무밭이 푸른 바다가 되었다는 뜻으로, 세상이 몰라 볼 정도로 바뀐 것.

102 촉목상심(觸目傷心): 사물(事物)이 눈에 보이는 것마다 슬픔을 자아내어 마음이 아픔.

103 촉사비흥(觸事非興): 하는 일마다 흥이 나지 않음.

104 삼상(三喪): 삼년상의 줄임말.

105 정축년(丁丑年): 1877년. 고종 14년.

106 대무지년(大無之年): 아주 심한 흉년. 정축년 봄에 전국적으로 기근이 심하였고 수해와 더불어 전염병이 돌았다는 기록이 있음. 『서울육백년

불게이히	써나다라	불계이해(不計利害)[107]	떠나다라
후사을	보자하고	후사(後事)를	보자하고
四十之年	續絃하여	사십지년	속현 하여[108]
심신은	졍히스나	심신(心身)은	정(定)했으나
萬事가	無心이라	만사가	무심이라
少時에	잇든마암	소시에	있던 마음
공명에	쓰지업셔	공명(功名)에	뜻이 없어
시화가	안이무로	시하(侍下)[109]가	아니므로
과거길	하즉하고	과거(科擧)길	하직(下直)하고
형셰도	마음업셔	형세(形勢)도	마음 없어
큰아큰	셰간사리	크나큰	세간살이
젼연이	모르는쳬	전연(全然)히	모르는 채
종들만	맛겨두고	종들만	맡겨두고

사』연표 참조.

107 불계이해(不計利害): 이해(利害)를 따지지 아니함.

108 속현(續絃): 금슬(琴瑟)의 끊어진 현(絃)을 다시 잇는다는 뜻으로, 아내를 여읜 뒤 다시 새 아내를 맞음.

109 시하(侍下): 부모나 조부모를 모시고 있는 처지. 또는 그런 처지의 사람.

草堂을	정케쓰려	초당을	정(淨)케 쓸어
冊床과	버졀삼아	책상과	벗을 삼아
窓前에	花堦뭇고	창전에	화계[110] 묻고
花堦압헤	연못파고	화계 앞에	연못 파고
연못압헤	도랑ᄂᆡ야	연못 앞에	도랑 내어
즁간에	낭결숢겨	중간에	나무(를) 심어
나무그늘	나리거던	나무 그늘	내리거든
살평상	옴겨노코	살평상[111]	옮겨 놓고
無思無慮	白首翁이	무사무려	백수옹이
遇然이	안자스니	우연(偶然)히	앉았으니
올은편은	옥게수요	오른편은	옥계수(玉溪水)[112]요
외인편은	방달활슈	왼편은	방달활수(放達活水)[113]
발슷틔난	홍요화요	발 끝에는	홍요화(紅蓼花)요

---

110 화계(花階): 화단.

111 살평상: 바닥에 좁은 나무오리나 대오리의 살을 일정하게 사이를 두고 박아 만든 평상.

112 옥계수(玉溪水): 옥같이 맑은 시냇물.

113 방달활수(放達活水): 거리낌 없이 흐르는 물.

눈압헤난	슈국화라	눈 앞에는	수국화(水菊花)라
塵世遠遠	머려지니	진세원원[114]	멀어지니
神仙을	불여하라	신선을	부러하랴[115]
時時로	호흥나셔	시시로	호흥(好興)나서
잠젹을	못견듸면	잠적(潛寂)[116]을	못 견디면
탁쥬병	엽히끼고	탁주병(濁酒甁)	옆에 끼고
詩朋을	잇그려셔	시붕을	이끌어서
조산슈	벽계방에	조산수(造山藪)[117]	벽계방(碧鷄坊)에
春花秋菊	조흔時節	춘화추국	좋은 시절
슐먹고	바득쓰고	술 먹고	바둑 두고
바득긋히	시을짓고	바둑 끝에	시를 짓고
詩긋히	최흥이라	시 끝에	취흥(醉興)[118]이라
낭연이	읍펴보니	낭연(琅然)[119]히	읊어 보니

114 진세원원(塵世遠遠): 더러운 이 세상이 점점 멀어짐.
115 부러하랴: '부러워하랴'의 줄임말.
116 잠적(潛寂): 고요하고 호젓함.
117 조산수(造山藪): 인공으로 만든 숲.
118 취흥(醉興): 술에 취하여 일어나는 흥취.
119 낭연(琅然): 구슬이 서로 부딪쳐 내는 소리처럼 맑음.

陽春白雪	곡조련가	양춘백설[120]	곡조(曲調)련가
高山流水	역에로다	고산유수[121]	여기로다
흉중에	울젹심사	흉중(胸中)에	울적심사(鬱寂心思)
구비구비	싯쳐닉니	굽이굽이	씻어내니
어허	가소롭다	어허	가소롭다
世上萬事	가소롭다	세상만사	가소롭다
그른게	무어시며	그른 게	무엇이며
올흔게	무어시며	옳은 게	무엇이며
부괴난	무어시며	부귀(富貴)는	무엇이며
공명은	무어신고	공명(功名)은	무엇인고
닉심졍	닉가지고	내 심정	내가 지고
닉몸을	닉가져셔	내 몸을	내가 져서
물욕이	업셔스니	물욕(物慾)이	없었으니
실름인들	잇슬손가	시름인들	있을손가

120 양춘백설(陽春白雪): 초(楚)나라의 고상한 악곡의 이름으로, 고상한 노래는 가락을 맞추어 같이 부르는 사람이 적음을 일컬음. 전(傳)하여 뛰어난 언행을 이해하는 사람이 지극히 적음을 이르게 됨.

121 고산유수(高山流水): 높은 산과 흐르는 물.

다만지어	어려운게	다만 지어	어려운 게
고향싱각	안이올가	고향(故鄕)생각	아니올까
時時로	싱각하니	시시로	생각하니
번화심사	잠관일다	번화심사(繁華心思)[122]	잠깐이다
우리동기	四男妹가	우리 동기(同氣)	사남매[123]가
버름즉지	안이하여	버름하지[124]	아니하여
사가에	보슈련가	사가(謝家)의	보수(寶樹)[125]련가
맛시에	난곡인듯	마씨(馬氏)의	난곡(蘭谷)[126]인듯

---

122 번화심사(繁華心思): 번거로운 마음.

123 중린, 중봉, 중학, 누이.

124 버름하다: 마음이 서로 맞지 않아 사이가 뜨다.

125 사가보수(謝家寶樹): '사씨(謝氏) 집안의 보배로운 나무'라는 뜻으로, 명망 있는 가문의 뛰어난 자제, 가문을 빛낼 만한 인재를 의미함. 사가지란(謝家芝蘭), 사정난옥(謝庭蘭玉)이라고도 함. 사씨 집안은 진(晉) 나라 때 태부(太傅)를 지낸 사안(謝安)의 집안을 말하는데, 이 집안에는 자질이 우수한 자제들이 많았다고 함. 진나라 사안(謝安)이 자질(子姪)들에게 "어찌하여 사람들은 자기 자제가 출중하기를 바라는가?" 하고 묻자, 조카 사현(謝玄)이 "비유하자면 마치 지란(芝蘭)과 옥수(玉樹)가 자기 집 뜰에 자라기를 바라는 것과 같습니다."한 데서 유래한 말임. 『晉書』 <謝玄列傳>.

126 마씨난곡(馬氏鸞鵠): 가업을 이을만한 뛰어난 자제를 비유하는 말. 한유(韓愈)는 40년도 되지 않는 동안 마계조(馬繼祖)와 그 부친 태자소부(太子少傅) 마창(馬暢), 그 조부 북평장무왕(北平莊武王) 마수(馬燧)를 모두

고당학발	층층노친	고당학발(古堂鶴髮)[127]	층층노친(層層老親)
무ᄎᆡ승환	하올적에	무체승환(無體承歡)[128]	하올 적에
우슴웃고	장난하여	웃음 웃고	장난하여
안박그로	논일면셔	안팎으로	노닐면서
노릐자에	쎈을바다	노래자(老萊子)[129]의	본을 받아
농추친쳑	하옵던니	농추친측(弄雛親側)[130]	하옵더니

곡하였는데, 이들이 모두 아름답고 빼어난 자질을 지녔다고 극찬하였음.
퇴현소부(退見少傅) 물러나와 소부(마창)를 보니
취죽벽오(翠竹碧梧) 푸른 대나무나 벽오동과도 같고
난곡정치(鸞鵠停峙) 난새나 고니가 산마루에 머물러 있는 것과도 같아서
능수기업자(能守其業者也) 그 가업을 잘 지키실 분 같았다
한유(韓愈) <전중소감마군묘명(殿中少監馬君墓銘)>중 발췌.

127 학발(鶴髮): 두루미의 깃처럼 희다는 뜻으로, 하얗게 센머리 또는 그런 머리를 가진 사람. 주로 부모님을 일컬음.

128 무체승환(無體承歡): 체면 차리지 않고, 격 없이 마음껏 부모의 기쁜 마음을 받듦.

129 노래자(老萊子): 춘추시대(春秋時代) 초(楚)나라의 현인. 난을 피하여 몽산(蒙山) 남쪽에서 농사를 지으면서 살았는데, 70세에 어린아이 옷을 입고 어린애 장난을 하여서 늙은 부모를 위안하였다고 함.

130 농추어친측(弄雛於親側): 어버이 곁에서 병아리를 희롱함.
노래자효봉이친(老萊子孝奉二親) 노래자(老萊子)는 어버이를 효성으로 섬겼는데,
행년칠십작영아희(行年七十作嬰兒戱) 나이 70세에 어린애처럼 재롱을 부리며
신착오색반란지의(身著五色斑爛之衣) 몸에는 채색이 영롱한 옷을 입었다

오홉다	가이업다	오홉다	가이없다
고로여ᄉᆡᆼ	되온후에	고로여생(孤露餘生)[131]	되온 후에
풍슈ᄭᅳᆺᄒᆡ	모진바람	풍수(風水) 끝에	모진 바람
상채ᄭᅩᆺ치	ᄒᆞᆺ날이여	상체꽃[132]이	흩날리어
妹弟난	시집가고	매제[133]는	시집가고

상취수상당(嘗取水上堂) 일찍이 물을 들고 마루에 오르다가
사질부와지(詐跌仆臥地) 일부러 넘어져 땅에 누워
위소아제(爲小兒啼) 어린애 울음소리를 냈으며
농추어친측(弄雛於親側) 어버이 곁에서 병아리를 희롱하니
욕친지희(欲親之喜) 어버이를 기쁘게 해 드리고자 한 것이다
『소학(小學)』 <계고(稽古)> 노래자(老萊子).

131 고로여생(孤露餘生): 어려서 부모를 잃은 사람.

132 상체화(常棣華): 아가위나무의 꽃. 형제가 많아서 집안이 번성함. 아가위나무나 팥배나무의 꽃은 수많은 형제를 나타냄.
상체지화 악불위위(常棣之華 鄂不韡韡) 아가위 꽃 그 꽃송이 울긋불긋 아름답네
범금지인 막여형제(凡今之人 莫如兄弟) 무릇 지금 사람 중에 형제만한 사람 없네
사상지위 형제공회(死喪之威 兄弟孔懷) 죽음의 두려움이 닥쳐도 형제는 몹시 걱정하며
원습부의 형제구의(原隰裒矣 兄弟求矣) 들과 개펄에 (시체가) 모여도 형제는 서로 구해준다네.
『시경(詩經)』 〈소아(小雅)〉 상체(常棣).

133 매제(妹弟): 손아래의 누이. 진사 김덕영(金悳永)에게 시집감. 김덕영. 1848-?. 본관은 의성(義城), 자는 중일(重一).

中弟난 고향두고 / 중제[134]는 고향 두고

數萬里 함게와셔 / 수만 리 한 데 와서
他鄉사리 하엿구나 / 타향살이 하였구나

四五年 상이하여 / 사오 년 상리(相離)[135]하여
써난회포 위로턴니 / 떠난 회포(懷抱) 위로터니[136]

家運이 不幸하고 / 가운이 불행하고
조물이 ᄉᆡ암발나 / 조물(造物)이 새옴[137]발라[138]

압갑고 불상하다 / 아깝고 불쌍하다
화슉이 어듸간노 / 화숙(和叔)[139]이 어디 갔노

---

134 중제(中弟): 이중봉(李中鳳). 1842-1905. 자는 의중(儀仲), 중군, 1896년 1월 단발령에 대한 '예안통문(禮安通文, 223명이 서명)'에 주역 7명의 명단에서 '유학 이중봉'의 이름이 확인됨. 석호 류도성의 문집에 이중봉에게 쓴 편지도 남아 있음. <答李儀仲 中鳳>

135 상리(相離): 서로 떨어져 있음.

136 위로터니: '위로하더니'의 줄임말.

137 새옴: 샘의 옛말.

138 샘발라: 샘바르다. 샘이 심하다.

139 화숙(和叔): 이중학(李中鶴). 1849-1880. 화숙은 이중학의 자(字). 이중린의 막내 동생이었으나, 삼종숙부 (三從叔父) 이만성(李晩成)의 계자(繼子)로 들어감. 역암(櫟菴) 강진규(姜晉奎)의 사위로, 강진규의 『역암집』에 '화숙은 아들 없이 요절하였다(和叔又竟無子而夭).'라는 기록이 남아 있음. 강진규, 『역암집』 <계녀이실묘지(季女李室墓誌)>.

단아한	그에용과	단아(端雅)한	그의 용(容)과
ᄀᆡ결한	그지ᄀᆡ로	개결(介潔)[140]한	그 지개(志槪)로
ᄒᆡᆼ신은	ᄃᆡ군자요	행신(行身)은	대군자(大君子)요
문학은	ᄌᆡ사로다	문학(文學)은	재사(才士)로다
名筆명화	겸하여서	명필명화(名筆名畵)	겸(兼)하여서
음율싸지	통달하니	음율(音律)까지	통달(通達)하니
문호랄	키우란가	문호(門戶)[141]를	키우련가
來頭之望	젹잔턴니	내두지망[142]	적잖더니
三十二歲	石火光音	삼십이세	석화광음(石火光陰)[143]
유ᄌᆡ무명	이왼일고	유재무명(有才無命)[144]	이 웬일고
압갑고	불상하다	아깝고	불쌍하다
언제나	다시볼고	언제나	다시 볼꼬
他鄕一樹	ᄭᅩᆺ진가지	타향일수	꽃 진 가지

140 개결(介潔): 성품이 깨끗하고 굳음.

141 문호(門戶): 집으로 드나드는 문. 문벌(門閥).

142 내두지망(來頭之望): 앞으로 큰일을 이룰 것이라는 희망과 기대.

143 석화광음(石火光陰): 돌이 마주 부딪칠 때에 불이 반짝이는 것과 같이 빠른 세월을 이르는 말.

144 유재무명(有才無命): 재능은 있으나 운이 없음.(명이 짧음)

청영시	혼자울고	척령(鶺鴒)새[145]	혼자 울고
淸天에	달발근듸	청천에	달 밝은데
외기력이	실푸구나	외기러기	슬프구나
時時로	싱각하니	시시로	생각하니
生死離別	가이업늬	생사이별	가이없네
송빅창창	입몽빈하니	송백창창(松柏蒼蒼)	입몽빈(入夢頻)[146]하니
션영구용	이듸믜셔을	선영구용(先塋舊容)[147]	어디메며

145 척령(鶺鴒)새: 할미새. 걸어다닐 때 항상 꽁지를 위 아래로 흔들어 화급한 일을 고하는 것 같으므로 형세가 급한 때를 당해 서로 돕는 비유로 쓰임. 척령지원(鶺鴒之原): 척령재원(脊令在原), 형제의 정을 의미함.
원습부의 형제구의(原隰裒矣 兄弟求矣) 들과 개펄에 (시체가) 모여도 형제는 서로 구해주네.
척령재원 형제급난(脊令在原 兄弟急難) 척령새가 언덕에 있는데 형제는 바삐 도우며
매유양붕 황야영탄(每有良朋 況也永歎) 좋은 벗이 있지만 탄식만 하며 바라만 보고
형제혁우장 외어기무(兄弟鬩于牆 外禦其務) 형제는 집안에서 싸워도 밖에서는 모욕을 함께 막네.
『시경(詩經)』〈소아(小雅)〉 상체(常棣).

146 송백창창입몽빈(松柏蒼蒼入夢頻): 짙푸르게 무성한 송백(소나무와 잣나무)이 자주 꿈속에 든다.

147 선영구용(先塋舊容): 선산의 옛 모습. <화경당본>에는 '선영구롱'으로 되어 있음.

철원망망 거로원하니 철원망망(徹怨茫茫) 거로원(去路遠)[148]하니
고향산쳔 어ᄃᆡ민고 고향(故鄕) 산천(山川) 어디멘고

동기지졍 머려스니 동기지정(同氣之情)[149] 멀었으니
훈창지화 할일업고 훈창지화(塤唱篪和)[150] 하릴없고[151]

산임화슈 깁흔고ᄃᆡ 산림화수(山林花樹) 깊은 곳에
옥강춘츄 ᄉᆡᆼ각나ᄂᆡ 옥강[152] 춘추(春秋)[153] 생각나네

우즁지 불효특심 우중지(又重之) 불효(不孝) 특심(特甚)
당친졍사 시진이라 당친정사(堂親亭舍)[154] 시진(澌盡)[155]이라

乙亥年 권봉후에 을해년[156] 권봉(捲奉)[157] 후에

---

148 철원망망거로원(徹怨茫茫去路遠): 사무친 원한은 넓고 아득한데, 갈 길은 멀다.

149 동기지정(同氣之情): 한 부모에서 난 형제자매 사이의 정.

150 훈창지화(塤唱篪和): 형제가 서로 화목함.

151 하릴없고: 달리 어떻게 할 도리가 없고.

152 옥강: 아우를 일컫는 말인 듯.

153 춘추(春秋): 꽃다운 아름답고 어린 나이. 해(年)를 문어적으로 이르는 말.

154 당친정사(當親亭舍): 부모님을 모신 정사(亭舍). 정사(亭舍): 풍치가 아름다운 곳에 지어 놓고 거처하는 정자 모양의 집.

155 시진(澌盡): 기운이 빠져 없어짐.

156 을해년(乙亥年): 1875년. 고종 12년. 조부상과 선인의 상을 당했을 때.

157 권봉(權奉): 영정을 말아서 모셔 둠.

음용이	머려가ᄂᆡ	음용(音容)[158]이	멀어가네
일편가산	조흔터을	일편(一片)[159] 가산(家山) 좋은 터를	
엇지하여	엇잔말고	어찌하여	얻잔 말고[160]
쥬소에	ᄆᆡ친한이	주소(晝宵)[161]에	맺힌 한(恨)이
침식이	미감터니	침식(寢食)[162]이	미감(未感)[163]터니
甲申秋	멸예경기	갑신추[164]	멸예(滅禮)[165] 경기(景氣)[166]
임시낭ᄑᆡ	쏘되엿ᄂᆡ	임시낭패(臨時狼狽)[167]	또 되었네
통곡한들	어이하오	통곡(痛哭)한들	어이하오
형효쳔박	타시로다	형효(兄爻)[168]천박(淺薄)	탓이로다

158 음용(音容): 음성과 용모를 아울러 이르는 말.
159 일편(一片): 한 조각이라는 뜻으로, 매우 작거나 적은 부분을 이르는 말.
160 얻잔 말고: '얻자는 말인고'의 줄임말.
161 주소(晝宵): 밤낮.
162 침식(寢食): 잠자는 일과 먹는 일.
163 미감(未感): 맛을 모름.
164 갑신년(甲申年): 1884년. 고종 21년. 10월 14일에 김옥균(金玉均)·박영효(朴泳孝) 등 개화파들이 우정국 낙성식 축하연을 이용하여 정변을 일으킴(갑신정변).
165 멸예(滅禮): 예를 없애다. 예를 따지지 않는다.
166 경기(景氣): 매매나 거래에 나타나는 호황·불황 따위의 경제 활동 상태.
167 임시낭패(臨時狼狽): 다 잘된 일이 그 때에 이르러 틀어짐.
168 형효(兄爻): 형제, 동료, 친구, 도둑의 괘. 여기서는 점괘, 팔자 등의 의미

낭ᄑᆡ후	망지소조	낭패(狼狽) 후	망지소조(罔知所措)[169]
풍슈을	구하라고	풍수(風水)를	구하려고
奉化ᄯᅡ	明湖村을	봉화땅	명호촌[170]을
운연이	지ᄂᆡ보니	우연히	지나보니
이수가	둘너지고	이수(二水)가	둘러지고
三山이	作局한ᄃᆡ	삼산[171]이	작국[172]한데
白龍潭	降仙坮가	백룡담[173]	강선대[174]가
山水가	絶勝이라	산수가	절승[175]이라
隱者에	반신지소	은자의	반신지소(返身之所)[176]

로 쓰였다고 봐도 무방할 듯.

169 망지소조(罔知所措): 너무 당황하거나 급하여 어찌할 바를 모름.

170 명호촌(明湖村): 경상북도 봉화 명호면.

171 이수삼산(二水三山): 마을의 지형을 말하는 것으로, 물과 산으로 둘러쌓인 좋은 지형을 의미.

172 작국(作局): 체격(體格)이나 짜임새 따위가 갖추어져 있음.

173 백룡담(白龍潭): 봉화 이나리 강변(매호유원지) 하류에 연못의 형상으로 이루어진 지형.

174 강선대(降仙坮): 봉화의 명승지.

175 절승(絶勝): 경치가 비할 데 없이 빼어나게 좋음.

176 반신지소(返身之所): 자신을 몸을 돌아보는 곳.

이원반곡	나을손가	이원반곡(李愿盤谷)[177]	나을손가[178]
고장도	가작하고	고장도	가작하고[179]
마암에	든다하니	마음에	든다 하니
동기와	지친드리	동기(同氣)와	지친(至親)[180]들이
還故을	갓치타가	환고를	간청타가[181]

---

177 이원반곡(李愿盤谷): 이원의 반곡. 이원은 한유(韓愈)의 친구로, 반곡에서 살며 반곡자(盤谷子)로 불렸음.
태항지양유반곡(太行之陽有盤谷) 태항산 남쪽에 반곡이 있는데,
반곡지간천감이토비(盤谷之間泉甘而土肥) 반곡의 사이는 샘물이 달고 토양이 비옥하며
초목총무거민선소(草木叢茂居民鮮少) 초목이 무성한데 사는 사람이 적었다
혹왈(或曰) 어떤 이는 말하기를
위기환양산지간고왈반(謂其環兩山之間故曰盤) 두 산 사이에 둘러싸여 있기 때문에 반(盤)이라 하고,
혹왈 시곡야(或曰是谷也) 또 어떤 이는 곡(谷)이라고 하는데,
택유이세조(宅幽而勢阻) 터가 그윽하고 산세가 막혀 있어
은자지소반선(隱者之所盤旋) 은자(隱者)가 노니는(盤旋) 곳이라고 하였다.
우인이원거지(友人李愿居之) 친구인 이원이 그곳에 산다.
한유(韓愈), <송이원귀반곡서(送李愿歸盤谷序)>중 발췌.

178 나을손가: (이원반곡(李愿盤谷)이 이보다) 나을 것인가.

179 가작하고: '가깝고'의 경상도 방언.

180 지친(至親): 가까운 친족.

181 간청타가: 간절히 청하다가.

즁균이 이말듯고 중군(仲君)[182]이 이 말 듣고
한사돈권 하난구나 한사[183] 돈권(敦勸)[184] 하는구나

인졍에 허일업셔 인정(人情)에 하릴없어
민면이 허락하니 민연(憫然)히[185] 허락하니

일가에 족친들과 일가(一家)의 족친(族親)들과
인이에 친구드리 인리(隣里)[186]의 친구들이

흔흔이 반기면셔 흔흔(欣欣)[187]히 반기면서
이논을 하난마리 의논(議論)을 하는 말이

---

182 중군(仲君): 이중린의 동생 이중봉(李中鳳)을 가리킴. 작품에서 중군은 즁균, 즁군, 중제 등으로 혼재되어 나타남.
천리변성체내형(千里邊城滯乃兄) 천리 먼 곳의 변방의 성이 네 형을 막아버려
전가가정임군성(全家家政任君成) 집안의 모든 일을 너에게 맡겨 이루네
과농권학하수면(課農勸學何須勉) 농사일과 학문에 어찌 다 힘쓰겠는가
유재추선보본성(惟在追先報本誠) 다만 선조를 따르고 근본에 보답하는 정성에 있음이라.
이중린, 『운포유고(雲圃遺稿) (天)』 <중군의중(仲君儀仲)>중 발췌.

183 한사: 한사코.

184 돈권(敦勸): 굳게 권함.

185 민연(憫然)히: 민망하게. 답답하고 딱하여 안타깝게.

186 인리(隣里): 이웃 동네.

187 흔흔(欣欣): 매우 기쁘고 만족스러워함.

이사람	ᄂᆡ보ᄂᆡ셔	이 사람	내보내서
문경일을	알수업셔	문경(聞慶) 일을	알 수 없어
이즁에	네가가셔	이 중에	네가 가서
소슬을	다려오라	소실(小室)[188]을	데려오라
젼당잡듯	붓들이고	전당(典當)[189]잡듯	붙들리고
즁군이	나가더니	중군(仲君)이	나가더니
모실꼴	요셩동이	모실골[190]	요성(堯城)동리(洞里)[191]
듯동ᄂᆡ	놀나듯고	두 동네	놀라 듣고
이련양반	못ᄯᅥ나ᄂᆡ	이런 양반(兩班)	못 떠나네
이련ᄃᆡᆨ은	못ᄯᅥ나리	이런 댁(宅)은	못 떠나리
洞会을	하온후에	동회를	하온 후에
洞内소임	젼위하여	동내 소임(所任)	전위(專委)[192]하여
양반은	편지하고	양반(兩班)은	편지하고

188 소실(小室): 처자, 식구를 의미함.

189 전당(典當): 기한 내에 돈을 갚지 못하면 맡긴 물건 따위를 마음대로 처분하여도 좋다는 조건 하에 돈을 빌리는 일.

190 모실골: 문경 모시골.

191 요성동리: 문경 요성(堯城)리.

192 전위(專委): 어떤 일을 전문적으로 맡거나 맡김.

ᄇᆡᆨᄉᆡᆼ은	연명고목	백생(百生)[193]은	연명고목(連名告目)[194]
원감사	ᄯᅥ나갈ᄉᆡ	원감사(員監使)	떠나갈 새
원유을	하난다시	원류(願留)[195]를	하는 듯이
二百里	不近程道	이백 리	불근정도[196]
傳伻이	이윈일고	전팽[197]이	이 웬일고
어허	이외로다	어허	이 외로다[198]
조흔일	안이로다	좋은 일	아니로다
八九年	그곳사리	팔구 년	그곳 살이
일션급은	가최업고	일선급(一先給)[199]은	가취(假取/加取)[200]없고

193 백생(百生): 백성.

194 연명고목(連名告目): 연달아 알림. 고목(告目): 천한 사람이 양반에게 하던 편지.

195 원류(願留): 지방 사람 등이 전임(傳任)되어 가는 관리의 유임(留任)을 상부에 청원하는 일.

196 불근정도(不近程道): 가깝지 않은 노정.

197 전팽(專伻): 전인(專人), 어떤 소식이나 물건을 전하기 위하여 특별히 사람을 보냄.

198 외로다: 외다. 잘못되다.

199 선급(先給): 값이나 삯을 미리 치룸.

200 가취(假取,加取): 거짓으로 취함. 혹은 더 취함.

ᄂᆡ남에　　시비업시　　내 남의　　시비(是非) 없이
슉ᄆᆡᆨ갓치　　잇셧난ᄃᆡ　　숙맥(菽麥)[201]같이　　있었는데

末俗이　　엇더하기　　말속[202]이　　어떠하기
슉ᄆᆡᆨ을　　좃타하노　　숙맥(菽麥)을　　좋다 하노

고향졍경　　가이업다　　고향(故鄕) 정경(情景)　　가이없다
효유하여　　보난후에　　효유(曉諭)[203]하여　　보낸 후에

즁군이　　나갈젹에　　중군(仲君)이　　나갈 적에
셰ᄂᆡ로　　오마더니　　세내(歲內)로[204]　　오마더니[205]

가산젼토　　파라하니　　가산(家産) 전토(田土)　　팔려하니
賣買에　　져히하야　　매매에　　저어(齟齬)하여[206]

헐일업시　　過歲하고　　하릴없이　　과세[207]하고

---

201 숙맥(菽麥): 사리 분별을 못하고 세상 물정을 잘 모르는 사람. '숙맥불변(菽麥不辨)'에서 나온 말.

202 말속(末俗): 말세의 풍속.

203 효유(曉諭): 깨달아 알아듣도록 타이름.

204 세내(歲內)로: 한 해 내로.

205 오마더니: '오마 하더니'의 줄임말. 온다고 하더니.

206 저어(齟齬)하다: 익숙지 않거나 뜻이 맞지 않아 서먹하다. 또는 염려하거나 두려워하다.

207 과세(過歲): 설을 쇰. 해를 보냄.

乙酉年	二月初에	을유년[208]	이월 초에
소실먼	다려다가	소실(小室)만/먼저	데려다가
환고을	하엿구나	환고(還故)[209]를	하였구나
무슈무구	노든고ᄃᆡ	모수모구(某水某丘)[210]	놀던 곳에
촉쳑고유	반겨하고	촉척고우(蜀隻古友)[211]	반겨하고
山南 슈복	화슈촌에	산남 수복(受福)	화수촌(花樹村)에
叔兮伯兮	차자와셔	숙혜백혜[212]	찾아와서
열친쳑지	정화하고	열친척지(悅親戚之)	정화(情話)하고
낙금셔이	소우하니	낙금서이(樂琴書以)	소우(消憂)[213]하니

---

208 을유년(乙酉年): 1885년. 고종 22년.

209 환고(還故): 고향으로 돌아감.

210 모수모구(某水某丘): 아무개 물과 아무개 언덕.

211 촉척고우(蜀隻古友): 소쩍새와 옛 벗(봄에 피는 매화를 일컫기도 함).

212 숙혜백혜(叔兮伯兮): 아우와 형.

213 열친척지정화(悅親戚之情話) 낙금서이소우(樂琴書以消憂): 친척들과 정담을 나누며 즐거워하고, 거문고를 타고 책을 읽으며 시름을 달램.
세여아이상위(世與我而相違) 세상이 나와 서로 맞지 않으니
복가언혜언구(復駕言兮焉求) 다시 벼슬길에 올라 무엇을 구하겠는가
열친척지정화(悅親戚之情話) 친척들과 정담을 나누며 즐거워하고
낙금서이소우(樂琴書以消憂) 거문고를 타고 책을 읽으며 시름을 달래리라
도연명(陶淵明), <귀거래사(歸去來辭)>중 발췌.

이역시	인간낙사	이 역시	인간낙사(人間樂事)
조탓고사	하리만안	좋다고야	하리마는
八九年	혼자잇셔	팔구 년	혼자 있어
지당화초	낙을삼아	지당(池塘) 화초(花草)	낙(樂)을 삼아
망셰간지	갑자하고	망세간지(忘世間之)	갑자(甲子)[214]하고
초인간지	是非하여	초인간지(超人間之)	시비(是非)[215]하여
어심양셩	졀노하여	어심양성(御心養性)[216]	절로 하여
山中寒士	되얏더니	산중한사[217]	되었더니
일가친쳑	셩당한듸	일가친척(一家親戚)	성당(成黨)[218]한데
번화장	조컨만은	번화장(繁華場)	좋건마는
인사가	요요하고	인사(人事)[219]가	요요(搖搖)[220]하고

214 망세간지갑자(忘世間之甲子): 어떤 일에 골몰하여 세월이 가는 줄을 모름을 이르는 말.

215 초인간지시비(超人間之是非): 인간의 옳고 그름을 초월함.

216 어심양성(御心養性): 마음을 다스리고 성품을 기름.

217 한사(寒士): 가난한 선비, 권력 없는 선비.

218 성당(成黨): 무리를 이룸.

219 인사(人事): 세상 일.

220 요요(搖搖)하다: 마음이 흔들려 안정되지 아니하고 들뜨다.

시비가	다단하여	시비(是非)가	다단(多端)[221]하여
영졍한	이ᄂᆡ셩졍	영정(寧靜)[222]한	이내 성정(性情)
유시로	건되리니	유시(有時)[223]로	건드리니
明湖村	옴겨안져	명호촌	옮겨 앉아
山林之樂	하려하나	산림지락	하려 하나
左右에	견권하야	좌우에	견권(繾綣)[224]하여
뙤도것도	못ᄒᆡ구나	뛰도 걷도	못했구나
엇지하야	이ᄂᆡ명슈	어찌하여	이내 명수(命數)[225]
世上에	ᄐᆡ여스며	세상에	태었으며[226]
엇지하야	이ᄂᆡ명슈	어찌하여	이내 명수(命數)
百不如意	되단말가	백불여의[227]	되단 말가

221 다단(多端): 일의 갈래나 가닥이 많음.

222 영정(寧靜): 편안하고 고요함.

223 유시(有時): 때때로.

224 견권(繾綣): 생각하는 정이 두터워 서로 잊지 못하거나 떨어질 수 없음.

225 명수(命數): 운명과 재수.

226 태었으며: '태어났으며'의 줄임말.

227 백불여의(百不如意): 만사 일이 뜻과 같이 되지 않음.

好事난 多魔하고 호사는 다마[228]하고
惡事가 相應이라 악사가 상응[229]이라

乙酉年 납月初에 을유년[230] 납월초(臘月初)[231]에
無心히 안자썬니 무심히 앉았더니

安東府 장교ᄎᆡ사 안동부 장교(將校)[232] 차사(差使)[233]
問安ᄭᅳᆺᄒᆡ 하난마리 문안 끝에 하는 말이

御使에 비관으로 어사[234]의 비관(秘關)[235]으로
추착이 되엿다ᄃᆡ 추착(推捉)[236]이 되었다대

---

228 호사다마(好事多魔): '좋은 일에는 탈이 많다'는 뜻으로, 좋은 일에는 방해가 많이 따른다거나 좋은 일이 실현되기 위해서는 많은 풍파를 겪어야 함.

229 상응(相應): 서로 응함. 맞아 떨어짐.

230 을유년(乙酉年): 1885년. 고종 22년.

231 납월초(臘月初): 12월초.

232 장교(將校): 각 군영과 지방 관아의 군무에 종사하던 낮은 벼슬아치.

233 차사(差使): 임금이 중요한 임무를 위하여 파견하던 임시 벼슬. 또는 그런 벼슬아치. 고을 원이 죄인을 잡으려고 내보내던 관아의 하인.

234 어사(御使): 임금의 심부름을 하던 관리. 주로 당상관 이상의 벼슬에서 임명됨.

235 비관(秘關): 몰래 보내던 공문.

236 추착(推捉): 범죄자를 수색하여 붙잡아옴.

어허	고이하다	어허	괴이(怪異)하다[237]
이마리	왼말인고	이 말이	웬말인고
직져어사	유셕이가	직지어사(直指御史)[238]	유석(柳석)[239]이가
젹지을	하엿는가	적지(摘指)[240]를	하였는가
관자에	죄목업시	관자(關子)[241]에	죄목(罪目) 없이
우연이	잡혀스니	우연히	잡혔으니
ᄂᆡ본ᄃᆡ	어리셕어	내 본데[242]	어리석어
ᄂᆡ죄을	ᄂᆡ모을ᄉᆡ	내 죄(罪)를	내 모를세
슈ᄋᆡᆨ이	不幸하니	수액(數厄)[243]이	불행하니
免할슈가	잇긴는가	면할 수가	있겠는가

---

237 괴이(怪異)하다: 이상하다.

238 직지어사(直指御史): 국왕의 명령을 직접 받아 파견된 어사. 암행어사(暗行御史)를 달리 이르는 말.

239 유석(柳석): 1886년(고종 23) 경상좌도 암행어사. '慶尙左道暗行御史柳석' 『승정원일기』 고종 23년 12월 23일.

240 적지(摘指): 고자질.

241 관자(關子): 관문(關文). 동등한 관서 상호간이나 상급관서에서 하급관서로 보내는 문서.

242 본데: 본디, 원래의 경상도 방언.

243 수액(數厄): 운수에 관한 재액.

허일업시	잡혀가니	하릴없이	잡혀가니
安東府	다쳣구나	안동부	닥쳤구나[244]
거류라고	하온후에	구류(拘留)[245]라고	하온 후에
명목업시	욕셩일ᄉᆡ	명목(名目) 없이	욕성(辱聲)일세
御命에	소불용ᄃᆡ	어명에	소불용대(所不容貸)[246]
착가하옥	하난구나	착가(着枷)[247] 하옥(下獄) 하는구나	
분욕사	슈욕사에	분욕사(憤辱死)	수욕사(羞辱死)에
욕사한들	엇지하랴	욕사(辱死)한들	어찌하랴
옥으로	나려갈졔	옥(獄)으로	내려갈 제
이마음	엇더할고	이 마음	어떠할꼬
기막히고	어이업셔	기막히고	어이없어
분한마암	도로업고	분한 마음	도로[248] 없고
ᄂᆡ평생	ᄂᆡ죄악을	내 평생	내 죄악(罪惡)을

244 닥치다: 어떤 일이나 대상 따위가 가까이 다다르다.

245 구류(拘留): 일정한 기간 동안 가두어 자유를 속박함.

246 소불용대(所(斷)不容貸): 용서하지 않음.

247 착가(着枷): 죄인의 목에 칼을 씌우던 일.

248 도로: 먼저와 다름없이. 또는 본래의 상태대로.

역역히 ᄉᆡᆼ각ᄒᆡ도 역력(歷歷)[249]히 생각해도

황미하고 우ᄆᆡ하여 황미(荒迷)[250]하고 우매(愚昧)하여
아무ᄅᆡ도 모르긧ᄂᆡ 아무래도 모르겠네

칼ᄭᅳᆺᄒᆡ 종이울고 칼 끝에 종이 울고
칼머리에 족하우니 칼 머리에 조카 우니

ᄂᆡ신슈 고이키로 내 신수(身手)[251] 괴이(怪異)키로
너에눈에 눈물이라 너의 눈에 눈물이라

ᄉᆡᆼ각하니 극분이라 생각하니 극분(極憤)이라
극분한들 엇지하랴 극분(極憤)한들 어찌하랴

옥문을 드려셔셔 옥문(獄門)을 들어서서
보관쳥 차자드니 보관청(保管廳)[252] 찾아드니

고가지족 지명지사 고가지족(高家之族) 지명지사(知名之士)
한둘분 안이로다 한두 분 아니로다

---

249 역력(歷歷): 모든 것이 환히 알 수 있게 똑똑함.

250 황미(荒迷): 황당하고 미혹됨.

251 신수(身手): 용모와 풍채를 통틀어 이르는 말.

252 보관청(保管廳): 범죄인에 대한 판결이 난 다음부터 형 집행 때까지 죄인을 가두어 두는 곳.

박실에	공모씨와	박실(朴谷)[253]에	공보(鞏甫)씨[254]와
북게에	도구족슉	묵계(黙溪)[255]에	도구[256] 족숙(族叔)[257]
원당에	이진사난	원당(元唐)[258]에	이진사(李進士)[259]는

---

253 박실(朴谷): 안동 박실골, 현 안동군 와룡면(臥龍面).

254 류기호(柳基鎬): 1823-1886. 본관은 전주(全州), 자는 공보(鞏甫), 호는 석은(石隱), 석사(石舍), 석산노은(石山老隱). 조부는 수정재(壽靜齋) 류정문(柳鼎文)이고, 부친은 류치효(柳致孝)로 재주와 국량이 빼어나 주위의 기대가 높았으나 일찍 세상을 떠났음. 경상도 안동의 박곡(朴谷)에서 생장하여 평안도 선천(宣川)의 유배지에서 삶을 마감함.

255 묵계(黙溪): 안동 길안면(吉安面) 묵계리(黙溪理).

256 도구: 족숙의 자로 추측할 수 있으나, 미상.

257 족숙(族叔): 같은 일가(一家)로서 유복친 안에는 들지 않는, 아저씨뻘의 항렬(行列)이 되는 남자(男子).

258 원당(元唐): 현 안동 녹전면(祿轉面).

259 이진사: 이현무(李鉉懋)와 이현섭(李鉉燮) 형제.

이현무, 1830-1895. 본관은 연안(延安), 자는 성장(聖章), 호는 검곡(儉谷). 1873(고종10) 생원시에 입격함. 저서로는 『검곡유고』, 『동사휘약(東史彙約)』, 『문헌박고(文憲博考)』, 『북정록(北征錄)』 등이 있음.

이현섭(李鉉燮): 1844-1910. 1875년 조정의 국정 문란으로 상소문을 올리고 낙향. 1885년 진사시에 합격하였으나 그해 형 현무와 함께 안동부옥에 갇히고, 이듬해 평안도 철산으로 유배됨(4년간). 갑오왜란에 항거하여 안동군 예안에 은거. 1901년 도산서원 퇴계위패 도난사건에 유림대표로 고종을 알현하기도 했고, 1903년 8월 문묘석전제에 고종황제 친행시 서무사존(西廡司尊)에 임명되기도 했음. 이후 을사늑약에 항거하기 위해 서울로 올라갔으나 실패하고, 예안에서 향산 이만도(李晩燾) 선생과 항일 운동을 함. 1910년 한일합방으로 음독 순절. 1962년 독립 유공자 건국훈장 독립장 서훈.

兄弟영벽 우습도다 형제영벽(映壁)[260] 우습도다

동무가 여려이라 동무가 여럿이라
不幸中 다ᄒᆡᆼ일ᄉᆡ 불행 중 다행(多幸)일세

셔로보고 위로하고 서로 보고 위로(慰勞)하고
셔로안자 탄식이라 서로 앉아 탄식(歎息)이라

침침한 잠실즁에 침침(沈沈)한[261] 잠실(蠶室)[262]중에
사마쳔에 쁜이련가 사마천(司馬遷)[263]의 본(本)이런가

하우승과 황ᄑᆡ만나 하후승(夏侯勝)[264]과 황패(黃霸)[265]만나

---

260 영벽(影壁, 映壁): (이현무와 이현섭 형제가) 벽을 사이에 두고 있음.

261 침침(沈沈)한: 빛이 약하여 어두컴컴한. 눈이 어두워 물건이 똑똑히 보이지 아니하고 흐릿한.

262 잠실(蠶室): 누에를 치는 방. 여기서는 감옥을 뜻함. 궁형에 처할 죄인을 가두던 감옥으로 바람이 전혀 통하지 않는 밀실로 되어 있었음.

263 사마천(司馬遷): BC145-BC86. 전한(前漢)의 역사가. 친구 이능(李陵)이 흉노(匈奴)에 항복한 것을 변호하다 잠실(蠶室)에 들어가 궁형(宮刑)에 처해짐. 감옥에서 부친의 뜻을 이어 『사기(史記)』를 저술함.

264 하후승(夏侯勝): BC145-BC86. 전한(前漢) 동평(東平) 사람. 자는 장공(長公)이고, 하후시창(夏侯始昌)의 족자(族子). 하후시창(夏侯始昌)에게 『상서(尚書)』와 『홍범오행전(洪範五行傳)』을 배웠고, 예관(倪寬)의 제자인 간경(簡卿)과 구양씨(歐陽氏)에게도 배웠음. 선제(宣帝)가 즉위하여 무제(武帝)의 덕을 기리고자 무제의 묘악(廟樂)을 만들도록 명하였는데, 유독 하후승만이 무제(武帝)의가 사이(四夷)를 물리치고 국경을 개척하

상셔을	일우라나	상서(尙書)[266]를	이루려나
도포우에	탈망바람	도포(道袍) 위에	탈망(脫網)[267]바람
이꼴이	무슨꼴고	이 꼴이	무슨 꼴고[268]
분벽사창	어듸두고	분벽사창(粉壁紗窓)[269]	어디 두고
판벽판문	왼일이며	판벽판문(板壁板門)[270]	웬일이며

는 등 공은 많으나 선비를 많이 죽였고 사치스러워 백성을 괴롭히는 등 덕이 없다고 하여 반대하였음. 이로 인해 탄핵을 입어 하옥되었다가 후에 사면되었음. 『상서(尙書)』와 『예기(禮記)』에 밝았다고 함.

265 황패(黃霸): ?-BC55. 하후승(夏侯勝)과 같이 한(漢) 무제(武帝)의 사묘(祠廟) 설치를 반대하다가 감옥에 갇히게 됨. 황패는 하후승이 뛰어난 유학자임을 알고 그에게 배움을 청하나, 하후승은 이를 거절하며 오직 죽을 날을 기다렸는데, 어느 날 황패는 '아침에 도를 들으면 저녁에 죽어도 좋다. 조문도석사가의(朝聞道夕死可矣)'라는 공자의 말로 하후승의 마음을 움직였고, 옥에서 하후승으로부터 『상서(尙書)』를 배웠다고 함.

266 상서(尙書): 한대(漢代) 이전까지는 '서(書)'라고 불렀는데, 한대(漢代)에 와서 『상서(尙書)』라 하였으며, 송대(宋代)에 와서는 『서경(書經)』이라 부르게 됨. 현재는 『상서』와 『서경』 두 명칭이 혼용되고 있음. 우(虞), 하(夏), 상(商), 주(周) 시대의 역사적 내용이 기록되어 있음.

267 탈망(脫網): 망건을 쓰지 않음.

268 꼴고: '꼴인고'의 줄임말.

269 분벽사창(粉壁紗窓): 하얗게 꾸민 벽과 비단으로 바른 창. 아름답게 꾸민 방을 이르는 말.

270 판벽판문(板壁板門): 널빤지로 만든 벽과 문. 허술하고 초라한 방.

각장장판 어ᄃᆡ두고 각장장판(刻匠壯版)[271] 어디 두고
써젹자리 왼일이며 거적자리[272] 웬일이며

滿庭花草 어ᄃᆡ두고 만정화초 어디 두고
ᄯᅩᆼ구뎅이 왼일이며 똥구덩이 웬일이며

슈륙진찬 노트라도 수륙진찬(水陸珍饌)[273] 놓더라도
구무밥이 극분하다 구무밥[274]이 극분(極憤)하다

건는방에 상놈죄인 건넌방에 상놈 죄인(罪人)
군노사영 조련질과 군노사령(軍奴司令)[275] 조련(調練)질[276]과

마당압 즁고옥에 마당 앞 중고옥(中古屋)[277]에
도젹놈 우름소ᄅᆡ 도적놈 울음 소리

---

271 각장장판(刻匠壯版): 장인이 새김질하여 만든 장판.

272 거적자리: 고추같은 농산물을 말리는데 사용했던 자리로, 짚을 듬성듬성 거칠게 엮은 자리.

273 수륙진찬(水陸珍饌): 산과 바다에서 나는 진귀하고 맛있는 음식.

274 구무밥: 구메밥, 옥에 갇힌 죄수에게 벽 구멍으로 몰래 들여보내던 밥.

275 군노사령(軍奴司令): 관청에 딸린 하졸(下卒)로, 군관·포교 밑에 있으면서 죄인에게 곤장 치는 일을 함.

276 조련(調練)질: 죄인에게 곤장을 치는 일을 일컬음. <화경당본>에는 '토색질'로 되어 있음.

277 중고옥(中古屋): 지은 지 오래되어 낡은 집.

칼머리	트난소ᄅᆡ	칼머리[278]	트는 소리
ᄇᆡ곱하	우난소ᄅᆡ	배고파	우는 소리
괴가지고	못듯긴ᄂᆡ	귀 가지고	못 듣겠네
인인군자	되여ᄡᅡ가	인인군자(仁人君子)[279]	되었다가
ᄇᆡᆨ셩을	못살인들	백성을	못 살린들
참혹한	져련광경	참혹(慘酷)한	저런 광경
차마엇지	보잔말고	차마 어찌	보잔 말고[280]
조셕으로	문옥군이	조석(朝夕)으로	문옥군(問獄群)[281]이
방이비고	문이비여	방이 비고	문이 비어
무죄타고	그르튼지	무죄(無罪)타고	그렇던지
불상타고	그렷튼지	불쌍타고	그렇던지
엄동셜한	오난마암	엄동설한(嚴冬雪寒)	오는 마음
곰압기도	하련이와	고맙기도	하려니와

278 칼머리: 형구(刑具)인 칼에서 사람의 머리가 드나드는 구멍이 있는 끝 부분.

279 인인군자(仁人君子): 남을 잘 돕고, 덕행이 높은 사람.

280 보잔 말고: '보자는 말인고'의 줄임말.

281 문옥군(問獄群): 감옥에 갇힌 사람을 방문하기 위해 오는 사람.

졍신을	못차려셔	정신을	못 차려서
조셕도	못먹ᄀᆡᆫᄂᆡ	조석(朝夕)도	못 먹겠네
十二月	十七日은	십이월	십칠일은
넷ᄌᆡᄯᆞᆯ에	婚日이라	넷째 딸[282]의	혼일이라
어미업시	키운자식	어미 없이	키운 자식
이졍경이	무삼일고	이 정경(情景)이	무슨 일고
夜三更	잠못일워	야삼경	잠 못 이뤄
ᄯᆞᆯ에졍지	ᄉᆡᆼ각하니	딸의 정지(情地)[283]	생각하니

---

282 이사호(李似鎬), 1870-1948. 이중린의 넷째 딸로, 경북 안동 예안 용계리에서 출생하여, 만 16세 되던 1885년 회재 이언적의 12대손인 이소구(李韶久)와 혼인. 가사 <생조감구가>, <어느여자탄> 등을 창작.

'작년 겨울 내가 갇혀 있었는데, 딸아이가 혼례를 치렀기에 절구로 쓴다(昨冬余在囚 而過此女醮禮 故句言之)'.

아류안폐이승용(我留犴狴爾乘龍) 내가 감옥에 갇혀 있는데 네가 용을 타니

과겁정회저재뇌(過刧情懷著在脳) 겁을 지나도 슬픈 마음은 뇌리에 박혀 있네

여행단의동속계(女行端宜洞屬戒) 여인의 행실은 옳고 바르게 조심조심 경계해야 하나니

우귀타일조심공(于歸他日慥心恭) 훗날 시집가면 착실한 마음으로 공손해야 하네.

이중린, 『운포유고(雲圃遺稿) (天)』 <사녀이실(四女李室)>중 발췌.

283 정지(情地): 딱한 사정에 있는 가엾은 처지.

구원이 멀고먼ᄃᆡ 구원(九原)[284]이 멀고 먼데
죽은어미 할일업고 죽은 어미 하릴없고

五十里 不遠之地 오십 리 불원지지
산아비도 못보깃ᄂᆡ 산 아비도 못 보겠네

이리져리 ᄉᆡᆼ각하니 이리 저리 생각하니
슈문눈물 솟난구나 숨은 눈물 솟는구나

최슈불사 ᄯᅥ난후로 취수불사(就囚不死)[285] 떠난 후로
十五日 寂然터니 십오일 적연[286]터니

二十五日 아참후에 이십오일 아침 후에
옥문을 열치면셔 옥문(獄門)을 열치면서[287]

使令놈 호기ᄂᆡ여 사령놈 호기(豪氣)[288] 내어
비관죄인 올이라ᄂᆡ 비관죄인(秘關罪人)[289] 올리라네

---

284 구원(九原): 저승.
285 취수불사(就囚不死): 죽지 못하고 옥에 갇힘.
286 적연(寂然): 아무 기척이 없이 조용하고 쓸쓸함.
287 열치면서: 열치다. 힘차게 열면서.
288 호기(豪氣): 꺼드럭거리는 기운.
289 비관죄인(秘關罪人): 어사(御使)의 비관(秘關)으로 추착(推捉)이 된 죄인(罪人).

조흔기별	드른다시	좋은 기별(奇別)	들은 듯이
힝장을	차릴적에	행장(行裝)[290]을	차릴 적에
버슨칼	다시쓰고	벗은 칼	다시 쓰고
官庭에	올나가니	관정에	올라가니
依法하라	하난소릐	의법[291]하라	하는 소리
左右나졸	달여드려	좌우 나졸	달려들어
依法이라	힉노으니	의법이라	해 놓으니
이욕경이	무삼일고	이 욕경(辱景)이	무슨 일고
정기이관	하든머리	정기의관(正其衣冠)[292]	하던 머리
가션엇지	벗겨스며	갓은 어찌	벗겼으며
심이딕딕	쬐든허리	심의대대(深衣大帶)[293]	띠던 허리
싀기결박	왼일이며	새끼 결박(結縛)	웬일이며

290 행장(行狀): 길 가는 데 쓰는 여러 가지 물건이나 차림, 여행할 때 쓰이는 모든 기구.

291 의법(依法): 법에 의거함.

292 정기의관(正其衣冠): 의관을 바로 하다.

293 심의(深衣): 옛 학자의 연거복(燕居服), 모든 공직을 떠나 한가로이 사는 사람이 입는 옷.
대대(大帶): 남자의 심의(深衣)나 여자의 원삼(圓衫)에 띠는 넓은 띠.

ᄎᆡᆨ상압ᄒᆡ	잇든몸이	책상 앞에	있던 몸이
동틀좌기	왼일인고	동틀[294] 좌기(座機)[295]	웬일인고
종아리	거드치고	종아리	걷어치고
무릅페	신칙하니	무릎에	신칙(申飭)[296]하니
듯그라	이무릅아	듣거라	이 무릎아
네죄을	네아는야	네 죄를	네 아느냐
셰상이	안그른ᄃᆡ	세상이	안 그런데
네혼자	쌧쌧하여	네 혼자	뻣뻣하여
ᄌᆡ상명사	권ᄌᆡ가에	재상명사(宰相名士)	권세가(權勢家)에
굽피들	안이턴니	굽히지를	아니터니
오날날	이마당에	오늘날	이 마당에
이혹이	여사로다	의혹(疑惑)이	여사(如斯)로다
관자ᄭᅳᆺᄐᆡ	다짐하니	관자(關子) 끝에	다짐하니
죄목이	무어신고	죄목(罪目)이	무엇인고

294 동틀: 형틀, 죄인을 신문(訊問)할 때에 앉히던 형구(刑具).

295 좌기(座機): 형틀 자리.

296 신칙(申飭): 훈계함. 단단히 타일러 경계(警戒)함.

한죄목	일너스되	한 죄목(罪目)	일렀으되
너이가	士儒로셔	너희가	사유로서
자셰하야	호강하고	자세(藉勢)[297]하여	호강(豪强)하고
힝신이	괴약하니	행신(行身)이	고약하니
직초을	하라하ᄂᆡ	직초(直招)[298]를	하라 하네
어허	우습도다	어허	우습도다
죄목도	불명하다	죄목(罪目)도	불명(不明)하다
엇지하니	자셰하며	어찌하니	자세(藉勢)하며
엇지하니	호강이며	어찌하니	호강(豪强)이며
엇더하니	괴려한지	어떠하니	괴려(乖戾)[299]한지
조목이	업셔스니	죄목(罪目)이	없었으니
되덥흔	이공사가	뒤덮힌	이 공사(公事)가
쥬지타난	쳬격인가	주지타는[300]	체격(體格)[301]인가

297 자세(藉勢): 어떤 권력이나 세력 또는 특수한 조건을 믿고 세도를 부림.

298 직초(直招): 지은 죄를 사실대로 바로 말함.

299 괴려(乖戾)하다: 사리에 어그러져 온당하지 않다.

300 주지타다: 짚주저리를 타다. 덮어 씌우다. 주지(주저리)는 일정한 양의 볏짚의 끝을 모아 엮어서 무엇을 씌울 수 있도록 만든 물건으로, 겨울에 꽃나무나 김칫독 위에 덮어씌워 눈비를 가리며 추위를 막는 데 씀.

301 체격(體格): 모양새.

죄목듯고	싱각하니	죄목(罪目) 듣고	생각하니
모을노다	모을노다	모를노다	모를노다
형셰가	업셔스니	형세(形勢)가	없었으니
무산셰가	자셰하며	무슨 세(勢)가	자세(藉勢)하며
기셰가	업셔스니	기세(氣勢)가	없었으니
무산셰을	자셰한고	무슨 세(勢)를	자세(藉勢)한고
호강二字	싱각하니	호강이자(豪强二字)	생각하니
더구나	우습구나	더구나	우습구나
소사음슈	호강인가	소사음수(疏食飮水)[302]	호강(豪强)인가
페이온포	호강인가	의폐온포(衣敝縕袍)[303]	호강(豪强)인가

302 소사음수(疏食飮水): 거친 밥을 먹고 물을 마심. 안빈낙도(安貧樂道)를 의미.

반소사음수(飯疏食飮水) 거친 밥을 먹고 물을 마시고
곡굉이침지(曲肱而枕之) 팔을 베고 누웠어도
낙역재기중의(樂亦在其中矣) 즐거움 또한 그 가운데에 있으니
불의이부차귀(不義而富且貴) 의롭지 않는 부와 귀는
어아여부운(於我如浮雲) 내게 뜬구름과 같을 뿐이다.
『논어(論語)』 <술이(述而)>.

303 폐의온포, 의폐온포(衣敝縕袍): 삼으로 지은 해진 옷을 걸쳐 입음.

의폐온포(衣敝縕袍) 삼으로 지은 해진 두루마기를 입고
여의호맥자(與衣狐貉者) 여우나 담비 가죽으로 지은 갖옷을 입은 사람과 함께

냥탈명ᄌᆡ 안ᄒᆡ밧ᄂᆡ 양탈명재(攘奪名財)[304] 안 해 봤네
호강이 왼호강고 호강(豪强)이 웬 호강(豪强)고[305]

무단향곡 안ᄒᆡ밧ᄂᆡ 무단향곡(武斷鄕曲)[306] 안 해 봤네
호강이 왼호강고 호강(豪强)이 웬 호강(豪强)고
지극히도 원통하오 지극(至極)히도 원통(寃痛)하오

힝신괴려 하단말은 행신(行身) 괴려(乖戾) 하단 말은
하고엇지 안이하고 하고 어찌 아니하고

업난죄난 ᄂᆡ몰나도 없는 죄(罪)는 내 몰라도
잇난죄야 ᄂᆡ몰을가 있는 죄(罪)야 내 모를까

괴려라고 하난거시 괴려(乖戾)라고 하는 것이
남다른게 괴려로다 남 다른 게 괴려(乖戾)로다

립이불치자(立而不恥者) 나란히 서도 부끄러워하지 않을 사람은
기유야여(其由也與) 아마도 자로인가!
『논어(論語)』 <자한(子罕)>.

304 양탈명재(攘奪名財): 명예와 재산을 도둑질해 빼앗음. 양탈(攘奪): 약탈(掠奪)과 같은 말.

305 호강고: '호강인고'의 줄임말.

306 무단향곡(武斷鄕曲): 마을에서 세도를 잡은 사람들이 백성들을 억압하고 수탈하는 일.

추셰불이 하난셰월 추세불의(趨勢不義)[307] 하는 세월(歲月)
너난엇지 남다르며 너는 어찌 남다르며

탐ᄌᆡ호ᄉᆡᆨ 하난셰월 탐재호색(貪財好色)[308] 하는 세월(歲月)
너난어이 남다른야 너는 어이 남다르냐

거셰ᄀᆡ탁 남다르고 거세개탁(擧世皆濁)[309] 남 다르고
거셰ᄀᆡ최 남다르니 거세개취(擧世皆醉)[310] 남 다르니

남다른게 괴려로다 남 다른 게 괴려(乖戾)로다
괴려죄을 면할손야 괴려죄(乖戾罪)를 면(免)할소냐

형문일ᄎᆡ 三十차리 형문(刑問)[311]일차(一次)[312] 삼십찰

---

307 추세불의(趨勢不義): 세도를 좇아 의롭지 못함.

308 탐재호색(貪財好色): 재물을 탐하고 여색(女色)을 즐김.

309 거세개탁(擧世皆濁): 온 세상이 모두 혼탁하여 너도 나도 할 것 없이 모두 흐려져 있음.

310 거세개취(擧世皆醉): 온 세상이 모두 취해 있음.
거세개탁아독청(擧世皆濁我獨淸) 온 세상이 모두 흐린데 나 혼자 맑으며
중인개취아독성(衆人皆醉我獨醒) 뭇 사람이 모두 취했는데 나 홀로 깨어 있어
시이견방(是以見放) 이로써 쫓겨났다
굴원(屈原), <어부사(漁父辭)>중 발췌.

311 형문(刑問): 형장(刑杖)으로 죄인의 정강이를 때리던 형벌.

312 일차(一次): 한 차례. 일차에 삼십찰을 맞음.

고소감심 마잣구나 고소감심(固所甘心)[313] 맞았구나

허허쳐 우스면셔 허허쳐 웃으면서
다리야 원망마라 다리야 원망(怨望)마라

일시곤경 욕을바도 일시곤경(一時困境) 욕(辱)을 봐도
빅셰공이 압히잇다 백세공의(百世公義)[314] 앞에 있다

人生萬事 영욕간에 인생만사 영욕(榮辱)간에
是是非非 第一이라 시시비비 제일이라[315]

맛는거시 오을는지 맞는 것이 옳을는지
치는거시 올을는지 치는 것이 옳을는지

萬人에 괴가잇고 만인에 귀가 있고
萬人에 눈이잇다 만인에 눈이 있다

인심과 빅셰공논 인심(人心)과 백세공론(百世公論)
임이로 못하나니 임의(任意)로 못하나니

313 고소감심(固所甘心): 진실로 달게 여김.
314 백세공의(百世公義): 백세 동안 변하지 않을 공(公)과 의(義).
315 시시비비 제일이라: 옳고 그름을 가리는 것이 으뜸이다.

ᄒᆡ박하고 착가하여 해박(解縛)[316]하고 착가(着枷)하여
하옥을 다시하니 하옥(下獄)을 다시 하니

도젹질을 안이ᄒᆡ도 도적(盜賊)질을 아니해도
포도쳥이 사랑이오 포도청(捕盜廳)이 사랑이오

야금을 안범ᄒᆡ도 야금(夜禁)을 안 범해도
졸경을 치난구나 졸경(卒更)[317]을 치는구나

즁고되 부군당에 중고[318] 뒤 부군당(符君堂)[319]에
하로보름 고사로다 하루 보름[320] 고사(告祀)[321]로다

사장이놈 하난마리 사장이놈[322] 하는 말이
엿자올 말삼잇소 여쭈울 말씀 있소

---

316 해박(解縛): 끈이나 오라(도둑이나 죄인을 묶을 때에 쓰던, 붉고 굵은 줄) 따위로 결박한 것을 풀어 줌.

317 졸경(卒更): 지독하게 받는 고문 또는 벌.

318 중고: 중고옥(中古屋).

319 부군당(符君堂): 경아전(京衙前)이나 지방 관아 인근에 설치된 제당(祭堂).

320 하루 보름: 하루 종일 보름 동안.

321 고사(告祀): 계획이나 일, 또는 집안이 잘되기를 바라며 지내는 제사.

322 사장: 쇄장(鎖匠). 옥사장·옥쇄장(獄鎖匠)의 약칭. 옥에 갇힌 죄인을 맡아 지키는 하례(下隸)로서, 주로 나장(羅將)이 맡음.

양반임	갓치신ᄃᆡ	양반님	갇히신데[323]
다른거션	못바ᄅᆡ도	다른 것은	못 바래도
고사츄렴	셔돈식을	고사(告祀) 추렴[324]	서돈 씩을
주실넌지	마실넌지	주실는지	마실는지
에라이놈	듯기실타	에라 이놈	듣기 싫다
고사란게	무어신야	고사(告祀)란 게[325]	무엇이냐
옥鬼神을	뇌안는야	옥귀신(獄鬼神)을	네 아느냐
당요ᄯᆡ	고요시가	당요(唐堯)[326] 때	고도씨(皐陶氏)[327]가
옥졍을	맛하잇셔	옥정(獄丁)[328]을	맡아 있어
萬古에	公平하니	만고에	공평하니
우리가	죄잇스면	우리가	죄(罪) 있으면
빈다고	노아주며	빈다고	놓아주며

---

323 갇히신데: '갇히셨는데'의 줄임말.

324 추렴: 고사를 지내기 위해 비용을 냄.

325 고사(告祀)란 게: '고사라는 것이'의 줄임말.

326 당요(唐堯): 도당(陶唐) 요(堯) 임금을 달리 이르는 말. 당(唐)이라는 곳에서 봉함을 받은 데서 유래.

327 고도(皐陶): 순(舜)임금의 신하로 구관(九官)의 한 사람. 법을 세우고 형벌을 제정하였으며, 옥(獄)을 만들었다고 함.

328 옥정(獄丁): 옥에 갇힌 사람을 맡아 지키던 사람.

우리가	죄업스면	우리가	죄(罪) 없으면
안빈다고	가다두라	안 빈다고	가둬두랴
사장이	헐이업셔	사장이	하릴없어
건넌방	건너가셔	건넌방	건너가서
상놈죄인	명슈마다	상놈 죄인(罪人)	명수(名數)마다
져져이	모아다가	자자(者者)이	모아다가
슐잔이나	부어노코	술잔이나	부어놓고
졋사와	비난마리	저으며	비는 말이
들온죄슈	몃몃사람	들온[329] 죄수(罪囚)	몇몇 사람
다훌터	먹어스니	다 훑어	먹었으니
수이수이	노으시고	쉬이쉬이[330]	놓으시고
연하여	이음다라	연(連)하여	이음달아[331]
형세만은	큰죄인들	형세(形勢) 많은[332]	큰 죄인(罪人)들

329 들온: '들어온'의 줄임말.

330 쉬이쉬이: 쉽게 쉽게. 어렵거나 힘들지 않게.

331 이음달아: 이어서.

332 형세(形勢) 많은: 사물의 형편과 세력이 많거나 생활의 경제적 상태가 좋은.

만이만이 들오소셔 많이많이 들오소서[333]

비는소리 드려보니 비는 소리 들어보니
우습고도 괘심하다 우습고도 괘씸하다

ᄌᆡ물이 무어시며 재물(財物)이 무엇이며
먹난거시 무어신고 먹는 것이 무엇인고

사장이도 사람으로 사장이도 사람으로
어진마암 잇건만은 어진 마음 있건마는

욕심에 가리어셔 욕심(慾心)에 가리어서
본심은 간ᄃᆡ업고 본심(本心)은 간 데 없고

일구일심 몹신마암 일구월심(日久月深)[334] 몹쓴 마음
앙급자손 안이하리 앙급자손(殃及子孫)[335] 아니하리

도도한 말셰인심 도도(滔滔)[336]한 말세인심(末世人心)
사장이뿐 안이로다 사장이뿐 아니로다

---

333 들오소서: '들어오소서'의 줄임말.

334 일구월심(日久月深): 날이 오래고 달이 깊어 간다는 뜻으로, 무언가 바라는 마음이 세월이 갈수록 더해짐을 이르는 말.

335 앙급자손(殃及子孫): 화가 자손에게 미침.

336 도도(滔滔)하다: 막힘이 없고, 바짝 성행하여 걷잡을 수가 없다.

소조을	당한후에	소조(所遭)[337]를	당한 후에
시시로	ᄉᆡᆼ각ᄒᆡ도	시시(時時)로	생각해도
어둔궁게	홍득ᄀᆡ요	어둔 구멍[338]에	홍두깨[339]요
기동모에	머리박아	기둥 모[340]에	머리 박아
졍신이	황홀하여	정신(精神)이	황홀(恍惚)하여
아무ᄅᆡ도	모을너니	아무래도	모를러니
셔울셔	오난소문	서울서[341]	오는 소문(所聞)
문옥군이	젼하기을	문옥군(問獄群)이	전(傳)하기를
업는죄	크게되고	없는 죄(罪)	크게 되고
원통이	발명업셔	원통(寃痛)이	발명(發明)[342] 없어
셩문에	불이붓혀	성문(城門)에	불이 붙어
모셰고기	화을입고	못에 고기	화(禍)를 입고

337 소조(所遭): 고난이나 부끄러움을 당함.

338 궁게: 구멍의 경상도 방언.

339 어두운 궁(구멍)에 홍두깨: 아닌 밤중에 홍두깨, 별안간 엉뚱한 말이나 행동을 함을 비유적으로 이르는 말.

340 모: 모서리.

341 서울서: 서울에서.

342 발명(發明): 죄나 잘못 따위가 없음을 말하여 밝힘.

고릭에	싸움긋헤	고래의	싸움 끝에
싀우가	치인다닋	새우가	치인다네
이말을	드른후에	이 말을	들은 후에
다시곰	싱각하니	다시금	생각하니
죄도사	업건만은	죄(罪)야	없건마는
가사일너	잇드라도	가사(假使)[343] 일러	있더라도
명이장에	종젹업고	명리장(名利場)[344]에	종적(蹤跡) 없고
은원간에	말이업셔	은원(恩怨)간에	말이 없어
五百里	멀고먼딕	오백 리	멀고 먼데
셰도가	어이알며	세도(勢道)[345]가	어이 알며

343 가사(假使): 가령.

344 명리장(名利場): 명예와 이익을 탐하는 마음을 장(場)에 비유한 것.

345 세도(勢道): 세도(世道). 세도(世道)는 '세상 가운데의 도리'란 뜻으로, '그 도리를 이끌어나갈 책임'이라는 뜻도 아울러 지님. 세도의 책임은 원래 국왕에게 있어야 하지만, 조선후기에는 유학자의 대표격이라 할 수 있는 산림(山林)이 세도의 담당자로 지목되곤 하였음. 19세기의 권세가는 위와 같은 논리에서 합리화되었으며, 그 자의적인 권력행사를 비판하던 황현(黃玹), 안확(安廓) 등의 논자들은 세도(世道)를 세도(勢道)로 바꾸어 표현하였음. 이에 따라 세도정치(勢道政治)라는 용어가 성립하게 되었는데, 세도정치는 국왕의 외척 인물들이 권력을 장악했던 순조·철종대의 정치를 가리키는 경우가 많으나, 고종대 흥선대원군과 여흥 민씨 척족의 국정 주도를 포함시켜 지칭하기도 함.

구즁궁궐	깁흔고ᄃᆡ	구중궁궐(九重宮闕)	깊은 곳에
군상이	엇지아라	군상(君上)이	어찌 알아
남먹어	졔잘되기	남 먹어	제 잘되기
참소가	ᄌᆡ조로다	참소(讒訴)가	재주로다
충후한	영남풍속	충후(忠厚)한	영남풍속(嶺南風俗)
근ᄂᆡ에	ᄃᆡ변하야	근래(近來)에	대변(大變)하여
힝셰가	추비하고	행세(行世)가	추비(醜卑)[346]하고
인심이	악착기을	인심(人心)이	악착(齷齪)기를
무지한	셔북도가	무지(無知)한	서북도(西北道)[347]가
오히려	추로로다	오히려	추로(鄒魯)로다
영남사람	거려여키	영남(嶺南) 사람	걸어 넣기
영남놈이	안이할가	영남(嶺南) 놈이	아니할까
졔가쥭에	잠이나고	제 가죽에	좀이 나고[348]

346 추비(醜卑): 추접하고 비겁함. 추비(麤鄙): 거칠고 더럽고 낮음.

347 서북도(西北道): 관서지방(關西地方). 이칭(異稱)으로는 서북로(西北路), 서북계(西北界), 서로(西路), 서북도(西北道) 등이 사용됨.

348 가죽에서 좀 난다(제 갗에 좀난다): 가죽에 좀이 나서 가죽을 다 먹게 되면 결국 좀도 살 수 없게 된다는 뜻으로, 형제간이나 동류끼리의 싸움은 양편에 다 해로울 뿐임을 비유적으로 이르는 속담.

쳘식쳘이	되단말가	철식철(鐵蝕鐵)[349]이	되단 말가
원통함은	고사하고	원통(寃痛)함은	고사(姑捨)하고
분하기가	짝이업ᄂᆡ	분하기가	짝이 없네
당당한	사ᄃᆡ부와	당당한	사대부(士大夫)와
헌헌한	호걸남자	헌헌(軒軒)[350]한	호걸(豪傑) 남자
졔공명을	할일업고	제 공명(功名)을	하릴없고
남에기화	되단말가	남의 기화(奇貨)[351]	되단 말가
간교하고	악독한놈	간교(奸巧)하고	악독(惡毒)한 놈
쥬사야탁	코우슴에	주사야탁(晝思夜度)[352]	코웃음에
셰도붓는	조흔ᄭᅳᆫ이	세도(勢道) 붙는	좋은 끈이
ᄂᆡ몸이	되단말가	내 몸이	되단 말가
공명하난	거름ᄯᅩᆼ이	공명(功名)하는	거름 똥이
ᄂᆡ몸이	되단말가	내 몸이	되단 말가

---

349 철식철(鐵蝕鐵): 미상. 철이 부식된 철이 되다.
철식철(鐵食鐵): 철이 철을 잡아먹다.

350 헌헌(軒軒): 풍채가 당당하고 빼어남.

351 기화: 묘한 기회. '어떤 일을 빌미 삼아'

352 주사야탁(晝思夜度): 낮에 생각하고 밤에 헤아린다는 뜻으로, 밤낮을 가리지 않고 깊이 생각함을 이르는 말.

셰도와 우리임군 세도(勢道)와 우리 임금
추호라도 원망마소 추호(秋毫)라도 원망(怨望) 마소

시호가 잘젼하면 시호(豺狐)[353]가 잘 전(傳)하면
안미들이 뇌잇스며 안 믿을 이 뉘 있으며

ᄑᆡ습이 셩장하면 폐습(弊習)[354]이 성장(成長)하면
안쏙으리 뇌이실고 안 속을 이 뉘 있을고

증모가 북션질졔 증모(曾母)가 북 던질 제[355]
그아달이 못미덧고 그 아들이(을) 못 믿었고

백게가 버려질졔 백기(伯奇)가 버려질 제[356]
그아비을 이심힛ᄂᆡ 그 아비를(가) 의심했네

---

353 시호(豺狐): 승냥이와 여우.

354 폐습(弊習): 폐해(弊害)가 되는 습관. 나쁜 버릇.

355 증모(曾母)가 북 던질 제: 동명이인(同名異人)인 증자(曾子)가 살인을 하자, 사람들이 증자의 어머니에게 증자가 살인을 했다고 전함. 두 번째까지는 믿지 않았던 어머니가 세 번째 말하는 사람이 있자, 베틀에서 일어나 북(베틀북)을 던지며 피해 숨었다고 함.

356 백기(伯奇)가 버려질 제: 백기는 주(周) 나라의 어진 재상인 윤길보(尹吉甫)의 아들로, 지극히 효성스러워 계모를 잘 섬겼으나 계모는 백기를 모함하여 죽이고자 했음. 계모가 벌을 잡아 독침을 뽑고 자신의 치마에 매어 달자 백기가 다가가서 떨어버리려 했는데, 계모는 백기가 내 옷을 벗기려 한다고 모함을 했음. 아비인 길보는 비로소 백기를 의심하였고, 이로써 백기는 자살하였음.

위괴위역 그간계을 위괴위역(違乖違逆)[357] 그 간계(奸計)[358]를
뇌라셔 아라ᄂᆡᆯ고 뉘라서 알아낼꼬

ᄃᆡ체로 ᄉᆡᆼ각하면 대체로 생각하면
이모도 ᄂᆡ팔자라 이 모두 내 팔자라

통달한 ᄂᆡ흉금에 통달(通達)한 내 흉금(胸襟)에
그사람도 원망업ᄂᆡ 그 사람[359]도 원망(怨望) 없네

아셔라 다던지고 아서라 다 던지고
소일이 웃듬이라 소일(消日)이 으뜸이라

ᄎᆡᆨ자이나 보자하니 책자(冊子)[360]나 보자 하니
장판에 물ᄂᆡ로다 장판(壯版)에 물내[361]로다

혼자나 갓치이고 혼자나 갇히고
셰월이나 만을터에 세월(歲月)이나 많을 터에

이젼사람 말삼ᄃᆡ로 이전(以前) 사람 말씀대로

---

357 위괴(違乖): 어기고 배반함. 위역(違逆): 천의를 배반하여 재앙을 받음.
358 간계(奸計): 간사한 꾀. 간사한 계략(計略).
359 그 사람: 나를 모함한 사람.
360 책자(冊子): 서책.
361 물내: 습기가 차서 나는 쾌쾌한 물 냄새.

조문셕사　　올타하고　　조문석사(朝聞夕死)[362]　옳다 하고

망혜소일　　겸하여셔　　망혜소일(芒鞋消日)[363]　겸(兼)하여서
일과나　　하련만은　　일과(日過)나　　하련마는

여러인　　안진고ᄃᆡ　　여러 사람　　앉은 곳에
부젼시리　　ᄎᆡᆨ을보면　　부전스리[364]　　책을 보면

마음에　　안이들고　　마음에　　아니 들고
욕명만　　할거시니　　욕명(辱名)[365]만　　할 것이니

셰상이　　어리셕어　　세상(世上)이　　어리석어
이일을　　좃타하ᄂᆡ　　이 일을　　좋다 하네

공동사젹　　업슨후에　　공동사적(共同事跡)[366]　없은 후에

---

362 조문석사(朝聞夕死): '조문도석사가의(朝聞道夕死可矣)'. 아침에 도(道)를 들으면 저녁에 죽어도 좋다.
『논어(論語)』 <이인(里仁)>.

363 망혜소일(芒鞋消日): 미투리(삼이나 노 따위로 짚신처럼 삼은 신)를 신고, 하는 일 없이 세월을 보냄.

364 부전스럽다: 보기에 남의 사정은 돌보지 아니하고 자기가 하고 싶은 일에만 서두르는 데가 있다.

365 욕명(辱名): 이름을 더럽힘.

366 공동사적(共同事跡): 함께한 일의 자취. 1873년 흥선대원군(興宣大院君)이 하야(下野)하자 영남의 유림(儒林)들은 대원군(大院君)의 복위(復位)

구일홈은	좃컨이와	옛 이름은	좋거니와
엇줍싼은	셩명삼자	어쭙잖은[367]	성명삼자(姓名三字)
무명싸만	못하오니	무명사(無名士)만	못하오니
리즁언	셋글자을	이중언[368]	세 글자를
아무도	몰나스면	아무도	몰랐으면
문닷고	안즌사람	문 닫고	앉은 사람
이욕을	보긴는가	이 욕(辱)을	보겠는가
조셕으로	불을ᄃᆡ면	조석(朝夕)으로	불을 때면
아릿묵	연기나셔	아랫목	연기 나서
자운동이	완연하니	자운동(紫雲洞)[369]이	완연(完然)하니
신션이	되라는가	신선(神仙)이	되라는가

를 청하는 상소(上疏)를 올리기로 했는데, 운포는 영남 유림(儒林)을 대표하여 <청대원군복위소(請大院君復位疏)>를 작성한 일이 있음. 이 일로 운포 이중린의 이름은 세상에 알려졌다고 볼 수 있음.

367 어쭙잖다: 비웃음을 살 만큼 언행이 분수에 넘치는 데가 있다. 아주 서투르고 어설프다. 또는 아주 시시하고 보잘것없다.

368 이중언: <북정가>의 작자. 이중린(李中麟)의 오자(誤字)임.

369 자운동(紫雲洞): 자줏빛 구름 즉 신선이 살던 곳을 뜻하나, 여기서는 반어적으로 쓰임.

헐일업시	쏫겨나와	하릴없이	쫓겨나와
양지쪽을	차자가셔	양지(陽地)쪽을	찾아가서
웅둥글시	안즌양은	웅둥그려[370]	앉은 양(樣)[371]은
비마진	소리기요	비 맞은	소리개[372]요
이뚝뚝	죽일지난	이 뚝뚝	죽일지는
비름빙이	완연하다	비름뱅이[373]	완연(完然)하다
밤이가고	나지가니	밤이 가고	낮이 가니
분도업고	겁도업고	분(憤)도 없고	겁(怯)도 없고
소일할수	젼혀업셔	소일(消日)할 수	전혀 없어
그거시	난감일셰	그것이	난감(難堪)일세
그즁에	이진빅이	그 중에	이진백(李振伯)[374]이
풍졍이	혼자잇셔	풍정(風情)[375]히	혼자 있어
허허쳐	우스면셔	허허쳐	웃으면서

370 웅둥그려: 웅둥그리다. 몸 따위를 부쩍 움츠러들이다.

371 양(樣): 모양.

372 소리개: 솔개.

373 비름뱅이: 거지를 얕잡아 이르는 말.

374 진백(振伯): 이중린의 자. 이중린 자신을 가리킴.

375 풍정(風情): 정서나 경치를 자아내는 풍경. 풍치(風致)가 있는 정회(情懷).

푸려셔 하난마리 풀어서 하는 말이

자고급금 명인달사 자고급금(自古及今) 명인달사(名人達士)
이곤욕이 뇌업긴나 이 곤욕(困辱)이 뉘 없겠나

三分天下 周文王도 삼분천하 주문왕도
유리에 가쳐보고 유리(羑里)에 갇혀 보고[376]

ᄃᆡ셩인 공부자도 대성인(大聖人) 공부자(孔夫子)도
광ᄯᅡ에셔 욕을당코 광(匡)땅에서 욕(辱)을 당코[377]

---

376 주문왕(周文王): 서백창(西伯昌). 상(商)나라 말기의 제후이자 주(周)나라의 터전을 마련한 사람. 50년 동안 재위에 있으면서 우(虞), 예(芮)를 복속, 여(黎), 한(邗), 숭(崇)을 멸망시키고, 도읍은 풍읍(丰邑)에 세웠음. BC1046년에 아들 주무왕(周武王) 희발(姬发)이 상(商)을 멸망시킨 후에 그를 주문왕(周文王)으로 추존했음. 유리(羑里)에 7년간 갇혀 있었는데 그때 주역(周易)을 지었음.

377 공자가 진나라로 갈 때 광(匡)땅을 지나고 있었는데, 광땅 사람들이 공자의 모습이 양호를 닮아 양호인 줄 착각하고 포위하여 길을 막았었음.
자외어광(子畏於匡) 왈(曰) 공자께서 광땅에서 두려워하심에, (그 후 제자들에게) 말씀하시길
문왕기몰(文王旣沒) 문왕은 이미 돌아가셨으나
문불재자호(文不在玆乎) 그 문(문왕이 남긴 예악과 제도)은 여기에 있지 않은가
천지장상사문야(天之將喪斯文也) 하늘이 장차 이 문을 없애고자 했다면
후사자부득여어사문야(後死者不得與於斯文也) 나중에 죽는 사람(공자)은 이 문에 참예하지 못할 것이라
천지미상사문야(天之未喪斯文也) 하늘이 이 문을 없애지 않으시니

셩문고제	공야댱도	성문고제(聖門高弟)	공야장(公冶長)[378]도
유실익을	당하엿고	유설액(縲絏厄)[379]을	당하였고
쳔승지군	초회왕도	천승지군(千乘之君)[380]	초회왕(楚懷王)[381]도
무관에	붓들이고	무관(武官)에	붙들리고[382]

광인기여여하(匡人其如予何) 광땅의 사람이 나를 어찌 하겠느냐 『논어(論語)』 <자한(子罕)>.

당코: '당하고'의 줄임말.

378 성문고제 공야장(聖門高弟 公冶長): 춘추 시대 제(齊, 또는 魯)나라 사람. 성은 공야(公冶)고, 이름은 장(長)이며, 자는 자장(子長, 子張). 공자의 제자이자 사위이며 공문(孔門) 칠십이현(七十二賢) 중의 한 명.

379 유설액(縲絏厄): 억울한 누명을 쓰고 감옥에 갇힘. 유(縲)는 검은 색 포승이고 설(絏)은 묶는다는 뜻으로, 옛날 옥중에서는 검은 밧줄로 죄인을 묶어 놓았음.

380 천승지군(千乘之君): 제후.

381 초회왕(楚懷王): 전국 시대 초나라 왕. 이름은 웅심(熊心). 초위왕(楚威王)의 아들이자 초경양왕(楚頃襄王)의 부친. BC328년부터 BC299년까지 재위(在位). 진(秦)나라가 초(楚)를 멸망시킨 이후에 양(羊)을 키우며 숨어 지냈지만, 기원전 208년 항량(項梁)과 항우(項羽)가 초(楚)를 다시 세운 뒤에 회왕(懷王)으로 옹립되었다가 뒤에 의제(義帝)로 개칭. 반진(反秦) 세력의 상징적인 맹주(盟主) 구실을 하였지만, 진(秦)이 멸망한 뒤에 항우에게 살해됨.

382 전국시대 초(楚)는 한때 진(秦)과 제(齊)를 위협할 정도로 세력이 강했지만, 회왕(懷王)이 장의(張儀)의 변설(辯舌)에 속아 국력을 소진하면서 급격히 쇠락했음. 회왕은 진(秦) 소양왕(昭襄王)과 회담하기 위해 무관(武關)-지금의 섬서성 상주(商州)-으로 갔다가, 3년간 진(秦)에 억류됨.

호걸군자	ᄆᆡᆼ상군도	호걸군자(豪傑君子)	맹상군(孟嘗君)[383]도
진관에	가쳐보고	진관(秦關)에	갇혀 보고
창업지군	한ᄐᆡ조도	창업지군(創業之君)	한태조(韓太祖)[384]도
ᄇᆡᆨ등칠일	욕을보고	백등칠일(白登七日)	욕(辱)을 보고
쳔자사부	소망지도	천자사부(天子師傅)	소망지(蕭望之)[385]도
졍위옥에	ᄂᆡ류하고	정위옥(廷尉獄)[386]에	내류(來留)[387]하고

383 맹상군(孟嘗君): ?-BC278. 전국 시대 제(齊)나라의 공족(公族)이며, 재상이 되었을 때 천하의 인재를 초빙하여 식객(食客)이 삼천 명에 이르렀다고 함. 조(趙)의 평원군(平原君), 위(魏)의 신릉군(信陵君), 초(楚)의 춘신군(春申君)과 함께 전국(戰國) 말기 사군(四君)의 한 사람으로 불림. 진(秦)나라에 사신으로 갔다가 죽을 뻔하였으나 식객 중에 남의 물건을 잘 훔치는 사람과 닭의 울음소리를 잘 흉내 내는 사람이 있어 그들의 도움으로 죽음을 모면한 적이 있었음. 계명구도(鷄鳴狗盜).

384 한태조(漢太祖): BC247-BC195. 유방(劉邦). 한(漢)나라의 제1대 황제(재위 BC202-BC195). 진나라 말기에 군사를 일으켜 진왕으로부터 항복을 받았으며, 4년간에 걸친 항우와의 쟁패전에서, 항우를 대파하고 천하통일의 대업을 실현시켰음. 흉노를 정벌하러 백등(白登)에 갔다가 7일간 흉노에게 포위를 당해 곤궁에 빠진 일이 있었음.

385 소망지(蕭望之): ?-BC46. 한(漢)나라 사람. 선제(宣帝) 때 조정에 있다가 삼보(三輔)의 지방관으로 나갔으며, 뒤에 태자태부(太子太傅)로 유조(遺詔)를 받아 어린 임금 원제(元帝)를 보필하다가 석현(石顯) 등의 모함을 받아 음독자살함.

386 정위옥(廷尉獄): 정위(廷尉)는 진(秦) 나라 때 처음 설치한 9경(九卿)의 하나로, 형옥(刑獄)을 관장하는 벼슬. 환관 홍공(弘恭)과 석현(石顯)이 소망지(蕭望之) 등을 참소하며 정위(廷尉)에게 보내라고 주청하였는데, 그때

한나라	동한당과	한(韓)나라	동한당(東漢黨)[388]과
송나라	외학당과	송(宋)나라	외학당(外學黨)[389]과
명나라	동임당과	명(明)나라	동림당(東林黨)[390]과
우리나라	기묘당이	우리나라	기묘당(己卯黨)[391]이
이모도	명인군자	이 모두	명인군자(名人君子)

임금은 처음 즉위하여 '정위에게 보내는 것이 감옥에 보내는 것'인 줄 깨닫지 못하고, 그러라고 하였음. 『한서(漢書)』 <소망지전(蕭望之傳)>.

387 내류(來留): 내려와서 머무름.

388 동한당(東漢黨): 동한(東漢)을 지지하는 무리. 동한(東漢)은 후한(後漢)을 가리키는데, 왕망(王莽)에게 빼앗긴 한(漢) 왕조를 유수(劉秀)가 다시 찾아 부흥시킨 나라임.

389 외학당(外學黨): 외학(外學)을 신봉하는 무리. 외학(外學)은 불교 이외의 학문을 가리킴.

390 동림당(東林黨): 명(明)나라 신종(神宗) 때 일어난 정치상의 당파. 태자를 세우는 문제로 좌천을 당한 고헌성(顧憲成)과 고번룡(高樊龍)이 주동이 되어 동림서원(東林書院)을 근거지로 삼아 재야의 학자나 불평분자를 규합, 시사를 논한 것이 시초가 되었는데, 여기에 조정의 관리·환관들도 모여들어 대정당이 됨. 이에 대하여 반대파도 또한 결합하여 서로 논전과 정쟁을 일삼게 되었는데, 이것이 결국 명나라를 멸망시킨 큰 원인이 되었음.

391 기묘당(己卯黨): 기묘당여(己卯黨與), 기묘명현(己卯名賢). 조선 중종 14년(1519) 기묘사화로 죽은 조광조(趙光祖)·김정(金淨)·기준(奇遵)·한충(韓忠)·김식(金湜), 유배·파직을 당한 김구(金絿)·박세희(朴世熹)·박훈(朴薰)·이자(李耔)·유인숙(柳仁淑)·홍언필(洪彦弼) 및 사림(士林)을 두둔한 안당(安瑭)·김정국(金正國)·김안국(金安國) 등을 말함.

불힝하면 다당힛ᄂᆡ 불행(不幸)함을(하면) 다 당했네

운슈ᄃᆡ로 좃차가고 운수(運數)대로 좇아가고
팔자ᄃᆡ로 짜라가셔 팔자대로 따라가서

하란ᄃᆡ로 ᄆᆡᆨ겨노코 하란 대로 맡겨놓고
걱졍들 너모마오 걱정들 너무 마오

구변이 업드라도 구변(口辯)[392]이 없더라도
이ᄋᆡᆨ이나 하여보고 이야기나 하여보고

풍졍은 업드라도 풍정(風情)은 없더라도
히담이나 하여볼가 희담(戱談)[393]이나 하여볼까

자쳥하여 시작하니 자청(自請)하여 시작하니
ᄑᆡ장이가 되얏구나 패장(牌將)[394]이가 되었구나

밤나즈로 간간어조 밤낮으로 간간어조(間間語調)[395]
옥즁사리 모라깃ᄂᆡ 옥중(獄中)살이 모르겠네

---

392 구변(口辯): 언변. 말솜씨.

393 희담(戱談): 웃음거리로 하는 실 없는 말.

394 패장(牌將): 패의 우두머리. 패두(牌頭).

395 간간어조(間間語調): 간간이 이따금 하는 말.

ᄐᆡ평셩ᄃᆡ 어ᄃᆡ민요 태평성대(太平聖代) 어드메오
춘풍화기 여게로다 춘풍화기(春風和氣)[396] 여기로다

양친과 조부기일 양친(兩親)과 조부기일(祖父忌日)
차차로 지ᄂᆡ치니 차차(次次)로 지나치니

평일불효 나문죄가 평일불효(平日不孝) 남은 죄(罪)가
오날날 더당힛ᄂᆡ 오늘날 더 당했네

홀영이 오션난가 혼령(魂靈)이 오셨는가
걱졍을 뫼암난듯 걱정을 뫼압는[397] 듯

자야반 계명시에 자야반(子夜半)[398] 계명시(鷄鳴時)[399]에
쏜난거시 눈물일셰 쏟는 것이 눈물일세

우즁지 옥즁과셰 우중지(又重之) 옥중과세(獄中過歲)[400]
이무산 죄벌인고 이 무슨 죄벌(罪罰)인고

하나임이 가르친가 하나님이 가르친가

---

396 춘풍화기(春風和氣): 봄날의 화창한 기운.

397 뫼압는: 뫼압다. 하게 되는.

398 자야반(子夜半): 자야(子夜). 밤 11시에서 1시 사이의 한밤중.

399 계명(鷄鳴): 닭이 우는 소리. 계명축시(鷄鳴丑時)의 준말.

400 옥중과세(獄中過歲): 감옥에서 해를 보냄.

鬼神이	씨기신가	귀신이	시키신가
죄업다고	마을마라	죄(罪) 없다고	말을 마라
죄업스면	이려하라	죄(罪) 없으면	이러하랴
젼싱이싱	양싱즁에	전생이생(前生以生)	양생 중(兩生中)에
네몰나도	잇난이라	너 몰라도	있느니라
모을노다	모을노다	모르노다	모르노다
셰상일을	모을노다	세상(世上) 일을	모르노다
다셜살	먹으면셔	다섯 살	먹으면서
조부아즁	되을짜라	조부(祖父) 아중(衙中)[401]	뒤를 따라
이어셔	션인고을	이어서	선인(先人) 고을
슈십연	아긱으로	수십 년(數十年)	아객(衙客)[402]으로
죄인들	당는모양	죄인(罪人)들	당는 모양[403]
십부게	보왓더니	시쁘게[404]	보았더니

---

401 아중(衙中): 관청. 지방 군아(郡衙)의 안.

402 아객(衙客): 지방 수령을 찾아와 관아에 묵는 손님.

403 당는 모양: 당하는 모양.

404 시쁘게: 시쁘다. 마음에 차지 아니하여 시들하다. 대수롭지 않다.

ᄂᆡ몸에 이곤욕을 내 몸에 이 곤욕(困辱)을
ᄭᅮᆷ에나 ᄭᅮ어스라 꿈에나 꾸었으랴

운슈에 ᄆᆡ인일과 운수(運數)에 매인 일과
팔자에 ᄐᆡ인ᄋᆡᆨ회 팔자에 태인[405] 액회(厄會)[406]

우습도 안이하고 우습(지)도 아니하고
원통도 안이하나 원통(寃痛)도 아니하나

丙戌二月 初五日에 병술이월[407] 초오일에
봉지마가 무어신지 봉지만(捧遲晩)[408]이 무엇인지

두번욕을 보와스나 두 번 욕(辱)을 보았으나
더분토 안이하다 더 분(憤)토[409] 아니하다

도젹놈에 경을쳣고 도적놈에 경(黥)을 쳤고[410]
기들고 북을쳣네 기(旗) 들고 북을 쳤네[411]

---

405 태인: 태이다(타다의 피동형). 복이나 재주, 운명 따위를 선천적으로 지니게 되다.
406 액회(厄會): 재앙이 닥치는 불행한 고비.
407 병술이월(丙戌二月): 병술년 1886년. 고종 23년 2월.
408 봉지만(捧遲晩): 죄인에게 복죄(服罪)의 다짐을 받던 일.
409 분(憤)토: '분하지도'의 줄임말.
410 경(黥)을 쳤고: 호된 꾸지람이나 심한 벌을 받고. 단단히 욕을 보고.
411 기들고 북을 쳤네: 심하게 당했음을 의미하는 듯.

괴향은	두말업시	귀양은	두 말 없이
식신방만	바ᄅᆡ쎤니	식신방(食神方)[412]만	바랬더니
그후에	數十餘日	그 후에	수십여 일
ᄇᆡ관이	왓다하ᄂᆡ	배관(配關)[413]이	왔다 하네
초시회시	장즁치고	초시 회시(初試會試)[414]	장중(場中)치고[415]
ᄃᆡ방을	하난다시	대방(待榜)[416]을	하는 듯이
뉵셧달	ᄃᆡ졍후에	육섣달[417]	대정(大政)[418]후에
원감사	바ᄅᆡ다시	원감사(員監使)	바라듯이
원근이	엇더한지	원근(遠近)이	어떠한지
풍토가	엇더턴지	풍토(風土)가	어떻든지
몰나셔	답답더니	몰라서	답답더니

412 식신방(食神方): (이사할 때) 사람의 사주를 풀어서 정하는 길한 방위의 하나.

413 배관(配關): 유배관문(流配關文).

414 초시 회시(初試會試): 과거(科擧)의 초시(初試) 복시(覆試).

415 장중(場中): 과거를 보던 과장(科場)의 안. '장중(場中)치다'는 과장 안에 자리를 잡는다는 의미.

416 대방(待榜): 방(榜)을 기다림.

417 육섣달: 6월과 1월.

418 대정(大政): 해마다 음력 섣달에 하던 대대적인 인사행정.

철영이라 하난구나 철령(鐵嶺)[419]이라 하는구나

마운영 마철영을 마운령(摩雲嶺)[420] 마천령(摩天嶺)[421]을
이렴만 드렷던니 이름만 들었더니

그ᄌᆡ을 다너머셔 그 재를 다 넘어서
이쳔이 졍도라ᄂᆡ 이천 리(二千里) 정도라네

어이없고 기막히나 어이없고 기막히나
그런들 어이하라 그런들 어이하랴

두달만에 망건스니 두 달 만에 망건(網巾) 쓰니
신착입 한것갓고 신착임(新着任)[422] 한 것 같고

두달만에 옥문나니 두 달 만에 옥문(獄門) 나니
쳔일을 본것갓다 천일(天日)[423]을 본 것 같다

---

419 철령(鐵嶺): 함경남도 안변군과 강원도 회양군(현 강원 고산군과 회양군)의 경계에 있는 고개.

420 마운령(摩雲嶺): 함경남도 이원군(利原郡) 동면과 단천군(端川郡) 부귀면 사이에 있는 고개.

421 마천령(摩天嶺): 함경남도 단천(端川)에서 함경북도 성진(城津)으로 넘어가는 고개. 마천령 산맥은 백두산에서 시작하여 동해까지 뻗쳐 있고, 그 중앙에 동북 방향으로 평균고도 1,200m의 한국의 지붕 개마고원이 있음.

422 신착임(新着任): 새로 임무를 맡아 새 임지에 부임함.

423 천일(天日): 하늘에 떠 있는 해.

다셔시	주야동고	다섯이	주야동고(晝夜同苦)
졍이가	자별하여	정의(情誼)[424]가	자별(自別)[425]하여
괴향을	가드라도	귀양을	가더라도
상근쳐을	원히썬니	상근처(相近處)를	원했더니
낙엽이	헛날이듯	낙엽(落葉)이	흩날리듯
부평초	흣터지듯	부평초(浮萍草)	흩어지듯
동셔북	삼도간에	동서북(東西北)	삼도간(三道間)에
쳘이상거	셥셥하다	천리상거(千里相距)[426]	섭섭하다
옥문을	면코나셔	옥문(獄門)을	면코[427] 나서
사쥬인	차자오니	사주인(四周人)[428]	찾아오니
원근친구	모와드려	원근(遠近) 친구(親舊)	모여들어
치위가	분등하여	치위(致慰)[429]가	분등(噴騰)[430]하여

424 정의(情誼): 서로 사귀어 친해진 정. 교분. 우정.
425 자별(自別): 남다르고 특별함.
426 천리상거(千里相距): 서로 떨어져 있는 거리가 천리나 됨.
427 면코: '면하고'의 줄임말.
428 사주인(四周人): 사방에 있는 주위 사람들.
429 치위(致慰): 사람을 위로함.
430 분등(噴騰): 내뿜어서 위로 뻗침.

무삼죄가 져덧하며 무슨 죄(罪)가 저듯하며[431]
무슨ᄋᆡᆨ이 져덧한고 무슨 액(厄)이 저듯한고

ᄇᆡᆨ수을 헌날이고 백수(白首)를 흩날리고
멀고머려 어이가나 멀고 멀어 어이 가나

ᄂᆡ도로 위로하야 내 도로 위로(慰勞)하여
치위말 ᄃᆡ답하되 치위(致慰)말 대답(對答)하되

아들나하 돌잘필ᄃᆡ 아들 낳아 돌잡힐[432] 때
상호봉시 왼일인고 상호봉시(桑弧蓬矢)[433] 웬일인고

장부에 평ᄉᆡᆼ쓰지 장부(丈夫)의 평생(平生) 뜻이
사방에 잇스미라 사방(四方)에 있음이라

넷기동 사ᄀᆡ안에 네 기둥 사개[434] 안에

---

431 저듯하며: '져덧하며'는 '저러한 듯하며'의 줄임말인 듯.

432 돌잡히다 : 첫돌에 돌상에 차려 놓은 음식이나 물건을 아이가 마음대로 잡게 하다.

433 상호봉시(桑弧蓬矢): 뽕나무 활과 쑥대 살이라는 뜻으로, 남자가 뜻을 세움을 이르는 말. 옛날에 남자가 태어나면, 뽕나무로 만든 활과 쑥대로 만든 화살로 사방을 쏘아 장차 웅비할 것을 빌었다고 함.

434 사개: 상자 따위의 모퉁이를 끼워 맞추기 위하여 서로 맞물리는 끝을 들쭉날쭉하게 파낸 부분. 사방의 보나 도리가 기둥 위에서 맞춰지도록 기둥머리를 네 갈래로 파낸 것.

집짓기난	기가될가	집 지키는	개가 될까
사마쳔이	문장할제	사마천(司馬遷)이	문장(文章)할 제
강히도	노라보고	강해(江海)도	놀아보고
반포가	셔역칠제	반초(班超)[435]가	서역(西域)칠 제
옥문관도	나가보고	옥문관(玉門關)[436]도	나가보고
한퇴지에	조주길은	한퇴지(韓退之)[437]의	조주(潮州) 길은

435 반초(班超): 33-102. 자(字)는 중승(仲升). 섬서성(陝西省) 함양(咸陽) 출생. 학자 반표(班彪)의 아들이자 한서(漢書)의 저자인 반고(班固)의 동생. 명제(明帝), 장제(章帝) 양대에 벼슬하여 정원후(定遠侯)로 봉해졌음. 집이 가난하여 관청의 필생(筆生)으로 있을 때 문득 붓을 던지며 '대장부가 이역(異域)에 나가 공을 세워 봉후(封侯)가 될 것이지, 어찌 붓이나 쥐고 있으랴' 하더니, 과연 말대로 옥문관(玉門關)을 나가 서역(西域)을 평정하고 안서도호(安西都護)가 되었음. 선선국(鄯善國)에 사자(使者)로 갔을 때 흉노(匈奴)족의 사신들이 머물던 곳을 기습하여 섬멸하였는데 이때 '호랑이 굴에 들어가지 않고서는 결코 호랑이 새끼를 잡을 수 없다(不入虎穴 不得虎子)'는 유명한 말을 남겼음.

436 옥문관(玉門關): 지금의 감숙성(甘肅省) 돈황(敦煌) 서쪽에 있는 관문. 반초(班超)는 이곳에서 30년 간을 주둔하여 객지에서의 어려운 생활에 대한 상소를 올려 "살아서 옥문관으로 돌아가고 싶다"고 간절함을 피력했다고 함.

437 한유(韓愈): 768-824. 당(唐)나라의 문인(文人). 자는 퇴지(退之), 호는 창려(昌黎). 시호(諡號)는 문공(文公). 형부시랑으로 있던 중, 불골(佛骨)을 궁중으로 들여오려던 헌종의 처사가 부당함을 주장하여 과격한 상주문을 올렸고, 이에 황제의 노여움을 사 광동(廣東)의 조주(潮州)로 좌천됨.

二萬餘里　가즉잔코　이만여 리　가깝잖고

여자약이　괴양갈졔　여자약(呂子約)[438]이　귀양갈 제
四萬餘里　머려스니　사만여 리　멀었으니

다힝이　소국이라　다행히　소국(小國)이라
이쳔여리　머다할가　이천여 리(二千餘 里)　멀다 할까

남은나을　불상타나　남은 나를　불쌍타나[439]
나는남을　가련타ᄂᆡ　나는 남을　가련(可憐)타네

나무칼　덥퍼스고　나무칼　덮어쓰고
유산ᄀᆡᆨ　장부답게　유산(遊山)[440]객(客)　장부(丈夫)답게

치마칼　덥퍼스고　치마칼　덮어쓰고
안방사리　장부될가　안방살이　장부(丈夫)될까

셔급푼　회포말노　서글픈　회포(懷抱)말로
한바탕　우셧구나　한바탕　웃었구나

---

438 여자약(呂子約): 1137-1181. 남송 시대의 학자. 여조겸(呂祖謙). 자는 백공(伯恭), 호는 동래(東萊). 주희(朱熹), 장식(張栻)과 더불어 동남삼현(東南三賢)으로 일컬어짐. 한탁주(韓侂胄)의 미움을 받아 소주(韶州)에 안치되고, 닿기도 전에 길주(吉州)로 옮겨졌음.

439 불쌍타나: '불쌍하다고 하나'의 줄임말.

440 유산(遊山): 산으로 놀러 다님.

관북에	明川邑이	관북(關北)에	명천읍이
멀기로	드려스나	멀기로	들었으나
지형이	엇더한지	지형(地形)이	어떠한지
우션에	알수업셔	우선(于先)에	알 수 없어
이웃집	팔도지도	이웃집	팔도지도(八道地圖)
어더다	펄쳐보니	얻어다	펼쳐보니
칠보산	ᄀᆡ심사가	칠보산(七寶山)	개심사(開心寺)[441]가
쳔눈에	드는구나	첫눈에	드는구나
이상하고	고이하다	이상하고	괴이(怪異)하다
이안이	쳔졍인가	이 아니	천정(天定)인가
十餘年前	ᄭᅮᆷ을ᄭᅮ어	십여 년 전	꿈을 꾸어
遊山을	하옵난ᄃᆡ	유산을	하옵는데
石山이	차아하여	석산이	차아(嵯峨)[442]하여
경치가	졀승이라	경치(景致)가	절승(絶勝)이라
山이렴	무려보니	산 이름	물어보니

441 개심사(開心寺): 함경북도 명천군 보촌리 칠보산 개심사(발해 최초의 절).

442 차아(嵯峨): 산이 높고 험함.

칠보라고	하드구나	칠보(七寶)라고	하더구나
도라셔	오든길에	돌아서	오던 길에
안경셋치	어던난ᄃᆡ	안경 셋 채	얻었는데
그안경에	글을쓰되	그 안경에	글을 쓰되
부괴공명	하라힛ᄃᆡ	부귀공명(富貴功名)	하라 했데
ᄭᆡ고나셔	ᄉᆡᆼ각하니	깨고 나서	생각하니
칠보산이	어ᄃᆡ민지	칠보산(七寶山)이	어디멘지
사람마다	무려바도	사람마다	물어봐도
아나니	업셔스나	아는 이	없었으나
소소하고	역역ᄒᆞ여	소소(昭昭)[443]하고	역력(歷歷)하여
심즁에	불망터니	심중(心中)에	불망(不忘)터니
괴향이	왼일인고	귀양이	웬일인고
명쳔이	왼말인고	명천(明川)이	웬말인고
숙셰에	ᄆᆡ즌연분	숙세(宿世)[444]에	맺은 연분(緣分)
팔자에	정하엿ᄂᆡ	팔자에	정하였네

---

443 소소(昭昭): 사리가 환하고 뚜렷함, 밝은 모양.

444 숙세(宿世): 전생(前生)의 세상. 전대로부터의 인연.

집이라	도라오니	집이라	돌아오니
아즉언	반겨하나	아직은	반겨하나
불기일	이별기리	불기일(不期日)[445]	이별(離別) 길이
텬이지각	어이할고	천애지각(天涯地角)[446]	어이할꼬
신명이	고이하야	신명(身命)이	괴이(怪異)하여
五十이	당두한듸	오십이	당도(當到)한데
쓸자식	하나업고	쓸 자식	하나 없고
과삭한	잉부인늬	과삭(過朔)한	잉부인(孕婦人)[447]네
업영은	급하여도	엄령(嚴令)은[448]	급(急)하여도
인졍에	졀박이라	인정(人情)에	절박(切迫)이라
數十餘日	차퇴하야	수십여 일	차퇴(差退)[449]하여
生男이나	하기되면	생남이나	하게 되면
멀이멀이	가난사람	멀리 멀리	가는 사람

445 불기일(不期日): 날짜를 기약하지 못함.

446 천애지각(天涯地角): '하늘 끝과 땅의 귀퉁이'라는 뜻으로, 아득하게 멀리 떨어져 있음을 이름.

447 잉부인(孕婦人): 아이를 가진 부인.

448 엄령(嚴令): 엄한 명령이나 호령.

449 차퇴(差退): 조금 뒤로 물림.

위회될가	너겨썬니	위회(慰懷)[450]될까	여겼더니
하늘도	야속하고	하늘도	야속(野俗)하고
괴신도	야속하제	귀신(鬼神)도	야속(野俗)하지
六女가	不足하야	육녀가	부족하여
七女가	되엿구나	칠녀가	되었구나
듯는사람	낙담하니	듣는 사람	낙담(落膽)하니
당는사람	엇뜻킨노	당는 사람[451]	어떻겠노
婦女에	좁은셩경	부녀의	좁은 성정(性情)
국밥에	눈물일세	국밥에	눈물일세
ᄋᆡ을쓰니	쓸ᄃᆡ업고	애를 쓰니	쓸 데 없고
한탄하니	엇지하라	한탄(恨歎)하니	어찌하랴
가난사람	낫쳘보와	가는 사람	낯을 보아
탈이나	ᄂᆡ지마소	탈이나	내지 마소
효유하여	타이르고	효유(曉諭)하여	타이르고
조흔체로	관심하나	좋은 체로	관심(觀心)하나

---

450 위회(慰懷): 마음을 위로함.

451 당는 사람: '당하는 사람'의 줄임말.

쎡는구나	쎡는구나	썩는구나	썩는구나
이ᄂᆡ속이	쎡는구나	이내 속이	썩는구나
初七日	지난후에	초칠일	지난 후에
行裝을	차리라니	행장을	차리라니
옷가지	만지면셔	옷가지	만지면서
ᄃᆡᆨ도울고	ᄯᆞᆯ도우네	댁(宅)[452]도 울고	딸도 우네
丈夫에	구든마암	장부의	굳은 마음
ᄭᅮ지져	일은마리	꾸짖어	이른 말이
가다고	못보긴나	간다고	못 보겠나
우름이	왼우름고	울음이	웬 울음고[453]
명쳔부사	하엿다면	명천부사(明川府使)	하였다면
눈물이	나깃는야	눈물이	나겠느냐
ᄭᅮ지져	타일으고	꾸짖어	타이르고
친산에	하즉하고	친산(親山)[454]에	하직(下直)하고

---

452 댁(宅): 아내.

453 울음고: '울음인고'의 줄임말.

454 친산(親山): 부모의 산소.

丙戌二月	二十九日	병술이월[455]	이십구일
發行을	하려하니	발행[456]을	하려 하니
遠近親故	모여드려	원근친고	모여 들어
心懷를	돕는구나	심회를	돕는구나
사당에	하즉하고	사당(祠堂)에	하직(下直)하고
家人을	作別하니	가인을	작별하니
참담한	그경식을	참담(慘憺)한	그 경색(景色)을
형언을	다못하나	형언(形言)을	다 못하나
ᄂᆡ마암	관계찬아	내 마음	관계찮아
ᄲᅮ리쳐	ᄯᅥ나구나	뿌리쳐	떠나구나
宋나라	고군자에	송나라	고군자(古君子)에
츄지완	치기통이	추지완(鄒志完)[457]	채계통(蔡季通)[458]이

---

455 병술이월(丙戌二月): 1886년 고종 23년 2월.

456 발행(發行): 길을 떠나 감.

457 추지완(鄒志完): 1060-1111. 추호(鄒浩), 자는 지완(志完), 호는 도향거사(道鄕居士). 신종(神宗) 원풍(元豊) 5년(1082) 진사(進士)가 되어 양주교수(襄州敎授)와 중서사인(中書舍人) 등을 지냄. 좌정언(左正言)이 된 뒤 유황후(劉皇后)의 복위를 간하다가 삭관(削官)되어 신주(新州)로 유배를 감.

이소조 당하여셔 이 소조(所遭) 당하여서
씩씩히 써나스니 씩씩히 떠났으니

달은일은 못당히도 다른 일은 못 당해도
그만일을 못당할가 그만 일을 못 당할가

秋毫도 ᄀᆡ이업셔 추호도 개의(介意)[459] 없어
가는말 ᄎᆡ을쳐셔 가는 말 채를 쳐서

보밋골 얼는지나 보매골[460] 얼른 지나
복고ᄀᆡ을 너머셔셔 복고개를 넘어서서

우연이 바라보니 우연히 바라보니
北堂雲天 멀고멈에 북당운천[461] 멀고 멈에

---

458 채계통(蔡季通): 1135-1198. 채원정(蔡元定). 자는 계통, 호는 서산(西山), 시호는 문절(文節). 남송의 문인 학자. 이정(二程)과 소옹(邵雍), 장재(張載)의 학문을 배웠고, 후에 주희(朱熹)를 찾아가 수학했으며 주희가 강우(講友)로 대우했다 함. 송(宋) 영종(寧宗) 경원(慶元) 연간에 경학(經學)을 위학(僞學)이라며 심계조(沈繼祖) 등이 주희를 공격할 때 연루되어 도주(道州)로 귀양을 가서 그곳에서 죽음.

459 개의(介意): 어떤 일 따위를 마음에 두고 생각하거나 신경을 씀. 개의 없다: 개의치 않다.

460 보매골: 안동 임동면 사월리에 있는 보매골, 보마골.

461 북당운천(北堂雲天): 어머님이 계신 곳.

靑山이	몃겹이며	청산이	몇 겹이며
綠水가	몃구빈고	녹수가	몇 굽인고[462]
綠水가	칼물되고	녹수가	칼물 되고
靑山이	칼산되야	청산이	칼산 되어
칼산이	만겹이오	칼산이	만겹이오
칼물이	만구비라	칼물이	만 굽이라
나는ᄉᆡ도	못다가고	나는 새도	못 다가고
가는구름	쇠여가ᄂᆡ	가는 구름	쉬어 가네
답답하다	ᄂᆡ길이야	답답하다	내 길이야
져기을	어이가리	저기를	어이 가리
갈길을	가드라도	갈 길을	가더라도
져리멀면	걱정인ᄃᆡ	저리 멀면	걱정인데
하물며	이ᄂᆡ길이	하물며	이내 길이
명ᄉᆡᆨ이	무슨길고	명색(名色)[463]이	무슨 길고[464]

462 굽인고: '굽이인고'의 줄임말.

463 명색(名色): 실속 없이 그럴듯하게 불리는 허울 좋은 이름이나 겉으로 내세우는 구실.

464 길고: '길인고'의 줄임말

治國泰民	하여하고	치국태민	하려 하고
시야위빈	써나가나	신야위빈(莘野渭濱)[465]	떠나가나
濟世安賓	하려하고	제세안빈(濟世安民)[466]	하려 하고
영웅호걸	차자가나	영웅호걸(英雄豪傑)	찾아가나
젼도슈읍	하자하여	전도수읍(傳道首邑)[467]	하자 하여
부급종사	하난길가	부급종사(負芨從師)[468]	하는 길가[469]
입공셩명	하자하여	입공성명(立功成名)[470]	하자 하여
경별출사	하난길가	정벌출사(政伐出師)[471]	하는 길가

---

465 신야위빈(莘野渭濱): 신(莘)나라의 들과 위수(渭水) 물가. 이윤(伊尹)은 신야(莘野)에 은거하고 있다가, 탕왕(湯王)의 세 번에 걸친 초빙에 출사(出仕)하여 탕을 도와 하(夏)의 걸왕(傑王)을 토벌하였음. 강태공은 위빈(渭濱)에서 고기를 낚다가 문왕(文王)의 초빙을 받아 그의 스승이 되었고, 무왕(武王)을 도와 상(商)나라 주왕(紂王)을 멸망시켜 천하를 평정하였음.

466 제세안민(濟世安民): 세상을 구제하고 백성을 편안하게 함. '濟世安賓'의 '賓'은 民의 오자(誤字)임.

467 전도수읍(傳道首邑): 도를 세상에 전하고자 함.

468 부급종사(負芨從師): 책 상자를 지고 스승을 좇는다는 뜻으로, 먼 곳으로 유학감.

469 길가: '길인가'의 줄임말.

470 입공성명(立功成名): 공을 세워 이름을 드러냄.

471 정벌출사(政伐出師): 정벌을 위하여 군대를 일으킴.

ᄌᆡ상명사	슈령방ᄇᆡᆨ	재상명사(宰相名士)	수령방백(守令方伯)[472]
治民하로	가려하나	치민하러	가려 하나
南京北京	부상ᄃᆡ고	남경북경	부상(負商)[473]되고
興利하로	가려하나	흥리[474]하러	가려 하나
안이로다	안이로다	아니로다	아니로다
이련기리	안이로다	이런 길이	아니로다
안ᄉᆡᆨ초최	음ᄐᆡᆨ반하니	안색초췌(顔色憔悴)	음택반(吟澤畔)[475]하니
굴삼여에	길이련가	굴삼려(屈三閭)[476]의	길이런가

---

472 수령(守令): 각 고을을 맡아 다스리던 지방관, 방백(方伯): 관찰사, 도지사.

473 부상(負商): 등짐장수.

474 흥리(興利): 재물을 늘임.

475 안색초췌음택반(顔色憔悴吟澤畔): 안색이 초췌한 채, 못가에서 시를 읊조림
굴원기방(屈原旣放) 굴원이 이미 추방되어
유어강담(游於江潭) 강언덕을 거닐면서
행음택반(行吟澤畔) 못가에서 시부를 읊조렸는데
안색초췌(顔色樵悴) 안색은 초췌하고
형용고고(形容枯槁) 형용은 파리하였다
굴원(屈原) 〈어부사(漁父辭)〉.

476 굴삼려(屈三閭): BC343-BC278. 삼려대부(三閭大夫)를 지낸 굴원(屈原)을 이르는 별칭. 굴원은 전국시대의 정치가이자 시인. 학식이 뛰어나 초나라 회왕(懷王)의 좌도(左徒:左相) 중책을 맡아, 내정·외교에서 활약했음. 하지만 법령입안(法令立案) 때 궁정의 정적(政敵)들과 충돌하여, 중상모략에 의해 국왕 곁에서 멀어짐. 굴원의 <어부사(漁父辭)>는 정계에

投詩明羅	弔屈原하니	투시멱라(投詩覓羅)	조굴원[477]하니
양틔부에	길이련가	양태부(梁太傅)[478]의	길이런가

셔롱남젼	마부젼하니	설옹남관(雪擁藍關)	마부전(馬不前)[479]하니

서 쫓겨나 강남에 머물며 집필한 작품으로, 창강에서 고기를 잡는 어부를 만나 대화를 나누고 깨친 바를 집필한 것임. <어부사>에서 굴원은 자신을 중취독성(衆醉獨醒)이라 일컬으며 초나라가 처한 상황을 한탄했고, 결국은 멱라수(覓羅水)에 몸을 던져 죽었음.

477 투시멱라조굴원(投詩覓羅弔屈原): 멱라(覓羅)에 시를 던져(써서), 굴원을 조상(弔喪)하다.

478 양태부(梁太傅): 가의(賈誼)를 가리킴. BC200-BC168. 문제(文帝)의 막내아들 양왕(梁王)의 태부(太傅)가 된 적이 있어 양태부(梁太傅)로 불림. 시문에 뛰어나고 제자백가에 정통하여 문제의 총애를 받아 약관으로 최연소 박사가 되었음. 1년 만에 태중대부(太中大夫)가 되어, 진(秦)나라 때부터 내려온 율령·관제·예악 등의 제도를 개정하고 전한(前漢)의 관제를 정비하기 위한 많은 의견을 상주하였음. 그러나 주발(周勃) 등 당시 고관들의 시기로 장사왕(長沙王)의 태부(太傅)로 좌천되었음. 자신의 불우한 운명을 굴원(屈原)에 비유하여 <복조부(鵩鳥賦)>와 <조굴원부(弔屈原賦)>를 지었으며, 『초사(楚辭)』에 수록된 <석서(惜誓)>도 그의 작품으로 알려짐. <조굴원부(弔屈原賦)>는 가의가 장사왕의 태부로 부임하는 길에 상수(湘水)에 이르러, 자신의 처지가 참소로 축출당한 굴원의 처지와 비슷하다고 여겨 굴원을 애도하는 가운데 자신의 처지를 읊은 작품임.

479 설옹남관마부전(雪擁藍關馬不前): 눈이 남관을 싸고 있어 말이 나가지 못함.

일봉조주구중천(一封朝奏九重天) 아침에 한 통의 상주문을 궁궐에 올렸다가

석폄조주로팔천(夕貶潮州路八千) 저녁에 팔천 리 길 조주로 좌천 되었네

한창여에　기리련가　한창려(韓昌黎)[480]의　길이런가

혜쥬뷰졔　청젼상하니　혜주부재(惠州不在)　청천상(青天上)[481]하니
소동파에　길이련가　소동파(蘇東坡)[482]의　길이런가

욕위성명제폐사(欲爲聖明除弊事) 영명한 천자를 위해 나쁜 일을 제거하려 했을 뿐
긍장쇠후석잔년(肯將衰朽惜殘年) 늙고 쇠한 몸으로 어찌 남은 목숨을 아까워하랴
운횡진령가하재(雲橫秦嶺家何在) 구름이 진령을 가로지르니 내 집은 어디인가
설옹남관마부전(雪擁藍關馬不前) 눈이 남관을 싸고 있어 말이 나가지 못하는구나
지여원래응유의(知汝遠來應有意) 네가 멀리서 온 일, 응당 뜻이 있음을 알고 있으니
호수아골장강변(好收我骨瘴江邊) 나의 뼈를 장강 변에 잘 거두어 다오
한유(韓愈), <좌천지남관시질손상(左遷至藍關示姪孫湘)>중 발췌.

480 한유(韓愈): 768~824 아침에 상주문을 올리고, 그날 저녁 열병(熱病)이 유행하는 변경 조주로 좌천되어 떠나면서 억울함과 슬픈 심정에 격분하여 <좌천지남관시질손상(左遷至藍關示姪孫湘)>이라는 시를 지었음. 잘못된 일(弊事)을 제거하기 위해 얼마 남지 않은 목숨도 아까워 하지 않았던 한유는 장안을 벗어나는 관문에 이르러 따라온 질손(姪孫)에게 이 시를 지어주며 독기를 품고 있는 장강 변에 자신의 뼈를 잘 거두어 달라는 당부를 함.

481 혜주부재청천상(惠州不在青天上): 소동파(蘇東坡)의 귀양지였던 혜주(惠州)도 하늘 위에 있지는 않다. 멀고 험한 곳이기는 하나 사람이 걸어서 갈 수 있는 곳이라는 뜻.

482 소동파(蘇東坡): 1037-1101. 소식(蘇軾). 자 자첨(子瞻), 호 동파거사(東坡居士), 파공(坡公)·파선(坡仙) 등으로 불림. 동생 소철(蘇轍)과 비교하

不遠千里	이ᄂᆡ길이	불원천리	이내 길이
괴향길이	무삼일고	귀양길이	무슨 일고
상소언소	안이하고	상소(上疏)[483]언소(言笑)[484]	아니하고
굴총작간	안이힛ᄂᆡ	굴총(掘冢)[485]작간(作奸)[486]	아니했네
명ᄉᆡᆨ이나	ᄯᅩᆨᄯᅩᆨ하면	명색(名色)이나	똑똑하면
감심이나	되련만은	감심(甘心)[487]이나	되련마는
명ᄉᆡᆨ업고	감심찬아	명색(名色) 없고	감심(甘心)잖아
져리먼ᄃᆡ	어이가노	저리 먼 데	어이 가노
ᄒᆡ포되난	병든누의	해포되는[488]	병든 누이
作別이나	하고가려	작별이나	하고 가려

여 대소(大蘇)라고도 불림. 당송팔대가(唐宋八大家)의 한 사람. 왕안석(王安石)의 신법(新法)당의 미움을 받아 항주, 서주, 소주 등 외직을 전전했으며, 황주, 혜주, 해남 등지로 유배를 갔었음. 혜주(惠州)에서는 3년을 보냄.

483 상소(上疏): 임금에게 글을 올림.

484 언소(言笑): 임금의 덕을 바로잡고 사정(詩政)을 지적하여 아뢰는 말.

485 굴총(掘冢): 무덤을 파냄. 특히 남의 무덤을 불법적으로 파내는 일을 이름.

486 작간(作奸): 간악한 꾀를 부림.

487 감심(甘心): 괴로움이나 책망 따위를 기꺼이 받아들임. 또는 그런 마음.

488 해포되는: 한 해가 조금 넘는 동안. 만난 지가 해포가 되었다는 의미.

ᄒᆡ졔촌　차자가셔　해저촌(海底村)[489]　찾아가서
淚水로　반겨구나　누수로　반겼구나

호강은　하엿ᄃᆡ도　호강(豪强)은　하였대도
家勢가　不治하여　가세가　불치하여

二千里　먼치힝을　이천 리　먼 치행(治行)[490]을
헐일이　업셔쎤니　하릴이　없었더니

지친이나　친구드리　지친(至親)이나　친구들이
힘ᄃᆡ로　부조하여　힘대로　부조(扶助)[491]하여

종자에　윤효아와　종자(從者)[492]에　윤호[493]아(兒)와

489 해저(海底): 경상북도 봉화군 해저. 속명 바래미.
490 치행(治行): 길 떠날 여장을 준비함.
491 부조(扶助): 남의 큰일에 돈이나 물건 등을 도와 줌. 남을 거들어서 도와 주는 일.
492 종자(從者): 남에게 종속되어 따라다니는 사람.
493 윤호: 연대 미상. 운포의 조카.
유리객고전증심(流離客苦轉增深) 떠도는 나그네 시름 갈수록 깊어 가는데
우견아함병세침(又見阿咸病勢侵) 조카가 병든 것을 또 본다네.
악수상비기일유(握手相悲期日愈) 손잡고 슬퍼하며 낫기를 날마다 바라면서
고흉유유축천심(叩胸惟有祝天心) 가슴 치며 다만 하늘에다 빌어보네.
타향생면이수뢰(他鄕生面而誰賴) 객지여서 처음 보는데 누구에게 의지하랴.

노자에　칠복상용　노자(奴子)[494]에　칠복, 상용

ᄇᆡ힝길노　속장하여　배행(陪行)[495]길로　속장(束裝)[496]하여
추후에　ᄯᅡ라왓ᄂᆡ　추후(追後)에　따라왔네

海底에　이젼어련　해저에　이전(以前) 어른
김슈찬　아모씨가　김수찬(金修撰)[497]　아무씨가

明川을　괴향가셔　명천을　귀양 가서
路程記　잇다하기　노정기[498]　있다 하기

영야초장야자음(永夜焦腸也自吟) 밤새 애태우며 스스로 시를 읊네.(생략) 이중린, 『운포유고(雲圃遺稿) (天)』 <종자윤호병와적둔지우민무매음일률(從子允鎬病臥赤屯地憂悶無寐吟一律)>.

494 노자(奴子): 사내종.

495 배행(陪行): 윗사람을 모시고 따라감. 떠나는 사람을 일정한 곳까지 따라감.

496 속장(束裝): 행장을 갖추어 차림.

497 김수찬(金修撰): 1660-1697. 김여건(金汝鍵)의 『북천록(北遷錄)』, 본관은 의성, 자(字)는 천개(天開). 숙종 13년(1687) 문과급제하고, 정언(正言) 지평(持平)을 거쳐 1693년에 도당록(都堂錄)에 올랐고 이후 수찬(修撰)이 되었음. 1690년 정언(正言)으로 재직 중 세자책봉가례에 참석하지 않은 조사석(趙師錫)의 교만하고 불손함을 논책하여 유배하게 했으나, 1694년 갑술옥사(甲戌獄事)로 남인이 숙종(肅宗)의 미움을 받아 실각하자, 조사석 일당에게 보복당하여 명천에 유배되었음.

498 노정기(路程記): 김여건(金汝鍵)의 『북천록(北遷錄)』

벽겨셔	가지고셔	베껴서	가지고서
발힝을	하려하니	발행(發行)을	하려 하니
누이에	약한창자	누이의	약한 창자
쳠병이	될가하여	첨병(添病)[499]이	될까 하여
간단말	안이하고	간단 말	아니하고
가만이	써나갈졔	가만히	떠나갈 제
ᄂᆡ심장	칼노외어	내 심장	칼로 에어[500]
압기리	어듭구나	앞길이	어둡구나
가난길	여려고ᄃᆡ	가는 길	여러 곳에
小白山	박달ᄌᆡ로	소백산	박달재로
江陵이	머잔타기	강릉이	멀잖다기[501]
그리로	향ᄒᆡ썬니	그리로	향(向)했더니
梧麓을	잠관드려	오록[502]을	잠깐 들러

499 첨병(添病): 어떤 병에 다른 병이 겹침.

500 에어: 에다. 칼 따위로 도려내듯 베다. 마음을 몹시 아프게 하다.

501 멀잖다기: '멀지 않다기'의 줄임말.

502 오록(梧麓): 경상북도 봉화군 오록리.

쓕밧주막　슉소하니　쑥밭[503] 주막　숙소(宿所)하니

만쳡쳥산　가린고ᄃᆡ　만첩청산(萬疊靑山)　가린 곳에
구진비난　무삼일고　궂은비는　무슨 일고

자고나　써나라고　자고나(서)　떠나려고
客窓을　열쳐보니　객창을　열쳐[504] 보니

泰山은　이아바지　태산은　이마받이[505]
시ᄂᆡ소리　괴에이고　시내 소리　귀에 일고[506]

안ᄀᆡ난　只尺不變　안개는　지척불변
樹木은　창쳔이라　수목은　창천(蒼天)이라

시호구혈　火賊총즁　시호구혈(豺狐狗穴)[507]　화적총중(火賊總中)
無人至境　數百里라　무인지경　수백 리라

平原廣野　너른드레　평원광야　넓은 들에
시원시리　가드라도　시원스레　가더라도

---

503 쑥밭: 봉화 쑥밭 마을. 애전(艾田)
504 열쳐: 열치다. 힘차게 열다.
505 이마받이: 두 물체가 몹시 가깝게 맞붙음.
506 일고: 일다. 없던 현상이 생기다. 희미하거나 약하던 것이 왕성하여지다.
507 시호구혈(豺狐狗穴): 승냥이와 여우가 사는 동굴.

멀이가는 客에마암 멀리 가는 객의 마음
슈란키가 짝업슬졔 수란(愁亂)[508]키가 짝 없을 제

하물며 져려한ᄃᆡ 하물며 저러한데
엇지하여 가잔말고 어찌하여 가잔 말고

인하여 길을곤쳐 인(因)하여 길을 고쳐
竹嶺으로 향ᄒᆡ갈ᄉᆡ 죽령[509]으로 향해 갈새

海底에 김극부가 해저에 김극부(金極夫)[510]가
아질촌 우거하ᄂᆡ 마질촌[511] 우거(寓居)[512]하네

역노에 차자드려 역로(歷路)에 찾아들어
하로밤 자고나니 하룻밤 자고 나니

우연이 엇든사람 우연히 어떤 사람
主人게 젼한마리 주인에게 전(傳)한 말이

---

508 수란(愁亂): 수심(愁心)으로 정신이 어지러움.

509 죽령(竹嶺): 경상북도 영주시 풍기읍과 충청북도 단양군 대강면에 사이에 있는 고개.

510 김극부(金極夫): 1848-1905. 김건영(金建永), 본관은 의성, 자(字)는 극부(極夫), 호(號)는 해관(海觀). 고종조에 진사(進士)하고 1899년 장조전례(壯祖典禮) 때 왕에게 사림를 대표하여 만인소(萬人疏)를 제출하였음.

511 마질촌: 봉화 법전면 마질리(馬叱里).

512 우거(寓居): 남의 집에 임시로 붙여 삶.

원통한 영남젹ᄀᆡᆨ 원통(寃痛)한 영남적객(嶺南謫客)
다모도 풀여싸ᄃᆡ 다 모두 풀렸다대[513]

주ᄀᆡᆨ이 놀ᄂᆡ듯고 주객(主客)이 놀라 듣고
자셔이 무려보니 자세(仔細)히 물어보니

順興에 김장인집 순흥[514]에 김장인집
셔울기별 그릇타ᄃᆡ 서울 기별(奇別) 그렇다대

극부가 말유하여 극부(極夫)가 만류(挽留)하여
인하여 권하기을 인하여 권(勸)하기를

公文젹은 안이라도 공문적(公文籍)[515]은 아니라도
헛소문은 갓잔으니 헛소문은 같잖으니[516]

노형은 가지마라 노형(老兄)은 가지마라
이근쳐에 반신하고 이 근처(近處)에 반신(返身)하고

함씨만 먼져보ᄂᆡ 함씨(咸氏)[517]만 먼저 보내

---

513 병술년(1886년) 1월, 2월에 죄가 가벼운 자들을 석방했다는 기록이 있음. 『서울육백년사』 연표 참조.

514 순흥(順興): 경상북도 영주의 옛 지명.

515 공문적(公文籍): 관청에서 내는 문서.

516 갍잖으니: '같지 않으니'의 줄임말.

517 함씨(咸氏): 남의 조카의 경칭.

셔울가 아라보아 서울 가서 알아보아

방불방 허실간에 방불방(放不放) 허실(虛實)간에
進退을 다시하소 진퇴를 다시 하소

그말이 고이찬타 그 말이 괴이(怪異)찮다
윤호을 보ᄂᆡᆫ후에 윤호를 보낸 후에

ᄀᆡ암이 ᄎᆡ박괴로 개미 쳇바퀴[518]로
도라셔 단이다가 돌아서 다니다가

사급ᄌᆡ사 즁슈하로 사급(賜給)[519]재사(齋舍)[520] 중수(重修)[521]하러
응휴가 와잇다ᄃᆡ 응휴[522]가 와 있다대

518 쳇바퀴: 수레 마차 등 바퀴가 달린 수레 또는 '차(車)'의 종류.

519 사급(賜給): 관부에서 내리어 줌.

520 재사(齋舍): 성균관, 사학(四學), 향교의 유생들이 기숙하면서 공부하던 방. 또는 학문과 덕행, 충효가 뛰어난 인물이나 입향조, 중시조 등을 추모하는 제사를 지내기 위해 묘소(墓所)나 사묘(祠廟) 옆에 지은 집.

521 중수(重修): 건물 등의 낡고 헌 것을 다시 손대어 고침.

522 응휴: 이중운(李中運), 1844-?. 자 응휴(應休).
용재전일시심초(龍齋前日矢心初) 지난 날 용재에서 처음으로 맹세하길
지업상기부부허(志業相期不負虛) 학업을 헛되이 져버리지 말자 하였지
만사차타성조활(萬事蹉跎成阻闊) 만사가 어긋나 소식이 오래 끊겼으니
상회독좌무경거(傷懷獨坐撫瓊琚) 서글피 홀로 앉아 시구만 어루만지네.
이중린, 『운포유고(雲圃遺稿) (天)』 <화의산족제응휴중운(和宜山族弟應休中運)>.

반가이	만난후에	반가이	만난 후에
數日을	유연하여	수일을	유련(留連)[523]하여
비회와	별이회을	비회(悲懷)[524]와	별리회(別離懷)를
글괴로	소일하나	글귀로	소일(消日)하나
소문이	젹연하고	소문(所聞)이	적연(寂然)하고
힝지가	구관하야	행지(行地)가	구관(舊慣)[525]하여
결연이	써나가셔	결연(決然)[526]히	떠나가서
셔울노	향히갈졔	서울로	향해갈 제
줄포에	졍이견이	줄포(茁浦)[527]의	정이견이
하로밤	셔회하고	하룻밤	서회(敍懷)[528]하고
잇튼날	써나셔셔	이튿날	떠나서서
압길을	바라보니	앞길을	바라보니

523 유련(留連): 객지에 묵고 있음.

524 비회(悲懷): 마음속에 서린 슬픈 시름.

525 구관(舊慣): 오래되고 익숙함.

526 결연(決然): 결심이 움직일 수 없을 만큼 확고함.

527 줄포(茁浦): 경북 영주시 줄포(茁浦). 지대가 낮고 늪이 많아 줄풀이 무성하여 줄밭을 이루고 있다는 데서 유래한 이름. 현재는 영주시 가흥동 일부와 삼줄동이 위치함.

528 서회(敍懷): 품은 생각을 풀어 말함.

집하인	진원이가	집하인	진원이가
馬頭에	納拜하고	마두에	납배[529]하고
家書을	올이거날	가서[530]를	올리거늘
반가이	ᄯᅨ여보니	반가이	떼어보니
家人에	만단셜화	가인의	만단설화(萬端說話)[531]
엇지다	마을하라	어찌 다	말을 하랴
行資가	不足하야	행자[532]가	부족하여
길에셔	굴물가바	길에서	굶을까봐
셰군이	염여하야	세군(細君)[533]이	염려(念慮)하여
ᄑᆡ물을	보나구나	패물(佩物)을	보냈구나
옛편ᄂᆡ	앗기는ᄀᆡ	여편네	아끼는 것
이거시	졔일인ᄃᆡ	이것이	제일(第一)인데
이거셜	보닐젹에	이것을	보낼 적에

529 납배(納拜): 웃어른에게 절하고 뵘.

530 가서(家書): 자기 집에서 오거나 자기 집에 보내는 편지.

531 만단설화(萬端說話): 온갖 이야기.

532 행자(行資): 노자. 먼 길을 떠나는 데 드는 비용.

533 세군(細君): 아내, 처.

이마암	오작하라	이 마음	오죽하랴
굶기로	말을ᄒᆡ도	굶기로	말을 해도
얼마보탐	안댈게오	얼마 보탬	안될 게오
ᄋᆡ셕한	그마암이	애석(哀惜)한	그 마음이
平生한이	될터이라	평생 한(恨)이	될 터이라
路中에	答못하고	노중에	답 못하고
인하여	환송하니	인하여	환송(還送)하니
진원이	하즉ᄭᅳᆺᄒᆡ	진원이	하직(下直) 끝에
눈물이	회포로다	눈물이	회포(懷抱)로다
넉업난	등신갓치	넋 없는	등신같이
마상에	붓쳐안자	마상(馬上)에	붙어 앉아
그력져력	ᄌᆡ을너머	그럭저럭	재를 넘어
장임졈	슉소하고	장림점(長林店)[534]	숙소(宿所)하고
이거시	어ᄃᆡᄆᆡᆫ야	이곳이	어디메냐
忠靑道	丹陽이라	충청도	단양이라

534 장림(長林): 충청북도 단양군 대강면 장림리.

머려졋ᄂᆡ	머려졋ᄂᆡ	멀어졌네	멀어졌네
禮安山川	머려젼네	예안산천	멀어졌네
가리엿다	가리엿다	가리었다	가리었다
竹嶺ᄌᆡ가	가리엿다	죽령재가	가리었다
ᄉᆡᆼ각하야	쓸ᄃᆡ업고	생각하여	쓸 데 없고
ᄋᆡ을써써	쓸ᄃᆡ업ᄂᆡ	애를 써서	쓸 데 없네
아셔라	마라무나	아서라	말려무나
잇기만	못하구나	잊기만	못하구나
忠靑道	다지나고	충청도	다 지나고
京畿道	드려셔셔	경기도	들어서서
이짓퇴	길이업다	이 재퇴(岾堆)[535]	길이 없다
光州山城	되을도라	광주산성[536]	뒤를 돌아
漢江上流	미음진을	한강 상류	미음진[537]을

535 재퇴(岾堆): 고개.

536 광주산성(廣州山城): 신라 문무왕 때 축성되고 고려시대에 일장성(日長城, 혹은 晝長城)이라 불렸던 오늘의 남한산성(南漢山城).

537 미음진: 미호진(渼湖津)인 듯, 미호진은 현재 남한강과 북한강이 만나는 양수리를 지나 팔당과 미사리를 거쳐 왕숙천(王宿川)이 한강에 합류하는 지점인 강동대교 직전에 있었으며, 여기서 한강을 조금 더 내려가면

간신이	건너가니	간신히	건너가니
江水난	도도하고	강수는	도도(滔滔)하고
靑山은	호호한ᄃᆡ	청산은	호호(浩浩)[538]한데
雲間에쓴	기력이	운간에 뜬	기러기
갈ᄃᆡ난	외무렷노	갈대는	왜 물었노
그물을	피하라나	그물을	피하라나[539]
지혜사	잇건만은	지혜(知慧)는	있건마는
우연이	닷친ᄋᆡᆨ을	우연히	닥친 액(厄)을
지혜로	못면하야	지혜(知慧)로	못 면(免)하여
말문이	걸여구나	말문[540]이	걸렸구나
어망에	걸여구나	어망(漁網)에	걸렸구나
장부에	ᄂᆡ지혜도	장부(丈夫)의	내 지혜(知慧)도
너만은	하것만은	너만은	하건마는

광진(광나루)과 송파진, 한강진에 도달함.

538 호호(浩浩): 넓고 큰 모양.

539 피하라나: '피하려고 하나'의 줄임말.

540 말문(門): 말을 할 때 여는 입.

오늘날	이거름이	오늘날	이 걸음이
世上그물	걸이엿ᄂᆡ	세상 그물	걸리었네
법에상코	나문간장	법(法)에 상(傷)코	남은 간장(肝腸)
城內에	들기시려	성내에	들기 싫어
東小門밧	너른사장	동소문[541] 밖	넓은 시장
슈음밋ᄒᆡ	혼자안자	수음(樹陰) 밑에	혼자 앉자
하인만	드려보ᄂᆡ	하인만	들여보내
족하을	알게하고	조카를	알게 하고
반촌에	잇난사람	반촌(班村)[542]에	있는 사람
일가친쳑	만컨만은	일가친척(一家親戚)	많건마는
오즘에	되여보니	오줌에	데어 보니
닝슈에도	겁이나고	냉수(冷水)에도	겁이 나고

541 동소문(東小門): 서울 동소문. 조선 시대 도성(都城) 동북쪽에 있던 작은 문으로, 강원도, 함경도 쪽으로 갈 때 지나던 문. 서울 팔대문(八大門) 가운데 하나로, 홍화문(弘化門)이라고도 했는데, 성종 14년(1483) 창경궁의 동문을 홍화문이라 하면서, 양쪽 문의 이름이 혼동된다 하여 중종 6년(1511)에 혜화문(惠化門)으로 개칭함.

542 반촌(班村): 성균관의 사역인(使役人)들이 거주하던 성균관 동·서편에 있던 동네.

밋고셔 쓰든독기 믿고서 쓰던 도끼
발등도 씩켜보ᄂᆡ 발등도 찍혀 보네

일가도 못미덥고 일가(一家)도 못 미덥고
친쳑도 못미더워 친척(親戚)도 못 미더워

아무도 기별말고 아무도 기별(奇別) 말고
가만이 가려하나 가만히 가려 하나

쳐남에 창질씨야 처남(妻男)에 창칠[543]씨야
혈마나 엇더하랴 설마(나) 어떠하랴

족하을 차즈라고 조카를 찾으려고
거기기별 하엿던니 거기 기별(奇別) 하였더니

정벽한 주인잡고 정별(情別)한[544] 주인(主人) 잡고[545]

---

543 창칠: 정동기(鄭東箕), 1825-1905. 자는 창칠(蒼七), 호는 남야(藍墅). 운포의 처남. 1865년 진사시에 입격한 뒤, 음사(蔭仕)로 참봉과 부사 역임.
보국우근지(報國憂勤志) 마음은 나라를 위하고 근심하지만
포관궁노해(抱關窮老骸) 몸은 관문이나 지키는 궁한 노인
하시잠공합(何時簪共盍) 언제쯤이면 재빨리 함께 모일까
원물양신괴(願勿良辰乖) 좋은 시절은 어그러지지 말았으면.
이중린, 『운포유고(雲圃遺稿) (天)』. <화정침랑창칠동기현기운(和鄭寢郎蒼七東箕見寄韻)>중 발췌.

544 정별(情別)한: 특별히 정을 내는.

그여이	드오라ᄂᆡ	기어이	들오라네
마지못히	드려가셔	마지못해	들어가서
하로밤	지ᄂᆡ치니	하룻밤	지나치니
그력져력	소문나셔	그럭저럭	소문(所聞) 나서
일가친쳑	차자왓ᄂᆡ	일가친척(一家親戚)	찾아 왔네
날잡든	사람ᄇᆡᆨ졍	날 잡던	사람 백정
그즁에	잇건만은	그 중에	있건마는
분명한	형젹업고	분명(分明)한	형적(形迹) 없고
쏙쏙이도	모을바에	똑똑히도	모를 바에
외면슈습	안이할가	외면수습(外面收拾)	아니할까
분분이	모여드려	분분(紛紛)[546]히	모여들어
치위하는	그소리가	치위(致慰)하는	그 소리가
골육지졍	못하잔아	골육지정(骨肉之情)[547]	못지않아
도ᄃᆡ쳬	감사함을	도대체	감사(感謝)함을

545 주인 잡고: 주인이 잡고.

546 분분(紛紛): 떠들썩하고 뒤숭숭함, 의견 등이 갈피를 잡을 수 없이 많고 어수선함.

547 골육지정(骨肉之情): 가까운 혈족 사이의 정분.

물졍을 드려보니 물정(物情)[548]을 들어보니
ᄒᆡᄇᆡ난 가망업ᄂᆡ 해배(解配)는 가망(可望) 없네

갈길을 가고마제 갈 길을 가고 말지
당일유련 부질업다 당일유련(當日留連)[549] 부질없다

과군에 치ᄒᆡᆼ편에 과군(科軍) 의[550] 치행(治行)편에
家書을 붓치고셔 가서를 부치고서

인하여 발ᄒᆡᆼ하여 인(因)하여 발행(發行)하여
北道을 向ᄒᆡ갈졔 북도[551]를 향해 갈 제

큰죄에 범한다시 큰 죄(罪)를 범한 듯이
명산은 부질업다 명산(名山)은 부질없다

遠村에 寧海令과 원촌[552]에 영해령[553]과
愚山에 권쳔필은 우산[554]에 권천필은

---

548 물정(物情): 세상의 이러저러한 실정이나 형편.

549 유련(留連): 차마 떠나지 못함.

550 과군(科軍): 과거꾼, '과유(科儒)'를 낮잡아 이르는 말.

551 북도(北道): 유배지인 관북을 의미.

552 원촌(遠村): 안동 진성 이씨 원촌 마을.

553 영해령(寧海令): 영해의 현령을 지낸 사람. 영해는 지금의 경상북도 영덕군.

554 우산(愚山): 경상북도 상주.

광이교	다리목에	광이교[555]	다리목[556]에
인하여	作別하고	인(因)하여	작별하고
鄭參奉	창칠씨와	정참봉	창칠[557]씨와
사어族叔	계조씨와	사의(司議)[558] 족숙	계조[559]씨와
敎理族兄	운경씨와	교리(校理)[560] 족형[561]	운경(運卿)[562]씨와

---

555 광이교: 광나루. 서울특별시 광진구 광장동에 있었던 나루터.

556 다리목: 다리로 들어서는 어귀.

557 창칠: 각주 543 참조.

558 사의(司議): 정오품의 벼슬.

559 계조: 이만윤(李晚胤) 1834-?. 자는 계조(繼祖), 호는 좌산(左山). 1865년 생원시 합격하였으며, 현령(정오품) 및 진사직 임함.

560 교리(校理): 집현전, 홍문관, 교서관, 승문원 따위에 속하여 문한(文翰)의 일을 맡아보던 문관 벼슬. 정오품 또는 종오품. 원문의 교리(敎理)는 교리(校理)의 오자인 듯.

561 족형(族兄): 성과 본이 같은 일가 가운데 유복친 안에 들지 않는, 같은 항렬의 형뻘이 되는 남자.

562 운경(運卿): 이중두(李中斗). 본관은 진보(眞寶), 자는 운경(運卿), 호는 소계(素溪). 부친은 이만백(李晚栢)으로 안동 예안에서 출생하였음. 1874년 증광시 생원 3등 14위로 합격. 1880년 증광시 병과 50위로 문과 급제 후, 관직은 교리(校理)·수찬(修撰)·부사과(副司果)·좌통례(左通禮)·응교(應敎)·병조참지(兵曹參知)·부호군(副護軍)·좌우부승지(左右副承旨) 등을 두루 역임하고 이조참의(吏曹參議)에 재직하던 중 고향으로 돌아감. 경술국치 뒤부터는 고향에서 학문에 전념하며 은거 생활을 함.

法田族姪	덕연이와	법전[563] 족질[564]	덕연이와
玉山에	鄭외슈넌	옥산[565]에	정외수는
東小門박	짜라나와	동소문 밖	따라 나와
잘가그라	잘잇그라	잘 가거라	잘 있거라
쳔연이	作別하니	천연(天然)히[566]	작별하니
山川도	셔려질쑨	산천도	설어질[567] 뿐
故鄕사람	머려지닉	고향 사람	멀어지네
如狂如醉	써난심사	여광여취[568]	떠난 심사(心思)
갈바이	젼혀업닉	갈 바가	전혀 없네
우리임	게신곳과	우리 님	계신 곳과
일가친쳑	모인고지	일가친척(一家親戚)	모인 곳이

563 법전(法田): 봉화 법전면. 동쪽으로 소천면(小川面), 서쪽으로 봉성면(鳳城面), 남쪽으로 명호면(明湖面), 북쪽으로 춘양면(春陽面)과 접함.

564 족질(族姪): 한 일가(一家)로서 동종(同宗)·유복친(有服親) 안에 들지 않는 조카뻘의 항렬(行列)이 되는 사람.

565 옥산(玉山): 의성, 상주, 영천 등에 옥산이라는 지명이 확인됨.

566 천연(天然)히: 겉으로 아무렇지도 않은 듯.

567 설어지다: 설다. 낯설고 익숙하지 못하게 되다.

568 여광여취(如狂如醉): 미친 듯도 하고 취한 듯도 하다는 뜻으로, 이성을 잃은 상태를 비유적으로 이르는 말.

이곳과	갓틀터에	이곳과	같을 터에
이좃차	셔려지ᄂᆡ	이조차	설어지네
되어이ᄌᆡ	너머셔니	되어이재	넘어서니
다시곰	눈물이라	다시금	눈물이라
三角山	도봉산을	삼각산[569]	도봉산(道峰山)[570]을
차례로	지ᄂᆡ치니	차례로	지나치니
심회가	좃케되면	심회(心懷)가	좋게 되면
구경도	되련만은	구경도	되련마는
二十里	게오가셔	이십 리	겨우 가서
이령부	즁화하고	이령부[571]	중화(中火)[572]하고

569 삼각산(三角山): 삼각산(三角山)은 북한산의 핵심을 이루고 있는 산봉으로서 백운대(白雲臺), 인수봉(人壽峰), 만경대(萬鏡臺)로 구성되어 있음.

570 도봉산(道峰山): 서울특별시 도봉구와 경기도 양주시, 의정부시의 접경지대에 있는 산.

571 이령부: 우이령(牛耳嶺)을 가리키는 듯, 서울특별시 도봉구 쌍문동과 강북구 우이동을 연결하는 고개. 소귀 고개, 쇠귀 고개, 우이동 고개 등으로 불림. 쌍문동의 보문사라는 사찰 뒤에 소의 귀 같이 생긴 바위가 있다는 데서 우이령이라 불렀음. 『지명 총람(地名總覽)』에서 쌍문동의 우이령을 확인할 수 있음.

심기도	불평하고	심기(心氣)도	불평(不平)[573]하고
사지을	묵는다시	사지(四肢)[574]를	묶는 듯이
한젼이	절노나ᄂᆡ	한전(寒戰)[575]이	절로 나네
큰병은	염여안코	큰 병(病)은	염려(念慮) 않고
감기로	역여던니	감기로	여겼더니
졈졈이	침즁하여	점점(漸漸)이	침중(沈重)[576]하여
날마다	더ᄒᆡ가네	날마다	더해가네
行資난	주려가고	행자는	줄어가고
압길은	멀고먼ᄃᆡ	앞길은	멀고 먼데
인심은	박악하야	인심(人心)은	박악(薄惡)[577]하여
쥬막놈	구박하네	주막 놈	구박하네
조리을	하려ᄒᆡ도	조리(調理)[578]를	하려 해도

572 중화(中火): 길을 가다가 중도에서 지어 먹는 점심.

573 불평(不平): 마음이 편치 않음.

574 사지(四肢): 두 팔과 두 다리. 사체(四體).

575 한전(寒戰): 오한(惡寒)이 심하여 몸이 몹시 떨림.

576 침중(沈重): 병세가 위독함.

577 박악(薄惡): 됨됨이가 변변치 못하고 아주 고약함. 각박하고 모짐.

578 조리(調理): 건강이 회복되도록 몸을 닦고 보살핌.

사세에 할일업셔 사세(事勢)[579]에 하릴없어

졍신만 일치말고 정신(精神)만 잃지 말고
강병을 하자하야 강병(强病)[580]을 하자 하여

나지면 억지씨고 낮이면 억지 쓰고
밤이면 고통하ᄂᆡ 밤이면 고통(苦痛)하네

鐵原ᄯᅡ 종송졍에 철원[581]땅 종송정[582]에
간신이 닷쳐가니 간신히 닥쳐가니

다리팔 쓸수업셔 다리팔 쓸 수 없어
말탈길 할일업ᄂᆡ 말 탈 길 하릴없네

즁한싹에 교군ᄂᆡ야 중(重)한 삯에 교군(轎軍)[583] 내어
평강ᄯᅡ 지ᄂᆡ다가 평강(平康)[584]땅 지나다가
우연이 바라보니 우연히 바라보니

---

579 사세(事勢): 일이 되어가는 형세.
580 강병(强炳): 병을 무릅씀.
581 철원(鐵原): 강원도 철원.
582 종송정: 미상. 철원의 동송인 듯.
583 교군(轎軍): 가마를 메는 사람.
584 평강(平康): 강원도 평강군.

어느젹 옛날산셩 어느 적 옛날 산성(山城)[585]
기친터 완연항에 끼친 터 완연(宛然)[586]함에[587]

乞人다려 무려보니 걸인에게 물어보니
궁예에 셩이라ᄃᆡ 궁예(弓裔)의 성(城)이라대

궁예가 누길넌고 궁예(弓裔)가 누굴런고
ᄐᆡ봉군 임군이라 태봉국(泰封國)[588] 임금이라

흉악하고 몹스기가 흉악(凶惡)하고 몹쓰기가
걸쥬와 더하여셔 걸주(桀紂)[589]보다 더하여서

---

585 산성(山城): 위치상 보가산성(堡架山城) 또는 명성산성일 가능성이 높음. 보가산성(堡架山城)은 보개산성 또는 궁예왕대각대성지라고도 불림. 이러한 산성은 궁예가 자기의 부하 장군이었던 왕건에 쫓길 때 왕건과 싸운 성터라고 전해짐. 『삼국사기』 및 『고려사』는 궁예가 미복차림으로 도망치던 중에 해를 입어 죽었다고 되어 있으나, 민간의 전승에서는 궁예가 철원의 보개산성, 명성산성, 운악산성 등에서 왕건에 맞서 상당기간 항전을 벌이다 죽었다고 전함.

586 완연(宛然): 눈에 보이는 것처럼 아주 뚜렷함.

587 함에: 하기에.

588 태봉국(泰封國): 후삼국 시대의 왕조국가. 901년 궁예(弓裔)에 의해 건국되어 918년 왕건(王建)에게 멸망할 때까지 18년간 존속한 나라. 신라·후백제와 더불어 후삼국을 정립했으며, 후고(구)려 또는 마진(摩震)이라고도 함.

589 걸주(桀紂): 하(夏)나라의 걸(桀)과 은(殷)나라의 주(紂). 천하 고금의 포악한 임금을 대표함.

만고에	영웅자쳐	만고(萬古)에	영웅자처(英雄自處)
무셔운게	업다더니	무서운 게	없다더니
일국에	인심일어	일국(一國)[590]에	인심(人心) 잃어
ᄇᆡᆨ셩으게	마자쥭어	백성(百姓)에게	맞아 죽어
三防ᄭᅩᆯ	깁흔고ᄃᆡ	삼방[591]골	깊은 곳에
돌무덤이	되단말가	돌무덤이	되단 말가
앗갑다	ᄐᆡ봉군아	아깝다	태봉군(泰封君)아
당ᄃᆡ멸망	가이업다	당대(當代) 멸망(滅亡)	가이없다
인신쳔명	두려하여	인심천명(人心天命)	두려하여[592]
조심곳	하엿스면	조심(操心) 곧[593]	하였으면
ᄐᆡ봉이	젹다ᄒᆡ도	태봉(泰封)이	작다 해도
山川이	험조하야	산천이	험조(險阻)[594]하여

---

590 일국(一國): 한 나라. 온 나라.

591 삼방(三防): 강원도 평강에서 안변으로 향하는 경원선 길목에 삼방협(三防峽)이란 지명이 있음. '상(上)·중(中)·하방(下防)'을 합한 말인데 북방의 적을 막은 천혜의 협곡. 조선 말기 지도인 '청구도(靑邱圖)'를 보면 바로 이 삼방협 '중방'에 궁예왕의 묘가 표시되어 있음.

592 두려하여: '두려워 하여'의 줄임말.

593 조심 곧: 여기서의 '곧'은 강조의 의미를 지니는 표현.

594 험조(險阻)하다: 지세가 가파르거나 험하여 막히거나 끊어져 있다.

금탕갓치	구든나라	금탕(金湯)[595]같이	굳은 나라
千百年을	젼할거셜	천백 년을	전할 것을
일시욕심	못이겨셔	일시(一時) 욕심(慾心)	못 이겨서
유취말연	되단말가	유취만년(遺臭萬年)[596]	되단 말가
유수도	틔봉소리	유수(流水)도	태봉(泰封) 소리
졔조도	틔봉소리	제조(諸鳥)[597]도	태봉(泰封) 소리
음음한	일편고셩	음음(陰陰)[598]한	일편고성(一片古城)[599]
임자업시	닉버려셔	임자 없이	내버려서
밧가는	져농부가	밭 가는	저 농부(農夫)가
이랴져랴	하는구나	이랴저랴	하는구나
三防골	바릭보와	삼방골	바라보아
소문을	드려보니	소문(所聞)을	들어보니

595 금탕(金湯): 금성탕지(金城湯池)의 준말. 매우 튼튼하고 잘된 성지(城池).

596 유취만년(遺臭萬年): 냄새가 만 년에까지 남겨진다는 뜻으로, 더러운 이름을 영원히 장래에까지 남김.

597 제조(諸鳥): 온갖 새.

598 음음(陰陰): 습기가 차고 축축함.

599 일편고성(一片古城): 한 조각의 옛 성. 성의 일부분.

火賊이	자심하야	화적[600]이	자심(滋甚)[601]하여
힝인이	못됩긴다	행인(行人)이	못 다닌다
평가안변	두고을에	평강 안변(安邊)[602]	두 고을에
포군을	갓다두어	포군(砲軍)[603]을	갖다 두어
힝긱을	호송하나	행객(行客)을	호송(護送)[604]하나
져놈들	유셰하야	저놈들	유세(有勢)[605]하여
馬上과	보힝군에	마상과	보행군(步行軍)에
노식칙줄	힝악하니	노새챗줄	행악(行惡)[606]하니
이놈도	도젹이오	이놈도	도적(盜賊)이오
져놈도	도젹이라	저놈도	도적(盜賊)이라
온셰상	가린거시	온 세상	가린 것이
모도도젹	안이온가	모두 도적(盜賊)	아니온가

600 화적(火賊): 남의 재물을 마구 빼앗으며 행패를 부리고 돌아다니는 무리.

601 자심(滋甚): 더욱 심하다.

602 안변(安邊): 현 함경남도 안변군. 예전에는 강원도였음.

603 포군(砲軍): 포(砲)를 장비(裝備)한 군사.

604 호송(護送): 목적지까지 보호하여 운반함. 죄인들을 감시하면서 데려감.

605 유세(有勢): 세력이 있음. 자랑삼아 세도를 부림.

606 행악(行惡): 험상스럽고 모진 짓을 함.

안변ᄯᅡ	용주원이	안변(安邊)땅	용지원(龍池院)[607]이
신의왕후	사든ᄃᆡ라	신의왕후(神懿王后)[608]	살던 데라
고젹도	잇슬게요	고적(古蹟)[609]도	있을 게오
게산도	좆컨만은	계산(溪山)도	좋건마는
병셰가	침즁하야	병세(病勢)가	침중(沈重)하여
유이탐상	못하엿ᄂᆡ	유이탐상(遊而探賞)[610]	못 하였네
병든지	七八日에	병든 지	칠팔 일에
하로조리	못ᄒᆡ보니	하루 조리(調理)	못해보니
원기야	잇건만은	원기(元氣)야	있건마는
병기야	오작하랴	병기(病氣)야	오죽하랴
족하종놈	ᄋᆡ을쎠쎠	조카 종놈	애를 써서
밤잠을	못자고셔	밤잠을	못 자고서

607 용지원(龍池院): 함경남도 안변 용지원.

608 신의왕후(神懿王后): 1337-1391. 조선 태조의 첫 아내로 정종과 태종의 생모. 본관은 안변(청주)로 안천부원군 한경과 삼한국대부인 신씨의 딸. 태조 이성계가 조선을 개국하여 왕으로 등극하기 1년 전인 1391년에 지병인 위장병이 악화되어 사망하였음.

609 고적(古蹟): 남아 있는 옛 물건이나 건물. 옛 물건이나 건물이 있던 터.

610 유이탐상(遊而探賞): 경치 좋은 곳을 찾아 즐기며 놂.

遠近問藥	藥을지어	원근문약[611]	약을 지어
지극히	권컨만은	지극히	권(勸)컨마는[612]
ᄂᆡ집에	잇셧스면	내 집에	있었으면
집사람	오직할가	집사람	오죽할까
미음이	느질셰라	미음이	늦을세라
바람을	쓰일셰라	바람을	쐬일세라
동동촉촉	ᄯᅥ밧드려	동동촉촉(洞洞囑囑)[613]	떠받들어
수이낫ᄀᆡ	하련만은	쉽게 낫게	하련마는
遠客이	고향가듯	원객[614]이	고향 가듯
오라난곳	잇난다시	오라는 곳	있는 듯이
重病에	불기힝사	중병에	불기행사(不期幸事)[615]
불피풍우	왼일인고	불피풍우(不避風雨)[616]	웬일인고
남산쥬막	다다려셔	남산 주막	다다라서

611 원근문약(遠近問藥): 가깝고 먼 곳에서 약을 구함.

612 권컨마는: '권하건마는'의 줄임말.

613 동동촉촉(洞洞囑囑): 매우 공경(恭敬)하고 삼가여 조심스러운 모양.

614 원객(遠客): 먼 곳에서 온 손님.

615 불기행사(不期幸事): 다행한 일을 기약치 못함.

616 불피풍우(不避風雨): 바람과 비를 피하지 못함.

夕後에　　혼미하야　　석후에　　혼미(昏迷)[617]하여

두돌젼에　　失母한것　　두돌 전에　　실모한 것
다셧찌ᄯᆞᆯ　　후경이라　　다섯째 딸　　후경이라[618]

불상이　　키우기로　　불쌍히　　키우기로
마암에　　빅켜던니　　마음에　　박혔더니

허심즁　　하난마리　　허심(虛心)[619] 중　　하는 말이
후경아　　보고져라　　후경아　　보고져라[620]

---

617 혼미(昏迷): 정신이 헛갈리고 흐리멍덩함.

618 연안인 이병성(李炳星)에게 시집갔다는 기록이 남아 있음.
'이 딸은 태어나 2년이 되지 않아 어미를 잃었으니 고고하여 여러 속내를 잊기 어렵다.(此女 生未二度失母 苦孤不能忘諸懷)'
인정애소자래상(人情愛少自來常) 어린 딸 사랑하는 인정은 원래 늘 그랬었지만,
황시교제실모낭(況是佼提失母娘) 하물며 어여쁜 너는 어미를 일찍 잃었네.
연이유시옹작악(憐爾幼時翁作惡) 가엾게도 네가 어릴 적 아비는 나쁜 일을 저질러,
염옹이포이난망(念翁離抱爾難忘) 이별의 시름을 생각하니 너를 잊기 어렵네.
이중린, 『운포유고(雲圃遺稿) (天)』 <오녀(五女)>중 발췌.

619 허심(虛心): 텅 빈 마음.

620 보고져라: 보고 싶구나.

口不絶聲	하는소리	구부절성[621]	하는 소리
겻ᄒᆡ사람	오작할가	곁에 사람	오죽할까
족하종놈	三奴主가	조카 종놈	삼노주[622]가
목놋코	우렷ᄃᆡ도	목 놓고	울었대도
그거션	몰나듯고	그것은	몰라 듣고
졍신아조	업셔다ᄃᆡ	정신 아주	없었다대
그날밤	鷄鳴후에	그날 밤	계명 후에
우연이	졍신ᄭᆡ쳐	우연히	정신 깨쳐
窓前에	明月빗과	창전에	명월 빛과
窓下에	玉溪聲이	창하에	옥계성[623]이
괴ᄭᆡ치고	눈이ᄯᅬ여	귀 깨치고	눈이 뜨여
詩興이	어셔나노	시흥이	어서[624] 나노
허심을	ᄭᅳᆺ친후에	허심(虛心)을	그친 후에
絶句一首	지엿구나	절구 일수	지었구나

---

621 구부절성(口不絶聲): 입에서 소리가 끊이지 않음.

622 삼노주(三奴主): 세 명의 노주(奴主), 조카 윤호, 종 칠복, 상용.

623 옥계성(玉溪聲): 옥과 같이 맑은 물이 흐르는 시내물의 소리.

624 어서: '어디서'의 줄임말.

丙戌四月　初八日에　병술사월[625]　초팔일에
元山을　다다랏ᄂᆡ　원산[626]을(에)　다다랐네

우리나라　큰포구에　우리나라　큰 포구(浦口)[627]에
큰도방　이르기을　큰 도방(都方)[628]　이르기를

은진은　강셩이오　은진(恩津)[629]은　강경(江景)[630]이오
창원은　마산포라　창원(昌原)[631]은　마산포(馬山浦)[632]라

---

625 병술사월(丙戌四月): 1886년 고종 23년 4월.

626 원산(元山): 함경남도 남부의 영흥만에 위치한 항구도시. 북동쪽에는 호도반도(虎島半島)가 길게 뻗어 송전만(松田灣)을 둘러싸고 있고, 남동쪽은 갈마반도(葛麻半島)가 돌출해 덕원만(德源灣)을 형성하며, 북서쪽은 문천군, 남서쪽은 안변군과 접하고 있음.

627 포구(浦口): 조선 후기에 상업중심지로서 새로이 돋보이는 곳은 포구였음. 연해안이나 큰 강 유역에 마련된 포구는 선상의 활동이 두드러지면서 전국 각지의 포구를 하나로 이어 주면서 전국적인 상업기지로 발돋움하였음.

628 도방(都方): 도시. 경상도 방언.

629 은진(恩津): 충청남도 논산시에 있는 옛 읍. 농산물 집산지.

630 강경(江景): 충청남도 강경읍 북옥동에 있는 금강의 나루터. 이곳은 천혜의 내륙항으로 수운의 발달과 더불어 1930년대까지 금강 하구의 관문으로 서해를 통하여 들어오는 농산물, 해산물의 집산지.

631 창원(昌原): 경상남도 창원.

632 마산포(馬山浦): 경상남도 마산에 있는 포구. 1899년 개항.

慶州에	포항이오	경주[633]에	포항(浦項)[634]이오
羅州에	법상포라	나주[635]에	법성포(法聖浦)[636]라
덕원에	元山포라	덕원(德源)[637]에	원산포(元山浦)[638]라
八道에	소문낫닉	팔도에	소문났네
하물며	十餘年에	하물며	십여 년에
靑館倭館	洋人館을	청관왜관	양인관을
物貨을	버려스니	물화를	벌였으니[639]
구경이	잇건만은	구경이	있건마는
원슈에	병이드려	원수(冤囚)[640]에	병(病)이 들어
볼길이	젼혀업다	볼 길이	전혀 없다

---

633 경주(慶州): 경상북도 경주.

634 포항(浦項): 경상북도 포항.

635 나주(羅州): 전라남도 나주.

636 법성포(法聖浦): 전라남도 영광군 법성면 법성리에 있는 포구.

637 덕원(德源): 함경북도 덕원.

638 원산포(元山浦): 1180년 개항. 강원도 북부 원산만 서남쪽 연안에 위치한 무역항구.

639 벌였으니: 벌이다. 일을 계획하여 시작하거나 펼쳐 놓다.

640 원수(冤囚): 억울한 누명을 쓴 죄수.

강병하난	쎄움버릇	강병(强病)하는	씨움[641] 버릇
밤자고	ᄯᅥ나라니	밤 자고	떠나려니
족하와	종것들언	조카와	종것들은
ᄂᆡ셩졍	본ᄃᆡ아라	내 성정(性情)	본데 알아
조리을	하고가자	조리(調理)를	하고 가자
강권을	할수업셔	강권(强勸)[642]을	할 수 없어
主人과	傍觀들게	주인과	방관[643]들게[644]
좌청우촉	하난구나	좌청우촉(左請右囑)[645]	하는구나
主人에	쥬상연과	주인에	주상연[646]과
셔울에	허감찰이	서울에	허감찰(許監察)이
억지로	말유하니	억지로	만류(挽留)하니
허일업시	묵어구나	하릴없이	묵었구나
윤호가	쥬인다려	윤호가	주인(主人)에게

641 씨움: 씨우다, 우기다.

642 강권(强勸): 억지로 하라고 권함.

643 방관(傍觀): 직접 관계하지 아니하고 곁에서 보고만 있음.

644 들게: '~들에게'의 줄임말.

645 좌청우촉(左請右囑): 이리저리 갖은 방법을 다 써 가며 여러 곳에 청함.

646 주상연: 주인의 이름이나 자(字)를 가리키는 듯.

이원을 무려보니 의원(醫院)을 물어보니

셔울셔 와션난ᄃᆡ 서울서 오셨는데
金判書에 再從弟가 김판서의 재종제[647]가

醫術이 高明할쌴 의술이 고명할 뿐
힝셰가 졈잔하여 행세(行勢)가 점잖하여

가셔나 무려보ᄌᆡ 가서나 물어보지
청ᄒᆡ보든 못한다ᄂᆡ 청(請)해보든[648] 못 한다네

윤호가 차자가셔 윤호가 찾아가서
遠客事情 비진하고 원객사정 비진(備盡)[649]하고

강쳥하여 다려다가 강청(强請)하여 데려다가
집ᄆᆡᆨ을 하여보니 집맥(執脈)[650]을 하여보니

노독여ᄋᆡᆨ 젹ᄑᆡ하여 노독여액(路毒旅厄)[651] 적패(積敗)[652]하여

---

647 재종제(再從弟): 육촌 아우.

648 청해보든: '청해보지는'의 줄임말.

649 비진(備盡): 마음과 힘을 있는 대로 모두 씀.

650 집맥(執脈): 병을 진찰하기 위해 손목의 맥을 짚어보는 일.

651 노독여액(路毒旅厄): 먼 길에 지치고 시달리어 생긴 피로나 병.

652 적패(積敗): 실패나 패배를 거듭한다는 뜻으로, 몹시 지쳐 있음을 이르는 말.

시기난	안이라도	시기(時機)는	아니라도
ᄃᆡ제난	쓸수업고	대제(大劑)[653]는	쓸 수 없고
독삼탕을	쓰라하ᄂᆡ	독삼탕(獨蔘湯)[654]을	쓰라 하네
元山이	大處라도	원산이	대처라도
人參이	업다하네	인삼이	없다 하네
셔울셔	드려보니	서울서	들어보니
덕원보사	이즁화가	덕원(德源) 부사(副使)	이중하(李重夏)[655]가
ᄂᆡ일롬	안다하기	내 이름	안다 하기
ᄉᆡᆼ각다가	할일업셔	생각다가	하릴없어

---

653 대제(大劑): 큰 약제.

654 독삼탕(獨蔘湯): 인삼을 넣어서 달여 만든 탕약. 병이 매우 위태할 때에 씀

655 이중하(李重夏): 1846-1917. 본관은 전주(全州). 자는 후경(厚卿), 호는 규당(圭堂)·탄재(坦齋). 1885년 안변부사(安邊府使)로서 토문감계사(土門勘界使)가 되어 청나라와의 국경분쟁 해소에 노력했으나 양국의 견해차로 실패함. 그 후 덕원부사(德源府使)를 거쳐 참의교섭통상사무(參議交涉通商事務), 충청도 암행어사, 협판교섭통상사무(協辦交涉通商事務), 공조참의(工曹參議), 김홍집(金弘集) 제 1차 내각의 내무협판(內務協辦), 대구부(大邱府)관찰사, 평안도관찰사, 궁내부특진관(宮內府特進官), 규장각제학 등을 지냄. 1910년 후에는 작잠회사(柞蠶會社)를 설립하기도 함. 저서로는 『규당문집(圭堂文集)』, 『감계전말(勘界顚末)』, 『감계일기(勘界日記)』 등이 있음.

윤호를 보나여셔 윤호를 보내어서
參龍을 求請하니 삼용(蔘龍)[656]을 구청하니

쓰든 것 만치안어 쓰던 것 많지 않아
다셧뿌리 주드라ᄂᆡ 다섯 뿌리 주더라네

사람이 쏙쏙할분 사람이 똑똑할 뿐
그마암 감사하ᄃᆡ 그 마음 감사(感謝)하데

省胃湯 두쳡쓰고 성위탕[657] 두 첩(貼) 쓰고
독삼탕 한번먹어 독삼탕(獨蔘湯) 한 번 먹어

그날밤 지난후에 그날 밤 지난 후에
병셰가 차감잇네 병세(病勢)가 차감(差減)[658] 있네

인마에 六七眷口 인마(人馬)에 육칠권구[659]
四五日 류련하니 사오일 유련(留連)[660]하니

힝ᄌᆡ와 교군싹이 행자(行資)와 교군(轎軍) 삯이

---

656 삼룡(蔘龍): 인삼과 녹용.
657 성위탕(省胃湯): 위를 보호해 주는 탕.
658 차감(差減): 비교하여 줄어든 차이.
659 육칠권구(六七眷口): 6,7명 되는 한 집안 식구.
660 유련(留連): 객지에 묵고 있음.

ᄐᆡᆨ업시	不足이라	털없이	부족이라
말한바리	白木七匹	말 한 마리	백목 칠필(疋)[661]
헐가로	파랏구나	헐가(歇價)로	팔았구나
쏙는거션	고사하고	속는 것은	고사(姑捨)하고
윤호에	고부ᄒᆡᆼᄉᆡᆨ	윤호의	고부행색(苦負行色)[662]
밋망하고	어엽부나	민망(憫惘)하고	어여쁘나[663]
사셰에	하일업셔	사세(事勢)에	하릴없어
轎軍하나	셰을ᄂᆡ야	교군(轎軍) 하나	세(貰)를 내어
칠복이와	메엿쎤니	칠복이와	메었더니
미운들	중화우에	미(이)운들	중화(中火) 후에
칠복이가	압푸다ᄃᆡ	칠복이가	아프다대
문쳔짜	업더지니	문천(文川)[664]땅	엎어지니[665]

661 백목(白木): 무명실로 짠 피륙. 필(疋): 일정한 길이로 말아 놓은 피륙을 세는 단위.

662 고부행색(苦負行色): 짐을 지고 있어 몸이 고부라진 행색.

663 어여쁘나: 불쌍하나.

664 문천(文川): 함경남도 문천군.

665 엎어지니: 엎어지다. 원 뜻은 '서 있는 사람이나 물체 따위가 앞으로 넘어지다' 등의 의미이나, 여기서는 '다다르다'는 뜻으로 쓰임.

奴病으로	유쳐하니	노병[666]으로	유처(留處)[667]하니
千里客店	병든ᄋᆡ는	천리객점	병(病)든 이는
奴主가	다름업ᄂᆡ	노주[668]가	다름 없네
부담짝	엽헤노코	부담(負擔)짝[669]	옆에 놓고
길가에	안자스니	길가에	앉았으니
지각업난	마을게집	지각(知覺) 없는	마을 계집
황아장사	이심하야	황아[670] 장사	의심(疑心)하여
北道말노	하는마리	북도말로	하는 말이
져구리쌈	싸ᄀᆡ시오	저고리감	싸 계시오
지ᄂᆡ가난	힝인들은	지나가는	행인(行人)들은
金장신가	이심하여	금 장산가[671]	의심(疑心)하여
부단이	뭇난마리	부단(不斷)히	묻는 말이

666 노병(奴病): 종의 병.

667 유처(留處): 머무름.

668 노주(奴主): 종과 주인.

669 부담(負擔)짝: 부담롱(負擔籠). 옷이나 책 따위의 물건을 담아서 말에 실어 운반하는 작은 농짝.

670 황아: 여러 가지 자질구레한 일용 잡화. 끈목, 담배쌈지, 바늘, 실 따위.

671 금(金)장산가: '금장사인가'의 줄임말.

연흥金店	가옵나	영흥(永興)[672] 금점	가옵나
마암이	쳥고하야	마음이	청고(淸高)[673]하여
ᄌᆡ리이짜	모르든니	재리(財利) 이자(利字)	모르더니
욕경을	보느라니	욕경(辱景)을	보느라고
우슌ᄋᆡᆨ도	보깃구나	우슨[674] 액(厄)도	보겠구나
칠복이	나은후에	칠복이	나은 후에
교군은	할일업셔	교군(轎軍)은	하릴없어
고원읍	싹교군을	고원읍(高原邑)[675]	삯교군(轎軍)을
ᄯᅩ한놈	ᄃᆡ얏고나	또 한 놈	대었구나
셔벽에	손쥰교을	서벽(西壁)[676]에	손준교를
前年에	친ᄒᆡ썬니	전년에	친했더니
그형이	여흥사라	그 형이	영흥 살아

---

672 영흥(永興): 함경남도 영흥. 조선 태조 이성계의 출생지로 금광이 있었음. 1977년에 영흥군에서 금야군으로 이름을 바꾸어, 현재는 함경남도 금야군에 속함.

673 청고(淸高): 사람됨이 맑고 고결함.

674 우슨: '우스운'의 줄임말.

675 고원(高原): 함경남도 고원군.

676 서벽(西壁): 경상북도 봉화군 춘양면 서벽리.

형셰가	좃타하기	형세(形勢)가	좋다하기
ᄂᆡ병도	쾌차찬코	내 병(病)도	쾌차(快差)찮고
복마도	병이드려	복마(卜馬)[677]도	병(病)이 들어
일부로	차자드려	일부러	찾아들어
數日조리	하짓던니	수일 조리(調理)	하쟀더니[678]
기ᄀᆡᆨ이	막심하여	기객(寄客)[679]이	막심(莫甚)하여
페이불견	하는구나	폐이불견(廢而不見)[680]	하는구나
ᄒᆡᆼᄉᆡᆨ이	곤하라니	행색(行色)[681]이	곤(困)하려니
촉쳐에	낭ᄑᆡ로다	촉처(觸處)[682]에	낭패(狼狽)로다
연흥읍	근십이을	영흥읍(永興邑)	근십 리(近十 里)를
셕후에	군보ᄒᆡᆺᄂᆡ	석후(夕後)에	군보(群步)[683]했네
자고나	써나라고	자고나(서)	떠나려고

677 복마(卜馬): 짐을 싣는 말.
678 하쟀더니: '하자 했더니'의 줄임말.
679 기객(寄客): 남의 집에 머무르면서 얻어먹는 손님.
680 폐이불견(閉而不見): 문을 닫고 나와 보지도 않음.
681 행색(行色): 겉으로 드러나는 차림이나 태도.
682 촉처(觸處): 가서 닥치는 곳.
683 군보(群步): 무리지어 걸음.

식차을	무려보니	식차(食次)[684]를	물어보니
北道에	주막풍속	북도에	주막풍속(酒幕風俗)
완상반상	분별잇셔	완상반상(完床半床)	분별(分別) 있어
이원단청	이북에난	이원(利原)[685] 단천(端川)[686]	이북(以北)에는
반상도	하여주나	반상(半床)도	하여주나
이원북청	이남에난	이원(利原) 북청(北青)[687]	이남(以南)에는
완상밧게	아이하네	완상(完床)밖에	아니하네
반상노라	하난것도	반상로(半床盧)[688]라	하는 것도
남도쥬막	온상이오	남도주막(南道酒幕)	온상[689]이오
완상이라	하난바는	완상(完床)이라	하는 바는
셔이먹어	염여업듸	셋이 먹어	염려(念慮)없데
지난곳	밧상갑시	지난 곳	밥상 값이

684 식차(食次): 식단.

685 이원(利原): 함경남도 이원. 조선 정조(正祖) 때 이성현(利城縣)을 고친 이름이며, 고종(高宗) 때 군(郡)이 되었음.

686 단천(端川): 함경남도 단천.

687 북청(北青): 함경남도 북청.

688 반상로(半床盧): 반상(半床)의 밥.

689 온상: 완상(完床).

六七戔	넘잔썬니	육칠전	넘잖더니[690]
이고지	졸지되야	이곳이	절지(絶地)[691]되어
양돈을	달나하ᄂᆡ	양(兩)[692] 돈을	달라 하네
놀납고	고이하여	놀랍고	괴이(怪異)하여
主人불너	무려보니	주인 불러	물어보니
主人이	하난말이	주인이	하는 말이
손임ᄂᆡ	고이마소	손님네	괴이(怪異)마소
시졀탓도	안이옵고	시절(時節) 탓도	아니옵고
인심탓도	안이로셰	인심(人心) 탓도	아니로세
명쳔짜	이용역이	명천(明川)땅	이용익(李容翊)[693]이

---

690 넘잖더니: '넘지 않더니'의 줄임말.

691 절지(絶地): 중심에서 멀리 떨어진 외진 땅.

692 냥: 조선 시대 화폐 단위. 10푼(分)=1전, 10전(錢)=1냥, 10냥(兩)=1관(貫)

693 이용익(李容翊): 1854-1907. 본관은 전주(全州), 자는 공필(公弼), 호는 석현(石峴). 함경북도 명천(明川)에서 가난한 서민의 아들로 태어남. 젊은 시절 부보상(負褓商)으로 전국을 다녔다고 전해짐. 이후 민영익(閔泳翊)을 만나면서 친분을 쌓았고, 1882년(고종 19) 임오군란(壬午軍亂) 때 명성황후(明成皇后)가 장호원(長湖院)으로 피신하자 보발(步撥)로 연락을 취하여 민영익의 신임을 받음. 흥선대원군이 청나라로 압송되고 명성황후가 다시 환궁하자 종9품의 관직인 감역(監役)이 되었고, 1883년 고종

남으종　손자로셔　남의 종　손자(孫子)로서

도망질에　셔울가셔　도망질에　서울 가서
물통장사　하다가셔　물통 장사　하다가서

壬午年　군변후에　임오년　군변(軍變)[694] 후에
민군기　왕ᄂᆡ하야　민군기[695]　왕래(往來)하여
즁젼보위　하신후에　중전보위(中殿保衛)　하신 후에

장후원　부발삭을　장호원(長湖院)[696]　보발(步撥)[697] 삯[697]을

과 명성황후의 신임을 얻어 단천부사(端川府使)로 특진함. 부보상으로 행상을 하면서 금맥을 찾는데 특별한 재주가 있어, 단천에서 발견된 금으로 왕실의 재정을 키우는데 상당한 역할을 하였음. 이런 공로를 인정받아 1885년 북청부사, 1887년 영흥(永興)부사, 함남병마절도사(兵馬節度使)로 임명되었음. 1888년 임지였던 북청 지역에 민란(民亂)이 일어나자 탐관오리로 탄핵받고 나주군(羅州郡: 지금의 新安郡) 지도(智島)에 유배되었으나, 곧 풀려나 강계(江界)부사로 등용되었고, 1891년에는 함남병마절도사에 재차 임명되었음. 후에 일본에 억류되면서 근대화된 문물을 접하고 교육이 나라를 구하는 길이라고 판단, 보성사(普成社) 인쇄소를 차리고 보성학원(普成學院: 지금의 고려대학교, 보성중·고등학교)을 설립하였음. 블라디보스토크로 이동하여 구국운동을 계속하다가 사망함.

694 임오군란(壬午軍亂): 1882년(고종 19) 6월 9일 훈국병(訓局兵)들의 군료분쟁(軍料紛爭)에서 발단해 고종 친정 이후 실각한 대원군이 다시 집권하게 된 정변.

695 민군기: 민영익의 별기군(別技軍)을 지칭하는 듯.

696 장호원(長湖院): 경기도 이천 장호원.

697 보발(步撥): 걸어서 공문(公文)을 전하는 직무(職務)를 맡은 사람. 조선

특별이 쥬시노라 특별(特別)히 주시노라

단쳔府使 졔슈하야 단천(端川)부사 제수(除授)하여
파직을 하엿던니 파직(罷職)을 하였더니
北靑府使 이ᄂᆡ하여 북청부사 이내 하여

연흥ᄯᅡ 금ᄑᆡ원에 영흥땅 금파원(金坡院)[699]에
生金이 만은지라 생금이 많은지라

원노르션 안이하고 원(員) 노릇은 아니하고
ᄎᆡ금하로 와잇셔셔 채금(採金)[700]하러 와 있어서

물가을 도드오니 물가(物價)를 돋우오니
ᄇᆡᆨ물이 ᄇᆡ가로셔 백물(百物)이 배가(倍加)로서

ᄇᆡᆨ셩이 못견ᄃᆡᆯ분 백성(百姓)이 못 견딜 뿐
ᄀᆡᆨ쥬집이 더하오니 객주(客主)집이 더하오니

밥갑셜 되다말고 밥값을 되다[701] 말고

전기에는 급주(急走)들이 담당하던 기능으로, 임진왜란 이후 파발제도가 성립되면서 군정(軍丁)을 차출하여 보발을 담당하도록 함.

698 삯: 공.

699 금파원(金坡院): 함경남도 영흥군(금야군) 덕흥면 금파원리.

700 채금(採金): 금을 캐는 일.

701 되다: 몹시 심하거나 모질다.

ᄎᆡ금을 막아주소 채금(採金)을 막아주소

그말을 드른후에 그 말을 들은 후에
할말이 젼혀업다 할 말이 전혀 없다

엄ᄂᆡ되 다나셔니 읍내 뒤 다 나서니
요흥강이 역에로다 용흥강(龍興江)[702]이 여기로다

연흥에 일흥ᄶᅡ와 영흥(永興)의 일흥자(一興字)와
요흥에 일흥ᄶᅡ가 용흥(龍興)의 일흥자(一興字)가

일홈도 좃컨이와 이름도 좋거니와
엇지하야 그렷턴고 어찌하여 그렇던고

연흥ᄯᅡ 흥셩이에 영흥(永興)땅 흑석리(黑石里)[703]에
ᄐᆡ조大王 탄강하사 태조(太祖)대왕[704] 탄강(誕降)하사[705]

---

702 용흥강(龍興江): 함경남도 고원군 운곡면의 각고산 남쪽에서 발원하여 영흥평야를 관류하며 송전만으로 흘러드는 강. 영흥강이라고도 함.

703 흑석리(黑石里): 함경남도 영흥군(금야군) 순녕면 흑석리. 이곳에 태조와 신의왕후(神懿王后), 그리고 환조(桓祖)와 의혜왕후(懿惠王后)의 위패(位牌)를 모시고 제사를 지내던 사당이자 별궁(別宮)인 영흥본궁(永興本宮)이 있음.

704 태조대왕(太祖大王): 이성계.

705 '환조의 배위(配位)는 의비(懿妃) 최씨(崔氏)이니, 증문하시중(贈門下侍中) 영흥부원군(永興府院君) 시호(諡號) 정효공(靖孝公) 최한기(崔閑奇)

창업을　하시무로　창업(創業)을　하심으로
일흥짜　일홈힛ᄂᆡ　일흥자(一興字)　이름했네

十餘里　너머가니　십여 리　넘어가니
금ᄑᆡ원　ᄎᆡ금쳐라　금파원(金坡院)　채금처(採金處)라
탄강하신　흥셩이라　탄강(誕降)하신　흑석리(黑石里)라

鬼神갓튼　ᄎᆡ금군이　귀신같은　채금(採金)꾼이
千百이　쎄을지어　천백이　떼를 지어

산도파고　물도파고　산도 파고　물도 파고
논도파고　밧도파셔　논도 파고　밭도 파서

산ᄆᆡᆨ도　단졀하고　산맥(山脈)도　단절(斷絶)하고
쳔ᄆᆡᆨ도　단졀하네　천맥(泉脈)도　단절(斷絶)하네

아사라　말야문아　아서라　말려무나
차마한들　어이하라　차마 한들　어이하랴

太祖大王　나신고지　태조대왕　나신 곳이
우리나라　근본이라　우리나라　근본(根本)이라

의 딸이다. 지원(至元) 원년, 고려 충숙왕(忠肅王) 4년(1335) 을해 10월 11일 기미에 태조(太祖)를 화령부(和寧府), 곧 영흥부(永興府) 사제(私第)에서 낳았다.' 『태조실록』 1권.

국ᄆᆡᆨ을 엇지차고 국맥(國脈)을 어쩌자고[706]
근본을 ᄭᅳᆫ탄말가 근본(根本)을 끊단 말가

역젹이 분명한ᄃᆡ 역적(逆賊)이 분명(分明)한데
츙신인체 하는구나 충신(忠臣)인 체 하는구나

씰ᄯᅦ업난 이ᄂᆡ분이 쓸 데 없는 이 내 분(憤)이
강철이 ᄭᅳᆯ난구나 강철(鋼鐵)이 끓는구나

그고졀 지나셔니 그곳을 지나서니
졍평ᄯᅡᆼ이 역에로다 정평(定平)[707]땅이 여기로다

大川이 흐르는ᄃᆡ 대천이 흐르는데
다리마다 완실하고 다리마다 완실(完實)하고

다리을 지난고데 다리를 지난 곳에
곳곳마다 비가셧ᄂᆡ 곳곳마다 비(碑)가 섰네

그비에 ᄉᆡᆨ여쓰되 그 비(碑)에 새겼으되
무어시라 ᄉᆡᆨ여든고 무엇이라 새겼던고

706 어쩌자고: '엇지차고'는 '어찌 하자고'의 줄임말.

707 정평(定平): 함경남도 정평.

경평퇴게 은화월이 정평(定平) 퇴기(退妓)[708] 은하월(銀河月)[709]이
영셰불망 하자힛ᄃᆡ 영세불망(永世不忘)[710] 하자 했대

마암에 이상하야 마음에 이상하여
그곳사람 무려보니 그곳 사람 물어보니

大川이 험악하야 대천이 험악(險惡)하여
힝인이 불편터니 행인(行人)이 불편(不便)터니

은화월이 돈을ᄂᆡ야 은하월이 돈을 내어
곳곳마다 다리노코 곳곳마다 다리 놓고

민간에 돈을펴셔 민간(民間)에 돈을 펴서
ᄒᆡ마다 최식하야 해마다 취식(取息)[711]하여

千百年을 가드라도 천백 년을 가더라도
다리슈칙 하게하니 다리 수칙(守則)[712] 하게 하니

---

708 퇴기(退妓): 이미 퇴물이 된 기생. 지금은 기생이 아니지만, 전에 기생 노릇을 하던 여자를 이르는 말.

709 은하월(銀河月): 정평(定平) 기생. '은하월(銀河月)은 돈을 출연하여 고을 사람들의 역사를 막아 주어, 고을의 촌락에 은하월방역비(銀河月防役碑)가 많았다.' 이유원(李裕元), 『임하필기(林下筆記)』 제26권. <可憐碑>.

710 영세불망(永世不忘): 영구히 잊지 아니함.

711 취식(取息): 이자를 받음.

712 수칙(守則): 규칙을 지킴.

이상하고 기특하다 이상(異狀)하고 기특(奇特)하다
사ᄃᆡ부가 붓그렵다 사대부(士大夫)가 부끄럽다

우리난 사ᄃᆡ부로 우리는 사대부(士大夫)로
경윤을 품어싸가 경륜(經綸)[713]을 품었다가

팔자가 기구하야 팔자가 기구(崎嶇)[714]하여
ᄇᆡᆨ슈을 날이도록 백수(白首)를 날리도록

불상한 져ᄇᆡᆨ셩게 불쌍한 저 백성(百姓)게[715]
덕ᄐᆡᆨ을 못입힌ᄃᆡ 덕택(德澤)을 못 입힌데[716]

너갓튼 하향쳔기 너같은 하향(遐鄕)[717] 천기(賤妓)
지각이 무엇잇셔 지각(知覺)이 무엇 있어

옷잘입고 밤먹으면 옷 잘 입고 밥 먹으면
셰상만 역일터에 세상만 여길 터에

엇지하야 어진마암 어찌하여 어진 마음

---

713 경륜(經綸): 어떤 포부를 가지고 일을 조직하고 계획하는 것 또는 그러한 포부.

714 기구(崎嶇): 세상살이가 순탄하지 못하고 가탈이 많음.

715 백성(百姓)게: '백성에게'의 줄임말

716 못 입힌데: '못 입혔는데'의 줄임말.

717 하향(遐鄕): 중앙에서 멀리 떨어져 있는 지방.

엇지하야	먼져싱겨	어찌하여	먼저 생겨
萬人에	젹션하고	만인에	적선(積善)하고
後世에	유젼하노	후세에	유전(遺傳)하노
近來에	守令方伯	근래에	수령방백
젹악만	하다가셔	적악(積惡)[718]만	하다가서
가만이	돈을주어	가만히	돈을 주어
비셔워	유명하니	비(碑) 세워	유명(有名)하니
져비야	이비바라	저 비(碑)야	이 비(碑) 봐라
붓그렵지	안이한야	부끄럽지	아니하냐
졍평읍	지ᄂᆡ다라	정평읍(定平邑)	지나다라
ᄌᆡ퇴가	둘넌난ᄃᆡ	재퇴(岾堆)가	둘렀는데
하나은	왕슈퇴요	하나는	왕수퇴(王愁堆)요
하나흔	왕낙ᄌᆡ라	하나는	왕락재(王樂岾)라
국초젹	太祖大王	국초(國初)적	태조대왕
창업하로	가실ᄯᆡ에	창업(創業)하러	가실 때에

718 적악(積惡): 못된 일을 많이 하여 죄악을 쌓음.

治國을	엇지할고	치국을	어찌할꼬
근심을	하시기로	근심을	하시기로
근심슈ᄶᅡ	왕슈퇴가	근심 수(愁)자(字)	왕수퇴(王愁堆)가
일렴이	되야잇고	이름이	되어 있고
말연에	젼위하고	말년(末年)에	전위(傳位)[719]하고
이ᄌᆡ에	올나셔셔	이 재에	올라서서
고향이	즐겁다고	고향(故鄕)이	즐겁다고
질길낙ᄶᅡ	왕낙ᄌᆡ가	즐길 낙(樂)자(字)	왕락재(王樂岾)가
일름이	되야ᄯᅡᄃᆡ	이름이	되었다대
남지경	지ᄂᆡ셔셔	남지경(南地境)	지나서서
함흥감영	건너보니	함흥(咸興) 감영(監營)[720]	건너보니
가기는	총총하고	가기(佳氣)[721]는	총총(葱葱)[722]하고
국셰도	조흘시고	국세(國勢)도	좋을시고
ᄇᆡᆨ여리	덜가온ᄃᆡ	백여 리(百餘 理)	들 가운데

---

719 전위(傳位): 왕위를 물려줌.

720 감영(監營): 감사가 직무를 보던 관아.

721 가기(佳氣): 자연의 상서(祥瑞)롭고 맑은 기운.

722 총총(葱葱): 울창함. 푸르고 무성한 모양.

와용산	작국하야	와룡산(臥龍山)[723]	작국(作局)[724]하여
셩쳥강	둘너지고	성천강(城川江)[725]	둘러지고
바다을	압헤난데	바다를	앞에 둔데[726]
萬歲橋	다리모양	만세교[727]	다리 모양
朝鮮에	第一이라	조선에	제일이라
여포지목	덜다리가	연포지목(連抱之木)[728]	널다리가
오리강을	건닉노아	오리강(五里江)[729]을	건너 놓아
넙이가	널너스니	넓이가	넓었으니

---

723 와룡산(臥龍山): 함흥의 반룡산(盤龍山)을 가리키는 듯. 반룡산은 용이 서린듯하다 하여 붙여진 이름. 1977년에 북한 동부의 번영하는 도시 함흥에 있는 산이라는 뜻에서 동흥산으로 개칭되었음.

724 작국(作局): 체격이나 짜임새 따위가 갖추어져 있음.

725 성천강(城川江): 함경남도 금패령(禁牌嶺)에서 발원하여 동해로 흘러드는 강. 함흥평야를 관류하여 동한만으로 흘러 들어감.

726 앞에 둔데: '앞에 두었는데'의 줄임말.

727 만세교(萬歲橋): 함경남도 함흥시 서쪽에서 함흥평야를 관류하는 성천강을 가로질러 가설된 교량. 너비 5.4m, 길이 500m. 고려 말에 함주의 갈한천(㧠罕川)이 해마다 범람하자 특별히 장안세(張安世)가 함주 부사로 임명되어 치수 공사를 완수하면서 목판으로 이 다리를 놓았고, 조선 역대 군주들의 만수무강을 기원한다는 뜻에서 태조가 만세교라 이름하였음.

728 연포지목(連抱之木): 아름드리 큰 나무.

729 오리강(五里江): 5리 넓이의 강.

오마ᄃᆡ도 나갈게오 오마대(五馬隊)[730]도 나갈 게오

놉히가 놉하스니 높이가 높았으니
오장기도 셔울지라 오장기(五丈旗)도 세울지라

멀이셔 바ᄅᆡ보니 멀리서 바라보니
무지ᄀᆡ ᄇᆡᆨ히엿고 무지개 박히었고

가면셔 드려보니 가면서 들어보니
우뢰가 들이인다 우뢰(雨雷)가 들린다

다리일홈 만셰교라 다리 이름 만세교(萬歲橋)라
엇지하야 그렷튼고 어찌하여 그렇던고

太祖大王 登國하사 태조대왕 등국하사
開國하신 기별올졔 개국하신 기별(寄別)올 제

咸興싸 萬百姓이 함흥땅 만백성이
달이에 모여셔셔 다리에 모여서서

西짝으로 향히셔셔 서쪽으로 향해 서서
萬歲萬歲 불너구나 만세만세 불렀구나

---

730 오마대(五馬隊): 마병의 5열 종대 편성.

江左右	슈양버들	강 좌우	수양버들
十里綠陰	쌧쳣는ᄃᆡ	십 리 녹음	뻗쳤는데
불고푸른	졀문게집	붉고 푸른	젊은 계집
물가에	느려안자	물가에	늘어 앉아
빨ᄂᆡ하난	만ᄇᆡᆨ셩이	빨래하는	만백성(萬百姓)이
白鷗을	흣날인듯	백구를	흩날린 듯
南門밧	樹陰過에	남문밖	수음과[731]에
큰길이	터졋는ᄃᆡ	큰 길이	터졌는데
고금에	원감사와	고금(古今)에	원감사(員監使)와
어사에	비각드리	어사(御使)의	비각(碑刻)들이
단쳥이	능난한ᄃᆡ	단청(丹靑)이	능란(凌亂)[732]한데
이자로	쌧쳐잇고	이자(二字)로	뻗쳐 있고
그다음	좌우시졍	그 다음	좌우 시정(左右 市井)
물화을	버려노와	물화(物貨)를	벌여 놓아

731 수음과(樹陰過): 나무 그늘을 지나. (나무 그늘을 지나는데 또는 나무 그늘이 이어져 있는데)

732 능란(凌亂): 순서와 차례가 뒤바뀌어 어지러움.

안목이	어리치ᄀᆡ	안목(眼目)이	어리치게[733]
東門ᄶᅡ지	ᄲᅢᆺ쳐구나	동문까지	뻗쳤구나
우리나라	호사감사	우리나라	호사감사(豪奢監使)
평안감사	일은ᄃᆡ도	평안감사(平安監使)	이른대도[734]
사월八日	咸鏡監使	사월팔일(四月八日)[735]	함경감사
호사가	갸륵하ᄃᆡ	호사(豪奢)가	갸륵하데
太祖大王	거쳐하든	태조대왕	거처(居處)하던
본궁에	봉심하고	본궁(本宮)[736]에	봉심(奉審)[737]하고

733 어리치다: 독한 냄새나 밝은 빛 따위의 심한 자극으로 정신이 흐릿해지다.

734 이른대도: '이른다 해도'의 줄임말.

735 사월팔일(四月八日): 석가탄신일.

736 본궁(本宮): 함흥본궁(咸興本宮). 이성계가 왕이 된 뒤 자기 조상들이 살던 집터에 새로 집을 짓고, 거기에 4대 조상들의 신주를 차려놓고 제사를 지내게 하던 곳. 왕의 자리에서 물러난 다음에는 이 건물을 본궁이라 부르며 여기에서 오랫동안 살았음. '함흥의 본궁은 운전사(雲田社)에 있는데 이는 국초(國初)께서 잠룡(潛龍) 때에 사시던 옛집으로서 북쪽을 순행(巡行)하실 때 늘 거하셨던 곳이다. 여기에는 목왕(穆王)과 효비(孝妃)·익왕(翼王)과 정비(貞妃)·도왕(度王)과 경비(敬妃)·환왕(桓王)과 의비(懿妃)의 위판(位版)을 봉안하였고 유명(遺命)에 따라 태조 대왕과 신의 왕후(神懿王后)의 위판을 봉안하였으며 숙묘조(肅廟朝) 때 신덕 왕후(神德王后)의 위판을 추부(追祔)하였다.' 『정조실록』 42권, 정조 19년 4월 28일.

전역후	드려올제	저녁 후	들어올 제
萬歲橋	올나셔면	만세교	올라서면
三百여과	土관드리	삼백여과(三百餘過)	토관(土官)[738]들이
사모관ᄃᆡ	씨고업고	사모관대(紗帽冠帶)[739]	쓰고 입고
數百名	妓生들은	수백 명	기생들은
칠보단장	곱게하고	칠보단장(七寶丹粧)[740]	곱게 하고
九百名	軍士드리	구백 명	군사들이
前後에	옹위하여	전후에	옹위(擁衛)[741]하여
萬歲橋	五里다리	만세교	오리 다리
가득히	올나셔고	가득히	올라서고

---

737 봉심(奉審): 임금의 명을 받들어 능소나 묘우를 보살핌.

738 토관(土官): 평안도 함경도 등의 변진(邊鎭)의 유력한 토착민에 주던 특수한 관직. 고려의 향직(鄕職)에서 비롯된 것으로, 조선 세종 때에 이르러 평안도·함경도의 부(府), 목(牧), 도호부(都護府) 등 12개 처에 따로 두었음. 지방 토호들을 회유하기 위하여 관찰사나 절도사가 그 지방에서 유력한 사람을 선발하여 임명함.

739 사모관대(紗帽冠帶): 사모(깁으로 짠 모자)와 관대(관과 띠, 관복). 곧, 벼슬아치가 정식 예장을 차림.

740 칠보단장(七寶丹粧): 여러 가지 패물로 몸을 꾸밈.

741 옹위(擁衛): 부축하여 호위함.

셔형강	左右便에	성천강	좌우편에
落花홰불	느려셔고	낙화 횃불	늘어 서고
萬歲橋	左右便에	만세교	좌우편에
등속을	총총박아	등속(燈束)[742]을	총총 박아
水光은	졉쳔한듸	수광은	접천(接天)[743]한데
花色이	통홍이라	화색이	통홍(通紅)이라
그즁에	삼형육갑	그 중에	삼형육갑(三形六甲)[744]
歌舞가	자자지니	가무가	잦아지니
長安안	擧動求景	장안 안	거동 구경
이에셔	더할손가	이에서[745]	더할손가[746]
片小之國	낫다가셔	편소지국	태어나서
이련 호강	못히볼분	이런 호강(豪强)	못해볼 뿐

742 등속(燈屬): 이어져 있는 여러 등불.

743 수광접천(水光接天): 물빛이 하늘에 닿음.

744 삼형육갑(三形六甲): 온갖 유형, 다채로움. 삼형은 지형의 세 가지(고지, 하지, 평지), 육갑은 육십갑자를 뜻함.

745 이에서: 이보다.

746 더할손가: 더하겠는가.

궁조ᄃᆡ도 분타는ᄃᆡ 궁조대(窮措大)[747]도 분(憤)타는데[748]
괴향기리 더분하다 귀양길이 더 분하다

아무려나 수이풀여 아무쪼록 쉽게 풀려
노경에나 하여볼가 노경(老境)[749]에나 하여볼까

나무호강 말을하나 남의 호강(豪强) 말을 하나
ᄂᆡ격졍이 젹잔쿤아 내 걱정이 적잖구나[750]

조리소복 못하여셔 조리(調理) 소복(蘇復)[751] 못하여서
다리떨여 셜수업고 다리 떨려 설 수 없고

橋軍을 타자하니 교군을 타자하니
行資不足 헐일업고 행자 부족 하릴없고

말이나 타자하니 말이나 타자하니
짐도만코 다리져려 짐도 많고 다리 절어

쳔유여리 왓건만은 천유여 리(千有餘 里) 왔건마는

---

747 궁조대(窮措大): 곤궁한 선비.

748 분타는데: '분하다 하는데'의 줄임말.

749 노경(老境): 늙어서 나이가 많은 때.

750 적잖구나: '적지 않구나'의 줄임말.

751 소복(蘇復): 병이 아문 뒤에 전과 같이 원기가 회복됨, 병 뒤에 원기를 회복하기 위하여 특별히 잘 먹음.

七百里	남아스니	칠백 리	남았으니
가도오도	못하깃ᄂᆡ	가도 오도	못 하겠네
걱졍이	자심턴니	걱정이	자심(滋甚)터니
ᄀᆡᆨ쥬방에	드난사람	객주(客主)방에	드는 사람
뇌안이	동심할고	뉘 아니	동심(動心)할꼬
그즁한	소연이	그 중(中) 한	소년(少年)이
추연이	하난마리	추연(惆然)[752]히	하는 말이
ᄀᆡᆨ에걱졍	드려보니	객(客)의 걱정	들어보니
나에걱졍	다름업ᄂᆡ	나의 걱정	다름 없네
변통할수	업게되면	변통(變通)할 수	없게 되면
민망할	쓘이로ᄃᆡ	민망(憫惘)할	뿐이로되
갓치이건	질줄을	같이 의건(衣巾)[753]	질 줄을
인심간에	안이깃소	인심(人心) 간(間)에	아니겠소[754]

---

752 추연(惆然): 처량하고 슬픔.

753 의건(衣巾): 의관, 옷과 갓.

754 같이 짐을 나누어지는 것이 인심이 아니겠느냐.

말병이	그려키넌	말 병[755]이	그렇기는
복즁하여	그려하니	복중(卜重)[756]하여	그러하니
신실한	하인ᄂᆡ야	신실(信實)한	하인 내어
짐한짐	갈나ᄂᆡ야	짐 한 짐	갈라내어
셔호에	최ᄂᆡ셤이	서호(西湖)[757]에(의)	최내섬이
ᄂᆡ집에	보나시면	내 집에	보내시면
明川으로	왕ᄂᆡ션쳑	명천으로	왕래선척(往來船隻)[758]
ᄂᆡ모르지	안이하니	내 모르지	아니하니
양식이나	파라주면	양식(糧食)이나	팔아주면
ᄇᆡ셰업시	보ᄂᆡ여셔	배 세(稅)[759] 없이	보내어서
明川ᄯᅡ	泗川浦에	명천땅	사천포에
류셕류이	친하오니	류석류와	친하오니
ᄂᆡ부탁	하엿스면	내 부탁	하였으면

755 말 병: 말이 병이 남.

756 복중(卜重): 좀 무거움.

757 서호(西湖): 함경남도 함흥시 흥남구역 서호동(西湖洞).

758 선척(船隻): 배. 사람이나 짐 따위를 싣고 물 위로 떠다니도록 나무나 쇠로 만든 물건.

759 배 세(稅): 배 삯.

걱정업시	도착되리	걱정 없이	도착(到着)되리
너무나	곰압구나	너무나	고맙구나
엇지하사	치사할가	어찌하여	치사(致謝)[760]할까
이복짐	갈나닉야	의복(衣服) 짐	갈라내어
칠복이	분부하야	칠복이	분부(分付)하여
돈단양	糧食갑셜	돈 닷냥	양식 값을
어렵잔케	부탁하니	어렵잖게	부탁하니
平日에	지친키로	평일에	지친(至親)키로
이려케	헤워줄가	이렇게	헤어줄까[761]
하물며	팔면부지	하물며	팔면부지(八面不知)[762]
인심도	거록하다	인심(人心)도	거룩하다
칠복이	보난후에	칠복이	보낸 후에
인하여	써낫구나	인(因)하여	떠났구나
말거름	낫지안어	말 걸음	낫지 않아

760 치사(致謝): 고맙고 감사하다는 뜻을 표시함.
761 헤어줄까: '헤아려 줄까'의 줄임말.
762 팔면부지(八面不知): 어느 면으로 보나 전혀 모름.

촌촌젼진 하는구나 촌촌전진(寸寸前進)[763] 하는구나

덕산ᄯᅡ 三十里을 덕산[764]땅 삼십 리를
종일가 슉소힛ᄂᆡ 종일 가(서) 숙소(宿所) 했네

입북후 삼사ᄇᆡᆨ이 입북(入北) 후 삼사백리(三四百里)
큰ᄌᆡ퇴 못밧더니 큰 재퇴(岾堆) 못 봤더니

힝인이 하난마리 행인(行人)이 하는 말이
힝갈영 장타하ᄂᆡ 행갈령 장타 하네[765]

남향에 잇슬젹에 남향(南鄕)에 있을 적에
함괄영 드려더니 함관령(咸關嶺)[766] 들었더니

무식한 방언이라 무식(無識)한 방언(方言)이라
아마도 그게로다 아마도 그게로다[767]

져는말 탈슈업셔 저는 말 탈 수 없어

---

763 촌촌전진(寸寸前進): 한 치 한 치 더듬어 나아간다는 뜻으로, 매우 더딘 속도로 전진함을 이르는 말.

764 덕산(德山): 현 함경남도 낙원.

765 장타 하네: '장하다 하네'의 줄임말.

766 함관령(咸關嶺): 함경남도 함주군 덕산면과 홍원군 운학면 사이에 있는 고개.

767 그게로다: '그것이로다'의 줄임말.

짓펑이에	몸을 붓쳐	지팡이에	몸을 붙여[768]
간신이	올나가니	간신히	올라가니
달리썰고	슘이타네	다리 떨고	숨이 타네
그산이	겹산이라	그 산이	겹산이라
몃겹이	쳡쳡한고	몇 겹이	첩첩(疊疊)한고
綠陰이	자자져셔	녹음이	잦아져서
天日을	가리우고	천일을	가리우고
두견졉동	슬피우려	두견(杜鵑)[769] 접동	슬피 울어
ᄀᆡᆨ에회포	돕는구나	객(客)의 회포(懷抱)	돕는구나
겹산을	하나너머	겹산을	하나 넘어
안자셔	쇠노라니	앉아서	쉬노라니
그엽헤	슈읍소게	그 옆에	수음(樹陰) 속에
비각이	조요항ᄋᆡ	비각(碑刻)이	조요(照耀)[770]함에
간신이	일어셔셔	간신히	일어서서

768 몸을 붙여: 몸을 붙이다. 어떤 곳에 몸을 의지하여 생활함.

769 두견(杜鵑): 접동새, 두우(杜宇)·자규(子規)라고도 부름.

770 조요(照耀): 밝게 비쳐서 빛남.

담넘으로　너머보니　담 너머로　넘어보니

太祖大王　여조ᄯᅴ에　태조대왕　여조(麗朝)[771] 때에
다달이　軍士보ᄂᆡ　달단(韃靼)에[772]　군사 보내

도젹치든　그고지라　도적(盜賊) 치던　그곳이라
勝戰碑　셰웟구나　승전비[773]　세웠구나

그ᄌᆡ을　다너머셔　그 재를　다 넘어서
叔姪이　시장커늘　숙질이　시장커늘

슐집을　무려보니　술집을　물어보니
쥬졈이　슈가업다　주점(酒店)이　수(數)가 없다[774]

쇠여ᄲᅡ진　찰진ᄯᅥᆨ을　쉬어빠진　찰진 떡을
북굼이　ᄯᅥᆨ이라ᄂᆡ　부꾸미[775]　떡이라네

---

771 여조(麗朝): 고려왕조를 줄여 이르는 말.

772 달단(韃靼): 함경남도 홍원군 달단. 이성계가 원나라의 승상 나하추(納哈出)를 격파한 장소.

773 승전비(勝戰碑): 달단동승전기적비(韃靼洞勝戰紀蹟碑). 조선 순조 때(1829) 함경도 홍원 함관령 부근에 건립한 비. 이성계가 나하추의 군대를 물리친 전공을 기념하기 위해 세움.

774 수(數)가 없다: 수 없이 많다.

775 부꾸미: 찹쌀가루나 차수수가루를 반죽하여 둥글납작하게 빚고 소를 넣어 반달 모양으로 지져낸 유전병.

한둘ᄀᆡ에 두푼어치 한두 개에 두 푼어치
간신이 먹어구나 간신히 먹었구나

홍원과 공동모을 홍원(洪原)[776]과 공동마을
업ᄂᆡ가 십이라ᄂᆡ 읍내(邑內)가 십 리(十 里)라네

죠션에 그른십이 조선(朝鮮)에 그런 십 리(十 里)
하로몃 못가긴ᄂᆡ 하루 몇 못 가겠네

십이에 쌔친사람 십 리(十 里)에 뻗친 사람
ᄃᆡ강모도 게집이라 대강 모두 계집이라

함지박 다랏기에 함지박[777] 다래끼[778]에
어물과 ᄎᆡ소로다 어물(魚物)과 채소(菜蔬)로다

고이하여 무려보니 괴이(怪異)하여 물어보니
홍원읍 장이라ᄂᆡ 홍원읍(洪原邑) 장이라네

그풍속 고이하여 그 풍속(風俗) 괴이(怪異)하여
게집만 장본다ᄃᆡ 계집만 장 본다대

776 홍원(洪原): 함경남도 홍원.
777 함지박: 통나무의 속을 파서 큰 바가지같이 만든 그릇.
778 다래끼: 좁고 바닥이 넓은 작은 바구니.

홍원읍 지나쳐셔 홍원읍(洪原邑) 지나쳐서
물가으로 가다가니 물가로 가다가니

기묘한 石峯하나 기묘(奇妙)한 석봉 하나
물가온ᄃᆡ 셰엿거날 물 가운데 세웠거늘

ᄒᆡᆼ인에게 무려보니 행인(行人)에게 물어보니
싸치셤 일홈좃테 까치섬[779] 이름 좋데

쌋치야 네듯그라 까치야 네 듣거라
天上金鷄 못되여도 천상금계 못 되어도

인간에 조흔기별 인간(人間)의 좋은 기별(奇別)
네가모도 젼ᄒᆡ스니 네가 모두 전했으니

언제나 찍찍거려 언제나 짹짹거려
ᄒᆡᄇᆡ기별 젼하려노 해배(解配) 기별(奇別) 전하려노

그고졀 지ᄂᆡ셔니 그곳을 지나서니
소금가ᄆᆡ 되엿스니 소금가마 되었으니

779 까치섬: 홍원에 있는 작은 섬. 홍원 해안에는 까치섬 외에도 송도(松島) 솔섬, 대섬 등 작은 섬들이 여럿 있음.

염호가　　소조하다　　염호(鹽戶)[780]가　　소조(蕭條)[781]하다

셕양이　　걸쳔는ᄃᆡ　　석양(夕陽)이　　걸쳤는데
나무밋헤　　안진것들　　나무 밑에　　앉은 것들
걱졍이　　분등하다　　걱정이　　분등(噴騰)하다

지ᄂᆡ치며　　드려보니　　지나치며　　들어보니
불상하고　　가련하다　　불쌍하고　　가련(可憐)하다

우리ᄂᆡ　　사는목숨　　우리네　　사는 목숨
염분에　　걸엿는ᄃᆡ　　염분(鹽分)[782]에　　걸렸는데

엇진놈에　　염분슈셰　　어떤 놈의　　염분(鹽分) 수세(收稅)[783]
年加時增　　하여가니　　연가시증[784]　　하여가니
무엇먹고　　사잔말고　　무엇 먹고　　살잔 말고

물에빠져　　쥭어스면　　물에 빠져　　죽었으면
누기드려　　달나하노　　누구더러　　달라하노

---

780 염호(鹽戶): 바닷물에 열을 가하여 소금을 만들던 집.

781 소조(蕭條): 고요하고 쓸쓸함.

782 염분(鹽分): 바닷물 따위에 함유되어 있는 소금기.

783 수세(收稅): 세금을 거두어들이는 일.

784 연가시증(年加時增): 시간이 갈수록 더욱 심해짐.

악징이	졀노나닉	악징(惡徵)[785]이	절로 나네
불상하고	가련하다	불쌍하고	가련(可憐)하다
가면셔	싱각하니	가면서	생각하니
그모도	닉타신듯	그 모두	내 탓인 듯
이렷케	궁곤한고	이렇게	궁곤(窮困)한고
치군턱민	하엿스면	치군택민(致君澤民)[786]	하였으면
쥭어가난	너에빅셩	죽어가는	너희 백성(百姓)
닉가조곰	살일거셜	내가 조금	살릴 것을
네악졍도	쓸디업고	네 악정(惡政)도	쓸 데 없고
닉걱졍도	쓸씨업다	내 걱정도	쓸 데 없다
五里허	젹둔지가	오리허(許)[787]	적둔지[788]가
슉소참이	될터인디	숙소참(宿所站)[789]이	될 터인데
일즉이	가잣쎤니	일찍이	가쟀더니[790]

---

785 악징(惡徵): 흉조. 불길한 징조.

786 치군택민(致君澤民): 임금에게는 몸을 바쳐 충성하고 백성에게는 혜택을 베풂.

787 허(許): 거리와 관계되어 그쯤 되는 곳.

788 적둔지: 적토(赤土)로 언덕이 된 곳(둔지).

789 숙소참(宿所站): 중앙 관리의 공무 출장을 위하여 길 옆에 베풀어서 머물러 자게 하던 집.

790 가쟀더니: '가자 했더니'의 줄임말.

고기너머	올나셔셔	고개 넘어	올라서서
말되을	도라보니	말 뒤를	돌아보니
무슨일노	낙후하야	무슨 일로	낙후(落後)[791]하여
윤호가	형영업니	윤호가	형영(形影)[792] 없네
마암에	고이젹어	마음에	괴이(怪異)쩍어
길가에	나려안자	길가에	내려 앉아
人馬을	먼져보니	인마를	먼저 보내
主人을	졍하라고	주인을	정(定)하라고
혼자안자	기다리며	혼자 앉아	기다리며
쳔사말염	되엿더니	천사만념(千思萬念)[793]	되었더니
멀이멀이	오난모양	멀리 멀리	오는 모양
촌촌젼진	하난구나	촌촌전진(寸寸前進)	하는구나
져엇진	일인넌고	저 어찐	일이런고
놀닉야	무려보니	놀래어	물어보니

791 낙후(落後): 무리에서 떨어져 나감. 이탈함.

792 형영(形影): 형체와 그림자.

793 천사만념(千思萬念): 여러 가지로 생각함.

쇤떡이 쳬힛는지 쉰 떡이 체했는지
낫밥이 쳬힛는지 낮밥이 체했는지

싱목이 올으면셔 생목이 오르면서[794]
바람슷치 젼혀슬코 바람 끝이 전혀 싫고

夕陽이 되온후난 석양이 되온 후는
다리압파 못가깃소 다리 아파 못 가겠소

이은걱졍 쏘잇난가 이런 걱정 또 있는가
손목을 ᄭᅳ을고셔 손목을 끌고서

간신이 어두운후 간신히 어두운 후
쥬막을 차자와셔 주막을 찾아와서

더운방 가릐ᄂᆡ여 더운 방 가려내어
아릐목 눕펴노코 아랫목 눕혀 놓고

燒酒잔 바다다가 소주잔 받아다가
丸藥도 타먹이나 환약도 타 먹이나

지절통과 ᄃᆡ한젼에 지절통(肢節痛)[795]과 대한전(大寒戰)[796]에

794 생목이 오르다: 먹은 것이 거꾸로 올라옴.
795 지절통(肢節痛): 감기나 몸살로 인하여 팔다리의 뼈마디가 쑤시는 증세.

정신이	젼혀업ᄂᆡ	정신이	전혀 없네
主人을	밧비불너	주인을	바삐 불러
이원을	무려보니	의원(醫員)을	물어보니
무학동	김션달이	무학동	김선달이
이우제	왓다하ᄃᆡ	이웃에	왔다 하대
청ᄒᆡ다	집ᄆᆡᆨ하니	청(請)해다	집맥(執脈)하니
쳬기로	잡는구나	체기(滯氣)[797]로	잡는구나
침도쥬며	약도쥬며	침(鍼)도 주며	약(藥)도 주며
ᄂᆡ일은	낫깃다ᄃᆡ	내일(來日)은	낫겠다대
나졈고	혈기관게	나이 젊고	혈기(血氣) 관게[798]
우즁지	병못차마	우중지(又重之)	병(病) 못 참아
종야을	大痛할분	종야(終夜)를	대통할 뿐
그잇튼날	小無차감	그 이튿날	소무차감(小無差減)[799]

796 대한전(大寒戰): 한전(寒顫). 오한(惡寒)이 심하여 몸이 몹시 떨림.

797 체기(滯氣): 먹은 것이 잘 삭지 않아 생기는 가벼운 체수. 체한 듯한 기미.

798 관게: 과(過)한 것이.

799 소무차감(小無差減): 차도가 거의 없음.

이일이　왼일인고　이 일이　웬일인고
ᄯᅩ무슨　일이온고　또 무슨　일이온고

쥬야로　고셩ᄃᆡ통　주야(晝夜)로　고성대통(高聲大通)
셤어로　하는소리　섬어(譫語)[800]로　하는 소리

부모쳐자　못만ᄂᆡ고　부모처자(父母妻子)　못 만나고
타향ᄀᆡᆨ괴　원통하오　타향(他鄕) 객귀(客鬼)[801]　원통(寃痛)하오

업혜안자　듣는사람　옆에 앉아　듣는 사람
칼노비고　모시빅혀　칼로 비고[802]　못이 박혀

엇지하여　ᄂᆡ가쥭어　어찌하여　네가 죽어
합여부지　모르고져　합연(溘然)[803]부지(不知)　모르고저

우즁지　겁나는게　우중지(又重之)　겁나는 게
인심을　알슈업셔　인심(人心)을　알 수 없어

시기염질　염여하여　시기염질(時期染疾)[804]　염려(念慮)하여

---

800 섬어(譫語): 헛소리, 잠꼬대.
801 객귀(客鬼): 객지에서 죽은 사람의 혼령. 떠돌아다니는 귀신.
802 비고: 베이고. '비다'는 '베다'의 경상도 방언.
803 합연(溘然): 죽음이 뜻하지 않게 갑작스럽게. 합연부지: 뜻하지 않게 갑작스레 죽을지 알지 못함
804 시기염질(時氣染疾): 때때로 유행하는 상한(傷寒)병이나 전염성 질환.

쥬인이	구박하면	주인(主人)이	구박(驅迫)하면
가도오도	못할터에	가도 오도	못할 터에
한동을	하잔말가	한동(寒凍)[805]을	하잔 말가
압푸나마	그져알코	아프나마	그저 앓고
소리을	하지말나	소리를	하지 말라
ᄭᅮ지셔	일은나니	꾸짖어	이르나니
져졍경이	불상하고	저 정경(情景)이	불쌍하고
가만이	일을나니	가만히	이르나니
즁치막혀	말이업ᄂᆡ	중치[806] 막혀	말이 없네
ᄂᆡ역시	ᄃᆡ병지여	나 역시	대병(大病) 지어[807]
현기나고	다리ᄯᅥᆯ여	현기(眩氣)[808] 나고	다리 떨려
안도셔도	못하면셔	앉도 서도	못하면서
철업난	하인하나	철없는	하인 하나

805 한동(寒凍): 한설동빙(寒雪凍氷). 얼어붙은 얼음과 차가운 눈이라는 뜻으로, 심한 추위를 이르는 말.

806 중치: 가슴.

807 대병(大病)지어: 큰 병이 들어.

808 현기(眩氣): 눈이 아찔하고 머리가 어찔어찔한 기운. 어지럼.

엇드며	달닉면셔	어르며	달래면서
쏭오즘	밧닉면셔	똥 오줌	받내면서[809]
약기을	짜라가며	약기(藥氣)[810]를	따라가며
잠한경	못일르고	잠 한 경(更)[811]	못 이루고
밤나즈로	익을쓰니	밤낮으로	애를 쓰니
일은정경	쏘인는가	이런 정경(情景)	또 있는가
다힝이	어지쥬인	다행히	어진 주인(主人)
우연이	만닉구나	우연히	만났구나
구박을	안이할분	구박(驅迫)을	아니할 뿐
걱졍을	함게하야	걱정을	함께 하여
문복과	뭇구리을	문복(問卜)[812]과	무꾸리[813]를
지셩으로	하여주며	지성(至誠)으로	하여 주며

---

809 받내면서: '받아 내면서'의 줄임말.

810 약기(藥氣): 약 기운.

811 경(更): 일몰부터 일출까지 하룻밤을 다섯으로 나누어 부르는 시간의 이름. 저녁 7시부터 시작하여 두 시간씩 나누어 각각 초경, 이경, 삼경, 사경, 오경이라고 이름.

812 문복(問卜): 점쟁이에게 길흉을 물음.

813 무꾸리: 푸닥거리, 무당이나 판수에게 가서 길흉을 알아보거나 무당이나 판수가 길흉을 점침.

큰구셜	안이하면	큰 굿을	아니하면
살기가	어렵다ᄂᆡ	살기가	어렵다네
평일에	잡은마암	평일에	잡은 마음
허망한일	마짓더니	허망(虛妄)한 일	말잤더니
이쳐지	이경경에	이 처지(處地)	이 정경(情景)에
고집이	어렵구나	고집(固執)이	어렵구나
드는거션	헤지안코	드는 것은	헤지 않고[814]
쥬인을	맛겨썬니	주인(主人)에게	맡겼더니
허비만	되여쓸분	허비(虛費)만	되었을 뿐
병셰가	침즁하야	병세(病勢)가	침중(沈重)[815]하여
아흐ᄅᆡ	되난밤에	아흐레	되는 밤에
할일업시	쥭는구나	하릴없이	죽는구나
가삼을	ᄯᅮ다리며	가슴을	두드리며
져거셜	엇지할고	저것을	어찌할꼬
질머셔	지고가라	짊어서	지고 가랴

814 헤지 않고: '헤아리지 않고'의 줄임말.

815 침중(沈重): 병세가 위독함.

길가에	뭇고가라	길가에	묻고 가랴
네죽으면	나도쥭졔	너 죽으면	나도 죽지
슘지난것	엇지보노	숨지는 것	어찌 보노
쳔하명이	불사약도	천하명의(天下名醫)	불사약(不死藥)도
헌일이	업건만은	한 일이	없건마는
슘지는기	보기실어	숨지는 것	보기 싫어
문약하로	가려하니	문약(問藥)[816]하러	가려 하니
어린하인	잠이깁고	어린 하인	잠이 깊고
병든말	다리못셔	병(病)든 말	다리 못 써
두홰우난	게명셩에	두 홰[817] 우는	계명성(鷄鳴聲)에
간신이	일어셔셔	간신히	일어서서
쌍집핑이	손에죄고	쌍지팡이	손에 쥐고
써는다리	게오거려	떠는 다리	겨우 걸어
大門밧걸	쎡나셔니	대문 밖을	썩 나서니
이고지	어듸민야	이곳이	어디메냐

816 문약(問藥): 의원에게 약을 구함.

817 홰: 새벽에 닭이 올라앉은 나무 막대를 치면서 우는 차례를 세는 단위.

원촌에	게명셩이	원촌(遠村)에	계명성(鷄鳴聲)이
달빗치	쳐량하다	달빛이	처량(凄凉)하다
심신은	여최하고	심신(心身)은	여취(如醉)[818]하고
눈물이	압흘가려	눈물이	앞을 가려
칼물을	건너는지	칼물을	건너는지
칼산을	넘언는지	칼산을	넘었는지
업퍼지며	잡바지며	엎어지며	자빠지며
우름소리	버지되여	울음소리	벗이 되어
염포집	이공방집	염포(鹽鋪)집[819]	이공방(李工房)집[820]
十里가	못되난듸	십 리가	못 되는데
실면셔	차자가셔	세면서[821]	찾아가서
울면셔	익걸하여	울면서	애걸(哀乞)하여
간신이	다려오며	간신히	데려오며
심즁에	싱각하니	심중(心中)에	생각하니

818 여취(如醉): 취한 듯함.
819 염포(鹽鋪)집: 소금을 팔던 가게.
820 공방(工房)집: 지방 관아에서 공방(工房)을 맡아보던 아전(衙前)의 집.
821 세면서: 일 리(一里), 이 리(二里) 헤아리면서.

그사이	죽어스면	그 사이	죽었으면
져지셜	엇지하고	저짓을	어찌할꼬
밋친다시	최한다시	미친 듯이	취한 듯이
방문을	열쳐보니	방문을	열쳐보니
조상이	도으신가	조상(祖上)이	도우신가
쳔신이	도으신가	천신(天神)이	도우신가
쥭어쓴것	사라안자	죽었던 것	살아 앉아
졍신이	ᄊᆡ슷항ᄋᆡ	정신(精神)이	깨끗함에
침침한	방가온ᄃᆡ	침침(沈沈)한	방 가운데
초불을	뇌가허며	촛불을	누가 켜며
음음한	구름속에	음음(陰陰)한	구름 속에
일월을	뇌헛친고	일월(日月)을	뉘 헤친고[822]
死者復生	이慶事을	사자부생[823]	이 경사를
엇지다	말을하랴	어찌 다	말을 하랴

822 뉘 헤친고: '누가 헤쳤는고'의 줄임말. 헤치다: 속에 든 물건을 드러나게 하려고 덮인 것을 파거나 젖히다.

823 사자부생(死者復生): 죽은 자가 다시 살아남.

藥次食次	드신차에	약차식차[824]	드신 차(次)에[825]
힝탁이	경갈이라	행탁(行橐)[826]이	경갈(罄竭)[827]이라
압길은	머련는듸	앞길은	멀었는데
조리을	할수잇나	조리(調理)를	할 수 있나
져는말	압셔우고	저는 말	앞 세우고
우차싹닉	틱이고	우차(牛車)[828] 삯 내[829]	태우고
쌍집핑이	치여집고	쌍지팡이	치어 짚고
촌촌젼진	하는구나	촌촌전진(寸寸前進)	하는구나
기혈업고	소복못히	혈기(血氣) 없고	소복(蘇復) 못해
학질이	되여든지	학질(瘧疾)[830]이	되었던지
하로을	게우가면	하루를	겨우 가면

824 약차식차(藥次食次): 약과 밥.

825 드신 차(次)에: 먹은 후에

826 행탁(行橐): 여행할 때에 노자를 넣어주는 주머니, 또는 행장을 넣는 자루.

827 경갈(罄竭): 돈이나 물건 따위가 바닥이 나 다 없어짐.

828 우차(牛車): 소가 끄는 수레.

829 삯 내: 삯을 내다, 지불하다.

830 학질(瘧疾): 갑자기 고열이 나며 설사와 구토·발작을 일으키고 비장이 부으면서 빈혈 증상을 보이는 전염병의 일종.

하로는	압파누어	하루는	아파 누워
텬신만고	하난모양	천신만고(千辛萬苦)	하는 모양
ᄒᆡᆼ노가	난쳐로다	행로(行路)가	난처(難處)[831]로다
ᄃᆡ물영	화졀영과	대문령(大門嶺)[832]	화절령과
북쳥읍ᄂᆡ	긴모루을	북청(北靑) 읍내(邑內)	긴 모루[833]를
차차로	지나쳐셔	차차(次次)로	지나쳐서
쥬졈에	안자썬니	주점(酒店)에	앉았더니
우연이	한사람이	우연히	한 사람이
ᄂᆡ엽헤	안지면셔	내 옆에	앉으면서
치보고	나리보아	올려 보고	내려 보아
ᄒᆡᆼᄉᆡᆨ을	고이역여	행색(行色)을	괴이(怪異) 여겨
직궁도젹	못난슷ᄒᆡ	직궁도적(直躬盜賊)[834]	못난 끝에

---

831 난처(難處): 이럴 수도 없고 저럴 수도 없어 처신하기 곤란함.

832 대문령(大門嶺): 함경남도 홍원군에 있는 고개. 고개를 따라 성을 쌓고 세 개의 문을 설치하여 통행하도록 함. 우왕 때 왜구와 격전을 벌였던 장소.

833 긴 모로: 북청 장모로(長毛老). 모로는 모루, 모퉁이라는 뜻.

834 직궁도적(直躬盜賊): 직궁(直躬)은 몸가짐을 바르게 한다는 뜻으로, 직궁도적(直躬盜賊)은 몸가짐을 바르게 했기 때문에 도적이 되었다는 뜻.

괴향을 간다하니 귀양을 간다 하니

허허쳐 우스면셔 허허쳐 웃으면서
조흔길 가난구나 좋은 길 가는구나

한향에 잇드라도 한향(寒鄕)[835]에 있더라도
소문이 업지안어 소문이 없지 않아

이지와 편당싸홈 이지(二志)[836]와 편당(偏黨) 싸움
근ᄂᆡ에 자심하야 근래(近來)에 자심(滋甚)하여

남즁에 지명지사 남중(南中)에 지명지사(知名之士)
괴향이 만타더니 귀양이 많다더니

아마도 그려한 듯 아마도 그러한 듯

곡의이사인희(曲意而使人喜) 뜻을 굽혀 남을 기쁘게 해주는 것은
불약직궁이사인기(不若直躬而使人忌) 몸을 곧게 하여 남의 미움을 받는 것만 못하고
무선이치인예(無善而致人譽) 착한 일을 한 것도 없이 남의 칭찬을 받는 것은
불약무악이치인훼(不若無惡而致人毁) 나쁜 일을 하지 않고 남의 비난을 받는 것만 못하다.
『채근담(菜根譚)』

835 한향(寒鄕): 쓸쓸한 시골 또는 자기가 살고 있는 시골을 낮추어 일컫는 말.

836 이지(二志): 뜻이 같지 않음.

걱정을	너모마오	걱정을	너무 마오
末世에	괴향기리	말세에	귀양길이
환노보담	낫사오니	환로(宦路)[837]보다	낫사오니
北靑에	金道和난	북청에	김도화는
그련길	원을하나	그런 길	원(願)을 하나
거지쳔코	지쳐업셔	거지(擧止)[838] 천(賤)코	지처(指處)[839] 없어
가라니	가보깃소	가라니	가보겠소
그려나	괴로옴은	그려나[840]	괴로움은
김도화만	못하오리	김도화(金道和)만	못하오리
북쳥신쳥	포변이라	북청(北靑) 신창(新昌)[841] 포변(浦邊)[842]이라	
싱이가	좃타는듸	생리(生利)[843]가	좋다는데

837 환로(宦路): 벼슬길.
838 거지(擧止): 행동거지.
839 지처(指處): 가리키는 곳. 또는 정한 곳.
840 그려나: 그나저나, 그래도.
841 신창(新昌): 함경남도 북청군 신창읍.
842 포변(浦邊): 갯가.
843 생리(生利): (지리적 조건이 좋거나 물자가 풍부해서) 이익을 냄.

쳐자권식 압ᄒᆡ노코 처자권속(妻子眷屬)[844] 앞에 놓고
고기이밥 잘먹으니 고기 이밥[845] 잘 먹으니

아던지 모르든지 알든지 모르든지
그거시 셰상이라 그것이 세상이라

ᄀᆡᆨ임게 일으노니 객(客)님께 이르노니
이렴을 조하마오 이렴(利廉)[846]을 좋아마오

그모양 습습하고 그 모양 습습하고[847]
그이논 쾌활하야 그 의논(議論) 쾌활(快活)하여

북도가 무무ᄒᆡ도 북도(北道)가 무무(瞀瞀)해도[848]
이른사람 쳐음만나 이런 사람 처음 만나

간담을 헛쳐노코 간담(肝膽)[849]을 헤쳐 놓고
말함즉 하건만은 말함직 하건마는

---

844 처자권속(妻子眷屬): 처자식, 한 집에 사는 식구, 권구(眷口).

845 이밥: 쌀밥, 입쌀밥(입쌀로 지은 밥).

846 이렴(利廉): 청렴이 궁극적으로는 이로움. '지자이렴(知者利廉)' 정약용 『목민심서』.

847 습습하다: 마음이나 하는 짓이 활발하고 너그럽다.

848 무무(貿貿/瞀瞀)하다: 교양이 없어 말과 행동이 서투르고 무식하다.

849 간담(肝膽): 간과 쓸개, 속마음.

힝식이	공총하야	행색(行色)이	공총(倥傯)[850]하여
조용이	답못하고	조용히	답(答) 못하고
홍진졈	지나쳐셔	홍진점(鴻津岾)[851]	지나쳐서
바다가압	셕간에	바닷가 앞	석간(石間)[852]에
돌비하나	셔잇거늘	돌 비(碑) 하나	서 있거늘
지ᄂᆡ다가	살펴보니	지나다가	살펴보니
암힝어사	최웅현이	암행어사(暗行御史)	최우형(崔遇亨)[853]이
영셰불망	하자힛ᄃᆡ	영세불망(永世不忘)	하자 했대
반갑다	이종형을	반갑다	이종형(姨從兄)을
예와셔	만난것ᄃᆡ	여기 와서	만났네
ᄯᅥ날졔	ᄒᆡ졔와셔	떠날 제	해저(海底) 와서
친구들	하난마리	친구들	하는 말이

850 공총(倥傯): 이것저것 일이 많아 바쁨.

851 홍진(鴻津): 함경남도 북청군 거산면 홍진.

852 석간(石間): 돌과 돌 사이.

853 최우형(崔遇亨): 1805-1878. 본관은 삭녕(朔寧). 자는 예경(禮卿). 호는 죽하(竹下). 최경(崔炅)의 증손으로, 할아버지는 최헌중(崔獻重)이고, 아버지는 증좌찬성 최종문(崔鍾問)이며, 어머니는 거창 부사 이재연(李載廷)의 딸. 이중린의 이종형. 1850년 문과에 급제, 이듬해 함경도 암행어사로 나가 선정을 베풀어 선정비(善政碑)가 세워짐.

북쳥으로	가는길에	북청(北靑)으로	가는 길에
시즁ᄃᆡ	보지마소	시중대(侍中臺)[854]	보지 마소
역남에	이젼션비	영남(嶺南)에	이전(以前) 선비
역역히	혜여보니	역력(歷歷)히	헤어보니
괴향갈ᄃᆡ	보시니난	귀양 갈 때	보신 이는
벼슬하야	다시보고	벼슬하여	다시 보고
벼슬할ᄯᆡ	보신이난	벼슬할 때	보신 이는
괴향갈ᄃᆡ	다시보아	귀양갈 때	다시 보아
한번보면	두번보기	한 번 보면	두 번 보기
역역히	다그르니	역력(歷歷)히	다 그러니
시즁ᄃᆡ	보지말나	시중대(侍中臺)	보지 말라
당부을	드렷던니	당부(當付)를	들었더니
홍진을	지ᄂᆡ스니	홍진을	지났으니

854 시중대(侍中臺): 함경도 북청 거산면 포항리에 있음. 윤관은 예종 때 문하시중(門下侍中)으로서 행영대원수(行營大元帥)가 되었고, 말갈(靺鞨)을 정벌할 때 이곳을 오르내렸는데 후세인들이 이 일로 말미암아 시중대라 일컬었다고 함. 1721년에 윤관의 후손(後孫)인 헌주(憲柱)가 함경도 관찰사가 되었을 때, 시중대에 비석을 세우고 '시중대(侍中臺)'라는 글자를 새김.

ᄐᆡ영이	압ᄒᆡ잇ᄂᆡ	태령(太嶺)[855]이	앞에 있네
청산은	쳡쳡하고	청산(靑山)은	첩첩(疊疊)하고
창ᄒᆡ난	망망한ᄃᆡ	창해(滄海)는	망망(茫茫)한데
落落	長松은	낙락	장송은
사면에	둘너지고	사면(四面)에	둘러지고
일ᄆᆡᆨ	지용에	일맥(一脈)	지룡(之龍)에
금잔ᄃᆡ	더펍는ᄃᆡ	금잔디	덮였는데
크고놉흔	碑閣하나	크고 높은	비각 하나
길가에	셰엿거늘	길가에	세웠거늘
다리압파	쇠는참에	다리 아파	쉬는 참에
시즁ᄃᆡ는	ᄉᆡᆼ각잔코	시중대(侍中臺)는	생각잖고
엇더한	시골宰相	어떠한	시골 재상
큰비을	셰원난고	큰 비(碑)를	세웠는고
일어나	둘거보니	일어나	둘러보니
여산	ᄃᆡ필에	여산(麗山)	대필(大筆)에
시즁ᄃᆡ	두렷하다	시중대(侍中臺)	뚜렷하다

855 태령(太嶺): 험하고 높은 재.

무심결에 놀ᄂᆡ치고 무심(無心)결에 놀라고
다시곰 ᄉᆡᆼ각하니 다시금 생각하니

萬事가 天定이라 만사가 천정이라
놀ᄂᆞᆯ것 무엇잇노 놀랄 것 무엇 있노

시즁ᄃᆡ라 하난거션 시중대(侍中臺)라 하는 것은
엇지하야 일으민고 어찌하여 이름인고

옛날젹 咸鏡一道 옛날적 함경일도
北胡에 ᄯᅡᆼ으로셔 북호의 땅으로서

高麗ᄯᅢ 成宗朝에 고려 때 성종조에
윤관이라 하는將帥 윤관(尹瓘)[856]이라 하는 장수

버슬은 시즁으로 벼슬은 시중(侍中)[857]으로

---

856 윤관(尹瓘): 1040(?)-1111. 본관은 파평(坡平), 자는 동현(同玄), 시호는 문숙공(文肅公). 동지추밀원사(同知樞密院事), 지추밀원사(知樞密院事), 한림학사승지(翰林學士承旨) 등을 역임한 문신이었으나, 여진(女眞) 정벌을 위해 이전의 패전 경험을 토대로 특수 부대인 별무반(別武班)을 만든 뒤 여진을 정벌하고, 함경도 일대에 동북 9성을 쌓았음. 이후 여진의 강화 요청과 9성 관리의 어려움 등으로 9성을 돌려주면서 문신들의 시기와 모함 속에 관직에서 물러났음. 예종 때 9성을 축조하고 남도지방 사람들을 이주시켜 살게 했음. 여진정벌 시기 직위가 문하시중(門下侍中)이었음.

857 시중(侍中): 고려 때 국정을 총괄하던 대신.

北胡을	물이쳐셔	북호를	물리쳐서
勝戰하고	오는길에	승전하고	오는 길에
注兵하든	그고지라	주병(駐兵)[858]하던	그곳이라
往事가	막막하야	왕사[859]가	막막(寞寞)하여
英雄은	간듸업고	영웅은	간 데 없고
반갑다	어느山에	반갑다	어느 산에
칼무지긔	무던는고	칼무지개	묻었는고
각셰한	영웅호걸	각세(覺世)한[860]	영웅호걸(英雄豪傑)
古今이	잇슬손가	고금이	있을손가
長安에	各國된놈	장안[861]에	각국 땟놈[862]
北胡보다	더하건만	북호보다	더 하건만[863]
清國에	無壯士라	청국에	무장사[864]라

858 주병(駐兵): 군대가 일정한 지역에 주둔함.
859 왕사(往事): 지나간 일.
860 각세(覺世)한: 세상을 깨우치는.
861 장안(長安): 수도라는 뜻. '서울'을 이르는 말.
862 땟놈: '되놈'의 방언. 오랑캐.
863 더 하건만: 더 많건만.
864 무장사(無壯士): 장사가 없음.

歎息이	졀노난다	탄식이	절로 난다
그고셜	지나셔니	그곳을	지나서니
이원이	전참이라	이원(利原)이	전참(前站)[865]이라
支谷族姪	경옥이는	지곡[866] 족질	경옹[867]이는

---

865 전참(前站): 다음에 머무를 곳.

866 지곡(支谷): 경상남도 함양군 지곡면.

867 경옹(景雍): 이풍호(李豊鎬).

'경옹은 작년에 서울에 갔다가 밀고를 당하여, 삼수로 귀양 갔었고 이원으로 옮겨졌다. 때마침 염분에서 죄를 용서받고 돌아오다 만나, 함께 묵으며 읊었다.'(景雍昨年上京 被人潛訐 謫三水移利原 適逢其宥還於塩盆 因同宿而吟)

강휴견족위군행(強携繭足爲君行) 부르튼 발 억지로 이끌고 너를 위해 가서

해후사양부각경(邂逅斜陽不覺驚) 저물녘에 만나니 뜻하지 않게 깜짝 놀랐네(중략)

복분방식무사조(覆盆方識無私照) 엎어진 동이에 사사로이 비추는 빛이 없음을 이제 알겠고

반면응심위원정(返面應深慰遠情) 고개 돌려 떠나는 마음을 위로하니 (정이) 응당 깊어지네

석별나감임별제(惜別那堪臨別際) 이별을 앞두고 석별의 정을 어떻게 견디랴

갱교연침숙연성(更教聯枕宿緣成) 다시금 배개를 나란히 하고 숙연을 이루길 바라네

이중린, 『운포유고(雲圃遺稿) (天)』 <이원염분점적봉족질경옹 풍호 유환(利原塩盆店適逢族姪景雍 豐鎬 宥還)>중 발췌.

나먼져	不幸하야	나 먼저[868]	불행하여
져年에	三水적ᄀᆡᆨ	전년(前年)에	삼수[869] 적객(謫客)
이원邑	이ᄇᆡ라ᄂᆡ	이원읍(利原邑)	이배(移配)라네
정이가	자별할분	정의(情誼)가	자별할 뿐
소조가	역시갓ᄐᆡ	소조(所遭)가	역시 같아
客地에	만나보기	객지에	만나보기
一時가	밥분지라	일시가	바쁜지라
西山에	날이걸쳐	서산에	날이 걸쳐
젼참이	멀지라도	전참(前站)이	멀지라도
병든다리	ᄭᅳ으려셔	병든 다리	끌어서
억지로	ᄃᆡ잣더니	억지로	대잤더니[870]
염분졈	못밋쳐셔	염분점(塩盆岾)[871]	못 미쳐서
우연이	만ᄂᆡ구나	우연히	만났구나

868 나 먼저: 나보다 먼저.
869 삼수(三水): 함경남도 삼수.
870 대잤더니: '대려고 했더니'의 줄임말. 대다: 정해진 시간에 닿거나 맞추다.
871 염분(塩盆): 함경남도 이원군 남송면 염분리.

손잡고	반기면셔	손잡고	반기면서
눈물이	인사로다	눈물이	인사로다
이외에	만ᄂᆞᆫ지라	의외(意外)에	만난지라
ᄒᆡᆼᄉᆡᆨ을	무려보니	행색(行色)을	물어보니
千萬意外	ᄒᆡᄇᆡᆨ되야	천만의외	해배(解配)되어
故鄕가는	길이라ᄂᆡ	고향 가는	길이라네
독노시하	군에졍지	독노시하(篤老侍下)[872]	군(君)의 정지(情地)
치하가	무궁하나	치하(致賀)[873]가	무궁(無窮)하나
ᄉᆡ삼시리	가난사람	새삼스레	가는 사람
부렵기가	엇더할고	부럽기가	어떠할꼬
연분졈	도로가셔	염분점(塩盆岾)	도로 가서
하로밤	同枕하니	하룻밤	동침하니
한ᄯᅡᆼ에	가마괴도	한 땅[874]에	까마귀도
반갑다	하엿는ᄃᆡ	반갑다	하였는데[875]

872 독노시하(篤老侍下): 연로하신 부모를 모시는 처지.

873 치하(致賀): 남이 한 일에 대하여 고마움이나 칭찬의 뜻을 표시함.

874 한 땅: 여기서 한은 바깥의 의미. 한 땅은 오랑캐의 땅.

875 고향의 것이라면 다 좋다는 말. 객지에서 고향 사람을 만나면 비록 가깝

千里他鄕	分故人이	천 리 타향	분고인[876]이
그졍이가	엇더할고	그 정의(情誼)가	어떠할꼬
잠업시	셔로위회	잠 없이	서로 위회(慰懷)
밤가난쥴	몰나구나	밤 가는 줄	몰랐구나
이길에	써난회포	이 길에	떠난 회포(懷抱)
동싱사촌	못할손가	동생 사촌	못할손가
東北送情	보난후에	동북송정[877]	보낸 후에
거산역	찰방도라	거산(居山)[878]역	찰방도(察訪道)라[879]
오리션싱	지난고듸	오리선생(梧里先生)[880]	지난 곳에

지 않았던 사람이라도 반가움을 뜻함.

876 분고인(分故人): 연고 있는 사람이 헤어짐.

877 동북송정(東北送情): 동과 북으로 보내는 정.

878 거산(居山): 함경남도 북청 거산.

879 찰방도(察訪道): 각 도의 관찰사에 소속되어, 도로의 역참(驛站)을 관장하던 종6품 관직인 찰방이 파견되어 관할하던 지역을 이르는 말.

880 오리선생(梧里先生): 이원익(李元翼). 1547-1634. 본관은 전주, 자는 공려(公勵), 호는 오리(梧里), 시호는 문충(文忠). 조선 중기의 문신으로 선조, 광해군, 인조 세 임금을 모셨고 영의정을 6번 지냄. 1573년 성균관 전적 때 성절사(聖節使)를 따라 명나라에 다녀온 후, 이듬해 예조좌랑(禮曹佐郞)을 거쳐 황해도 도사(都事)로 나가 병정(兵政)을 충실히 하고, 1587년 안주목사(安州牧使)로 나가 기민(饑民) 구휼(救恤)에 힘썼음. 1592년 임진왜란이 일어나자 평안도 순찰사로 관서 지역의 민심을 수

淸白碑 셰여잇ᄃᆡ 청백비 세워 있데

거산역 지ᄂᆡ치니 거산(居山)역 지나치니
摩雲嶺 여ᄀᆡ로다 마운령 여기로다

만질마싸 구름운싸 만질 마자(摩字) 구름 운자(雲字)
높흐다고 일음인가 높(으)다고 이름인가

洛水에 푸른구름 낙수에 푸른 구름
公名길에 못맛치고 공명(功名)길에 못 만지고

농상에 힌구름을 농상(壟上)[881]의 흰 구름을
處士되야 만져썬니 처사되어 만졌더니

봉ᄂᆡ젼 오ᄉᆡᆨ운우 봉래전(蓬萊殿) 오색운우(五色雲雨)
우연이 머려지고 우연히 멀어지고

퉁구령 실음구름 동구령(銅鼓嶺)[882] 실은 구름
千里밧ᄀᆡ 발바보ᄂᆡ 천 리 밖에 밟아 보네

습하기도 함. 임진왜란 이후에는 평안도, 함경도, 황해도를 책임지는 3도 체찰사(體察使)를 지냄.

881 농상(壟上): 언덕 위.

882 동구령(銅鼓嶺): 함경북도 동구령.

그고ᄀᆡ	나리다가	그 고개	내리다가[883]
길가에	션는비위	길가에	섰는 바위
石面이	히황하게	석면이	휘황(輝煌)하게
碑갓치	ᄉᆡᆨ여구나	비같이	새겼구나
옛忠臣	조관빈이	옛 충신	조관빈(趙觀彬)[884]이
고향길에	지나갓고	고향(故鄕) 길에	지나갔고
그子孫	監使御使	그 자손	감사 어사
六代을	네리지ᄂᆡ	육대를	내리 지내
차차로	ᄉᆡᆼ겨스니	차차(次次)로	생겼으니
楊洲趙鄕	바위로다	양주조향[885]	바위로다
그곳져	지ᄂᆡ쳐셔	그곳을	지나쳐서
端川邑	바ᄅᆡ보니	단천읍	바라보니

---

883 내리다가: '내려가다가'의 줄임말.

884 조관빈(趙觀彬): 1691-1757. 본관은 양주(楊州). 자는 국보(國甫), 호는 회헌(悔軒). 조계원(趙啓遠)의 증손으로, 조부는 조희석(趙禧錫), 부친은 노론 4대신 중 하나인 조태채(趙泰采). 1753년 대제학으로 죽책문(竹冊文)의 제진(製進)을 거부하여 성주목사(星州牧使)로 좌천됨. 이어 함경도 삼수부(三水府)에 유배되었다가 곧 단천(端川)으로 이배됨. 저서로 『회헌집(悔軒集)』 20권이 있음.

885 양주조향(楊洲趙鄕): 양주 조씨의 고향.

바다을	압ᄒᆡ노코	바다를	앞에 놓고
경치가	조흘시고	경치(景致)가	좋을시고
윤호난	苦痛하고	윤호는	고통하고
行資난	써려진ᄃᆡ	행자는	떨어진데[886]
이졔도	二百餘里	이제도	이백여 리
엇지하여	가잔말고	어찌하여	가잔 말고
大邱에	이셩진이	대구에	이성진(李聲振)[887]이
ᄂᆡ소조	갓치당ᄒᆡ	내 소조(所遭)	같이 당해
단쳔을	와잇다기	단천(端川)을	와 있다기
밥비무려	차자가니	바삐 물어	찾아가니
손잡고	반기면셔	손잡고	반기면서
同氣之情	다를손가	동기지정	다를손가[888]
藥쳡도	지어쥬며	약첩(藥貼)도	지어주며

886 떨어진데: '떨어졌는데'의 줄임말.

887 이성진(李聲振): 이현주(李玄澍), 1845-1910. 본관은 전의(全義), 자는 성진(聲振), 호는 하정(霞汀). 사마시에 오르고 경주부윤(慶州府尹)을 지냄. 일제 강점기 독립운동가 이봉로(李鳳魯)의 조부.

888 다를손가: 다르겠는가.

行資도	거졍하나	행자도	걱정하나
져역시	千里遠客	저 역시	천 리 원객
變通이	어렵더니	변통이	어렵더니
校村에	慶進士가	교촌[889]에	경진사[890]가
字號난	사명이라	자호는	사명(士明)이라
셩진이와	親面잇셔	성진이와	친면 있어
ᄂᆡ소조	놀나듯고	내 소조(所遭)	놀라 듣고
셩진으	求請으로	성진의	구청으로
돈열兩	變通할분	돈 열 냥	변통할 뿐
졔친구	이셩달이	제 친구	이성달이
어이알고	활렵잇다	어이[891] 알고	활렵(闊俠)[892] 있다
一封書	써쥬면셔	일봉서[893]	써 주면서
가다가	傳하라ᄃᆡ	가다가	전하라대

889 교촌(校村): 학궁촌(學宮村). 향교 재정·인력의 기반이 되던 마을.

890 경진사: 경문수(慶文秀), 1865-1925. 본관은 청주(淸州), 자는 사명(士明), 호는 일소헌(一笑軒). 1899년에 성균관 박사가 됨.

891 어이: 어처구니. 어이알다는 어이없다의 반댓말.

892 활렵(闊狹): 남을 돕는 데 인색하지 않고 시원스러움.

893 일봉서(一封書): 봉투에 넣어서 봉한 한 통의 편지.

원문		현대어	
고마운	그마암을	고마운	그 마음을
엇지다	치사하라	어찌 다	치사(致謝)하랴
慶進士	붓친편지	경진사	부친 편지
이셩달게	젼ᄒᆡ더니	이성달게[894]	전했더니
인하여	차져와셔	인(因)하여	찾아와서
윤호을	집ᄆᆡᆨ하고	윤호를	집맥(執脈)하고
藥네쳡	지여주며	약 네 첩(貼)	지어주며
말유가	지극항에	만류(挽留)가	지극(至極)함에
하로묵은	그부비을	하루 묵은	그 부비(浮費)[895]를
졔가모도	당ᄒᆡ쥬ᄃᆡ	제가 모두	당해주데
슌후한	그인심이	순후(淳厚)[896]한	그 인심(人心)이
南道에	잇슬손가	남도에	있을손가
活人之佛	골골마다	활인지불	골골마다[897]

---

894 이성달게: '이성달에게'의 줄임말.

895 부비(浮費): 일을 하는 데 써서 없어지는 돈.

896 순후(淳厚)하다: 온순하고 인정이 두텁다.

897 활인지불(活人之佛) 골골마다: 활인지불동동유지(活人之佛洞洞有之). 살아 있는 부처가 고을마다 있음을 의미함. 어디에나 급할 때 돕고 구해주는 사람이 있음을 이름. 골골: 고을고을

헛말이	안이로셰	헛말이	아니로세
病客	촌촌前進	병객	촌촌(寸寸)전진
摩天嶺	올나셔니	마천령	올라서니
億丈	高峯은	억장	고봉[898]은
半空에	소사잇고	반공에	솟아 있고
萬里	滄海난	만리	창해는
딕진을	둘넌난딕	대진(大津)[899]을	둘렀는데
日月	星辰을	일월	성신을
손으로	만질갓고	손으로	만질 같고[900]
風煙	雲霧난	풍연	운무[901]는
眼下에	그림이라	안하에	그림이라
당도리션	大輪航은	당도리선(船)[902]	대륜항[903]은

898 억장고봉(億丈高峯): 아주 높은 봉우리. 높고 높은 봉우리.

899 대진(大津): 큰 나루. 마천령의 한 줄기가 동쪽으로 달려 바다 속으로 쑥 들어가서 성진(城津)이 됨.

900 만질 같고: '만질 것 같고'의 줄임말.

901 풍연운무(風煙雲霧): 공중에 서린 흐릿한 연기와 구름, 안개.

902 당도리선: 바다로 다니는 큰 목조선.

903 대륜항(大輪航): 큰 바퀴가 달린 배.

가마괴	난것갓고	까마귀	난 것 같고
盃陵島	對馬島난	울릉도	대마도는
一千山이	묘망하다	일천산이	묘망(渺茫)[904]하다
楚나라	釰角山은	초나라	검각산[905]은
行路難	일홈잇고	행로난[906]	이름 있고

904 묘망(渺茫): 넓고 멀어서 바라보기에 아득함.

905 검각산(劍角山): 검문산(劍門山)의 별칭으로 사천성(泗川省)의 북단 가까이, 장안에서 성도에 이르는 가도(街道)에 솟아있는 산. 釰은 검(劍)의 이체자.

906 행로난(行路難): 세상살이의 어려움을 길의 험난함에 비유한 말. 세상만사가 뜻대로 되지 않음.

금준청주두십천(金樽淸酒斗十千) 금 항아리 좋은 술은 한 말에 만냥이오
옥반진수치만전(玉盤珍羞直萬錢) 옥쟁반 위의 진귀한 음식은 만금의 값어치네
정배투저불능식(停杯投筯不能食) 잔 놓고 저 던진 채 먹지를 못하고
발검사고심망연(拔劍四顧心茫然) 칼 뽑고 사방을 돌아보니 마음만 아득하네
욕도황하빙색천(欲渡黃河氷塞川) 황하를 건너자니 얼음이 강을 막고
장등태항설만산(將登太行雪滿山) 태항산을 오르자니 눈이 온산을 덮었구나
한래수조벽계상(閒來垂釣碧溪上) 한가로이 푸른 시냇물에 낚시를 드리우고
홀부승주몽일변(忽復乘舟夢日邊) 문득 다시 배에 올라 해 근처(천자가 살고 있는 장안(長安))를 그려보네.
행로난 행로난(行路難行路難) 세상사 어렵구나! 세상사 어려워라!

ᄐᆡ향山 양장구곡 태항산(太行山) 양장구곡(羊腸九曲)[907]
험한人心 比ᄒᆡ스니 험한 인심 비했으니

빗사림길 九十九곡 빗사림길[908] 구십구곡
구곡에셔 더甚하니 구곡(九曲)보다 더 심하니

이고지 어ᄃᆡᄆᆡ며 이곳이 어디메며
ᄂᆡ길이 무삼길고 내 길이 무슨 길고

인심이 험ᄒᆡ든가 인심(人心)이 험했던가
行路難 외오리라 행로난 외우리라

어산동 지ᄂᆡ쳐셔 어산동[909] 지나쳐서
관동영 나려가니 관동령(館洞嶺) 내려가니

다기로 금안재(多岐路今安在) 갈림길이 많으니 지금 어디인가
장풍파랑회유시(長風破浪會有時) 긴 바람이 파도를 부술 때가 있을 것이니
직괘운범제창해(直掛雲帆濟滄海) 곧바로 구름 같은 돛 달고 창해를 건너리라
이백(李白) <행로난(行路難)> 三首之一(삼수지일).

907 양장구곡(羊腸九曲): 아홉 번 꺾어진 양의 창자라는 뜻으로, 꼬불꼬불한 험한 길이나 세상이 복잡하여 살아가기 어려움을 비유적으로 일컬음.

908 빗사림길: 비스듬하게 쌓아 감겨 올려져 있는 길. 빗: 비스듬하게. 사리다: 쌓다. 쌓아올리다.

909 어산동: 마천령 바로 밑에 있는 마을. 성진 시내까지 약 30리 정도.

그아ᄅᆡ 바다가에 그 아래 바닷가에
셩진졍사 업ᄂᆡ로다 성진(城津)[910] 정사(亭舍) 읍내(邑內)로다

摩天嶺 來龍ᄭᅳᆺᄒᆡ 마천령 내룡[911] 끝에
조일봉 소사잇고 조일봉 솟아 있고

평지괘엽 잠관되야 평지괘엽(平地過峽)[912] 장관 되어
옥호봉 다시소사 옥호봉 다시 솟아

다리비 자루갓치 다리미 자루같이
海中에 드려가셔 해중에 들어가서

山上에 관부官府ᄇᆡ셜 산상에 관부 배설(排設)[913]
靑鶴抱卵 형곡잇셔 청학포란[914] 형곡(形谷) 있어

오른편은 참경ᄃᆡ요 오른편은 참경대(斬鯨臺)[915]요

---

910 성진(城津): 함경북도 남단 동해안에 있는 시.
911 내룡(來龍): 풍수지리에 쓰는 말로, 종산(宗山)에서 내려온 산줄기.
912 평지괘엽(平地過峽): 평평하게 낮았다가 갑자기 되솟아 오른 지세.
913 배설(排設): 의식이나 연회에서, 필요한 것들을 벌이어 베풂.
914 청학포란(靑鶴抱卵): 금빛 닭이 알을 품고 있다는 뜻으로 명당을 일컬음.
915 참경대(斬鯨臺): 성진시(城津市)의 바닷가에 있는 대.
참경세일득명가(斬鯨洗釼得名佳) 참경대와 세검정은 아름다운 이름를 얻어
야기영웅적개회(惹起英雄敵愾懷) 영웅들의 적개심을 불러 일으켰네
횡적술루제장사(橫笛戌樓諸壯士) 수루에서 피리를 불던 여러 장사들은

왼편은 셰검ᄃᆡ라 왼편은 세검대(洗劍臺)라

山上에난 內城싸고 산상에는 내성 쌓고
바다가에 外城싸셔 바닷가에 외성 쌓아

外城에 놉흔門이 외성에 높은 문이
이측각 공북누라 이측각(二側角)[916] 공북루(拱北樓)라

局勢도 좃컨이와 국세[917]도 좋거니와
경치가 絶勝이라 경치(景致)가 절승이라

관동영 넘어셔니 관동령(館洞嶺) 넘어서니
쌍포가 ᄒᆡ진이라 쌍포(雙浦)[918]가 해진(海津)[919]이라

문압ᄑᆡ 바다쪽에 문 앞에 바다 쪽에
상방에 소사구나 상방(上方)에 솟았구나

성진금일위수배(腥塵今日爲誰排) 어지러운 세상, 오늘은 누구를 위해 서 있는가.

이중린, 『운포유고(雲圃遺稿) (天)』 <망견성진진참경대세검정(望見城津鎭斬鯨臺洗釰亭)>

916 이측각(二側角): 양 옆이 각이 진.

917 국세(局勢): 나라의 형편과 힘.

918 쌍포(雙浦): 함경북도 김책(성진)시 쌍포. 쌍포진(雙浦津)이 있음.

919 해진(海津): 바다에서 배를 댈 만한 곳.

인걸은　지령이라　인걸(人傑)은　지령(地靈)[920]이라
발도장군　낫다하ᄃᆡ　팔도장군(八道將軍)[921]　났다 하대

그고졀　지닌후에　그곳을　지난 후에
이령장터　닷쳐구나　이령[922] 장터　닥쳤구나

그역시　도방이라　그 역시　도방(都方)이라
옛적에　골이라ᄃᆡ　옛적에　골[923]이라대

우리나라　趙中峯이　우리나라　조중봉[924]이

---

920 지령(地靈): 토지의 정령 또는 땅의 신령스러운 기운.
인걸(人傑)은 지령(地靈)이라: 땅이 좋아야 훌륭한 인물이 난다는 말.

921 정문부(鄭文孚): 11565-1624. 본관은 해주(海州), 자는 자허(子虛), 호 농포(農圃), 시호 충의(忠毅). 1588년(선조 21) 문과에 급제하였고, 한성부 참군(漢城府參軍)이라는 무관으로 첫 관직을 맡음. 이후 홍문관수찬(弘文館修撰), 사간원정언(司諫院正言)을 거쳤고 1591년 북병영(北兵營)에 딸린 정육품 무관직인 북평사(北評事)가 됨. 1592년 임진왜란이 일어나자 함경도 길주(吉州)에서 의병을 일으켜 의병대장이 됨. 함경도 회령(會寧)에서 두 왕자를 왜군에게 넘겨준 국경인(鞠景仁)의 숙부 국세필(鞠世弼)과 정말수(鄭末秀)를 죽이고 반란을 평정. 길주 장덕산대첩(長德山大捷)에서 왜적 600여 명의 목을 베고 수많은 군장물을 획득. 관북지방에서 왜군을 완전히 철수시킴. 이때의 승전은 성진에 있는 북관대첩비(北關大捷碑)에 기록되어 있음. (북관대첩비는 일제 강점기에 일본으로 옮겨졌다가 2005년에 다시 반환되어, 2006년 원래 위치에 복원하기 위해 2006년 3월 1일 북한으로 전달되었음.)

922 이령: 지명.

923 골: 고을.

壬亂ᄊᆡ　양반으로　임란 때　양반으로

괴향을　가잇다가　귀양을　가 있다가
이병을　일와싸ᄃᆡ　의병(義兵)을　일궜다대[925]

山城쥬막　즁화하고　산성[926] 주막(酒幕)　중화(中火)하고
吉州邑을　바ᄅᆡ보와　길주읍[927]을　바라보아

윤호난　타고오라　윤호는　타고 오라
ᄂᆡ먼져　압셧더니　내 먼저　앞섰더니

---

924 조중봉(趙中峯): 조헌(趙憲). 1544-1592. 자는 여식(汝式), 호는 중봉(重峯), 도원(陶原), 후율(後栗). 시호는 문열(文烈). 조선 중기의 문신·유학자·의병장. 1589년 지부상소(持斧上疏)로 시폐(時弊)를 극론(極論)하다가 길주 영동역(嶺東驛)에 유배되었으나, 이 해 정여립(鄭汝立)의 모반(謀反) 사건으로 동인(東人)이 실각(失脚)하자 풀려났음. 이후 임진왜란이 일어나자 옥천에서 문인 이우(李瑀)·김경백(金敬伯)·전승업(全承業) 등과 의병 1,600여 명을 모아, 8월 1일 영규(靈圭)의 승군(僧軍)과 함께 청주성(淸州城)을 수복함. 그러나 충청도 순찰사 윤국형(尹國馨)의 방해로 의병은 강제 해산 당하고, 불과 700명의 남은 병력을 이끌고 영규의 승군과 합진, 전라도로 진격하려던 고바야가와(小早川隆景)의 왜군과 전투를 벌인 끝에 중과부적(衆寡不敵)으로 모두 전사함. 후세에 이를 숭모(崇慕)하여 '금산 전투'라 일컬음.

925 일궜다대: '일구었다대'의 줄임말. 일구다: 현상이나 일 따위를 일어나게 하다. 일으켜 세우다.

926 산성(山城): 성진과 길주 사이에 있는 도시.

927 길주읍(吉州邑): 함경남도 길주. 운포는 1886년 2월 명천에 도착한 후, 그해 7월 10일에 길주(吉州)로 이배됨.

十里을	못밋쳐셔	십 리를	못 미쳐서
칠복이	만낫구나	칠복이	만났구나
水路로	먼져가셔	수로로	먼저 가서
明川邑	主人졍코	명천읍	주인 정코[928]
ᄂᆡ힝셩	젹연키로	내 행성(行聲)[929]	적연(寂然)키로
마즁을	온다하네	마중을	온다 하네
윤호가	오난모양	윤호가	오는 모양
ᄯᅩ무삼	탈이낫ᄂᆡ	또 무슨	탈이 났네
落眉之ᄋᆡ	ᄯᅩ당ᄒᆡ셔	낙미지액(落眉之厄)[930]	또 당해서
통셰가	발작이라	통세(痛勢)[931]가	발작(發作)[932]이라
義城에	이사진이	의성[933]에	이사진(李士晉)[934]이
갓튼소조	당하여셔	같은 소조(所遭)	당하여서

---

928 정코: '정하고'의 줄임말.

929 행성(行聲): 소리를 내다. 오는 소리.

930 낙미지액(落眉之厄): '눈썹에 떨어진 재액'이라는 뜻으로, 눈앞에 닥친 재액을 이르는 말.

931 통세(痛勢): 상처나 병의 아픈 형세.

932 발작(發作): 어떤 증상이나 격한 감정 따위가 갑자기 세차게 일어남.

933 의성(義城): 경상북도 의성군.

934 이사진(李士晉): 이동필(李東弼). 1839-1907. 본관은 전주, 자는 사진(士

吉州가	ᄇᆡ소되야	길주가	배소(配所)[935]되어
나먼져	와잇다ᄃᆡ	나 먼저	와 있다대
西門박	客쥬집에	서문 밖	객주(客主) 집에
윤호을	눕혀노코	윤호를	눕혀 놓고
藥局집도	무려보고	약국집도	물어보고
사진집도	찻자하며	사진(士晉) 집[936]도	찾자 하며
골난을	잇그려셔	곤란을	이끌어서[937]
셩안셩밧	나드더니	성(城) 안 성(城) 밖	나들더니
사진이	반겨듯고	사진(士晉)이	반겨듣고
마쥬만나	소회로다	마주 만나	소회(所懷)로다
藥지여	구료하고	약 지어	구료(求療)[938]하고
하로밤	자고나니	하룻밤	자고 나니
行資가	졀핍이라	행자가	절핍(絶乏)[939]이라

晉), 호는 사산(泗山). 1873년 식년시 진사로 입격. 거주지는 의성(義城). 부친은 성균생원(成均生員) 이석규(李錫圭). 의성의진 소속 의병.

935 배소(配所): 죄인이 귀양살이 하던 곳. 유배지.

936 사진집: 이사진이 머무는 집.

937 골난을 이끌어서: 곤란을 무릅쓰고.

938 구료(求療): 치료를 청함.

갈길이 망연하에 / 갈 길이 망연(茫然)[940]함에

말한바리 나문거살 / 말 한 마리 남은 것을
반갑셰 ᄆᆡᄆᆡ하야 / 반값에 매매(賣買)하여

교군과 셰마ᄂᆡ야 / 교군(轎軍)과 세마(貰馬)[941] 내어
간신이 ᄯᅥ나스니 / 간신히 떠났으니

잇ᄯᆡ난 어나ᄯᆡᆫ고 / 이때는 어느 땐고[942]
쳔즁佳節 조흔ᄯᆡ라 / 천중가절(天中佳節)[943] 좋은 때라

북창ᄃᆡ 긴방축에 / 북장대(北將臺)[944] 긴 방축(防築)[945]에
綠陰이 자자진ᄃᆡ / 녹음이 잦아진데

---

939 절핍(絶乏): 공급이 끊어져 아주 없어짐.

940 망연(茫然): 매우 넓고 멀어서 아득함.

941 세마(貰馬): 세를 받고 남에게 빌려주던 말.

942 어느 땐고: '어느 때인고'의 줄임말.

943 천중가절(天中佳節): 좋은 명절. 좋은 절기. 단오를 이르는 말.

944 북장대(北將臺). 장대(將臺): 전쟁 또는 군사훈련 시에 성내의 군사들을 지휘하기 위해 대장이 자리하는 누대(樓臺). 보통 장대는 성 전체의 상황이 한 눈에 들어오는 장소에 위치하여 대장이 전황을 살펴보면서 임기응변할 수 있도록 하였음.

945 방축(防築): 방죽의 본래 말. 물이 밀려들어 오는 것을 막기 위하여 쌓은 둑.

ᄎᆡᄉᆡᆨ한 추쳔줄은 채색(彩色)한 추천(鞦韆)[946] 줄은
곳곳지 ᄆᆡ여잇고 곳곳에 매여 있고

絶代 佳妓와 절대 가기[947]와
佳童 村女난 가동 촌녀[948]는

綠衣 紅裳과 녹의 홍상[949]과
금이 능나로 금의(金衣) 능라(綾羅)[950]로

ᄯᅦᄯᅦ이 ᄑᆡ을지어 떼떼이 패(牌)[951]를 지어
物色도 번화하니 물색[952]도 번화(繁華)[953]하니

ᄂᆡ역시 少年之節 나 역시 소년지절
호흥으로 논일젹에 호흥(好興)으로 노닐 적에

佳辰明節 시렴업셔 가신명절[954] 시름없어

---

946 추천(鞦韆): 그네.
947 절대가기(絶代佳技): 아주 아름다운 기생.
948 가동촌녀(佳童村女): 아름다운 아이와 마을의 여인. 선남선녀.
949 녹의홍상(綠衣紅裳): 연두빛 저고리에 다홍치마. 젊은 여자의 고운 옷차림.
950 능라금의(綾羅錦衣): 갖가지 비단으로 지은 아름다운 옷들.
951 패(牌): 무리, 떼.
952 물색(物色): 물건의 빛깔.
953 번화(繁華): 번성하고 화려함.
954 가신(佳辰): 축하할 만한 기쁜 일이 있는 날. 경사스러운 날. 좋은 명절.

좃케좃케 노라썬니 좋게좋게 놀았더니

男子에 한平生에 남자의 한 평생에
우과풍과 일어튼가 우과풍과(雨過風過)[955] 이렇던가

오날날 千里閉塞 오늘날 천리폐색[956]
남업난 시름일세 남 없는 시름일세

風俗이 쏘달나셔 풍속이 또 달라서
집집이 省墓하ᄂᆡ 집집이 성묘[957]하네

北忙山 곳곳마다 북망산(北邙山)[958] 곳곳마다
졔젼을 차려노코 제전(祭典)[959]을 차려 놓고

고아와 과부드리 고아(孤兒)와 과부(寡婦)들이
靑山이 미여지ᄀᆡ 청산이 미어지게[960]

---

955 우과풍과(雨過風過): 비가 지나고 바람이 지남. (인생의) 풍파를 겪음.

956 폐색(閉塞): 닫혀서 막힘, 또는 닫아서 막음. 겨울에 천지가 얼어붙어 생기가 막힘.

957 성묘(省墓): 묘를 살피고 손질함.

958 북망산(北邙山): 본래 낙양에 있는 산으로, 사람이 죽어서 가는 곳, 무덤이 많은 곳 등의 의미로 사용됨.

959 제전(祭典): 제사의 의식.

960 미어지다: 터질 듯이 꽉 차다.

白楊樹 실푼바람 백양수 슬픈 바람
哭聲이 흣터지니 곡성이 흩어지니

數千里 젹客心懷 수천 리 적객심회(謫客心懷)
더구나 돕난구나 더구나 돕는구나

吉州北 十五里에 길주북 십오 리에
탕슈편 다다랏ᄂᆡ 탕수평(湯水坪)[961] 다다랐네

탕슈가 무어신고 탕수(湯水)가 무엇인고
南道말노 온졍이라 남도말로 온정(溫井)[962]이라

北道가 읍ᄂᆡᆼ한ᄃᆡ 북도가 음냉(陰冷)한데
溫井이 어이잇노 온정이 어이 있노

그물이 유명하야 그 물이 유명하여
百病을 곤친다ᄂᆡ 백병을 고친다네

만나기 쉽지안아 만나기 쉽지 않아
목욕을 하잣던니 목욕(沐浴)을 하잤더니

重病餘 路독즁에 중병여 노독중(路毒中)에

961 탕수평(湯水坪): 길주에 있는 온천.
962 온정(溫井): 땅 속에서 따뜻한 물이 솟는 우물. 온천.

진ᄋᆡᆨᄊᆡ기	어려올분	진액(眞厄)[963]빼기	어려울 뿐
ᄂᆡ몸에	잇는병은	내 몸에	있는 병(病)은
다른병	안이로다	다른 병(病)	아니로다
골졀풍	피풍들은	골절풍(骨節風)[964]	피풍(皮風)[965]들은
곤칠 듯	하건이와	고칠 듯	하거니와
항오하고	고상병통	향우(向隅)[966]하고	고생(苦生) 병통(病痛)
네가엇지	곤치깃노	네가 어찌	고치겠노
고참ᄌᆡ을	얼는지나	고참(古站)[967]재를	얼른 지나
피자령	넘어셔니	피자령[968]	넘어서니

---

963 진액(眞厄): 진짜 나쁜 기운.

964 골절풍(骨節風): 뼈마디에 바람이 들어오는 것 같고 시린 감이 있는 증.

965 피풍(皮風): 피부가 소름이 끼치듯이 볼록볼록한 것이 돋으며 가려운 피부병.

966 향우(向隅): 향우지탄(向隅之嘆). 그 자리에 모인 많은 사람들이 다 즐거워하나 자기만은 구석을 향하여 한탄한다는 뜻으로, 좋은 때를 만나지 못하여 한탄함을 이름.

967 고참(古站): 함경북도 고참. 북쪽은 화성군 부암리·청룡리, 동쪽은 만호리·용암노동자구·명천읍, 남쪽은 길주군 온천리, 서쪽은 길주군 신동리와 접함. 조선 시대에 무산지방에 역참을 새로 두면서 이미 있던 이곳의 역참과 구분하기 위하여 고참이라는 지명이 붙음.

968 피자령: 함경북도 명천군 고참리와 명간군 청룡리 사이에 있는 영(401m).

그아ᄅᆡ	우슈장터	그 아래	우수(汚禾)[969] 장터
明川ᄯᅡ	도방이라	명천땅	도방(都方)이라
즁화을	하려하고	중화(中火)를	하려하고
ᄀᆡᆨ쥬을	차자드니	객주(客主)를	찾아드니
明日날	賣買업다	명일날[970]	매매 없다
즁화도	안씩이고	중화(中火)도	안 시키고
쥬육은	흔하여도	주륙(酒肉)은	흔하여도
공식도	하일업ᄂᆡ	공식(空食)[971]도	하릴없네
明川邑	十五里을	명천읍	십오 리를
낫후에	닷쳣구나	오후[972]에	닥쳤구나
어허여	외로다	어허 여(기)	외로다[973]
이고지	왼고진야	이곳이	웬 곳이야
직방씨	경계할제	직방씨(職方氏)[974]	정계(定界)[975]할 제

969 우수(汚禾): 지명. 명천과 가까운 곳에 위치함.

970 명일(明日)날: 다음 날. 내일.

971 공식(空食): 밥을 굶음.

972 낫후: 오후.

973 외로다: 어디인가. '웬 곳이냐, 어느 곳이냐'라는 의미의 방언.

974 직방씨(職方氏): 주대(周代)의 관직명. 천하의 지도와 공물에 관한 일을

千里관ᄉᆡ	마련하고	천리 관새(關塞)[976]	마련하고
우리父母	나을나아	우리 부모	나를 낳아
富貴公明	기ᄃᆡ턴니	부귀공명	기대터니
時運이	不幸하고	시운이	불행하고
명슈가	기궁하야	명수(命數)가	기궁(奇窮)[977]하여
인연이	예와졋ᄂᆡ	인연(因緣)이	예와졌네[978]
누기가	바ᄅᆡ든고	누구가	바랬던고
누기을	보라든고	누구를	보라던고
山川도	낫치셜고	산천도	낯이 설고
인물도	낫치셜고	인물(人物)도	낯이 설고
草木도	낫치셔려	초목도	낯이 설어
한하늘	한日月에	한 하늘	한 일월에
그밋ᄒᆡ	잇건만은	그 밑에	있건마는

말아 보았음.

975 정계(定界): 일정한 한계나 경계를 정함. 또는 그 한계나 경계.

976 관새(關塞): 나라의 국경 지방에 베푼 관문, 또는 요새.

977 기궁(奇窮): 살기가 몹시 어려움.

978 예와졌네: '여기와졌네'의 줄임말. 여기왔네.

衣冠이	갓흔지라	의관이	같은지라
他國도	안일게오	타국도	아닐 게오
面目이	사람이라	면목이	사람이라
즘싱도	안이로ᄃᆡ	짐승도	아니로되
風土人事	살펴보니	풍토인사	살펴보니
판연이	다르도다	판연(判然)[979]히	다르도다
반상이	등분업고	반상(班常)[980]이	등분(等分)[981] 없고
老少가	分別업셔	노소가	분별 없어
다른집	늘근이을	다른 집	늙은이를
모도일너	老親이오	모두 일러	노친이오
졔집에	子息ᄯᆞᆯ을	제 집에	자식 딸을
말ᄭᅳᆺ마다	위ᄃᆡ하ᄂᆡ	말끝마다	외대(外待)[982]하네
인사라고	하는모양	인사(人事)라고	하는 모양
더구나	우습구나	더구나	우습구나

---

979 판연(判然): 아주 명백하고 확실히 드러나 있음.

980 반상(班常): 양반과 상사람.

981 등분(等分): 등급의 구분.

982 외대(外待): 푸대접. 정성을 들이지 않고 아무렇게나 하는 대접.

목메인　된소리로　목 메인　된소리로
첫말이　웟져웟져　첫 말이　어째 어째

어음도못　구ᄉᆞ하고　어음(語音)[983]도 못　구사하고
방언도　알슈업ᄂᆡ　방언(方言)도　알 수 없네

옛날젹　胡族이라　옛날적　호족[984]이라
무지막지　짝이업ᄂᆡ　무지막지　짝이 없네

힝탁을　졍돈하고　행탁(行橐)을　정돈(整頓)[985]하고
ᄇᆡ관을　붓쳣썬니　배관(配關)을　부쳤더니

거만시련　형이놈이　거만스런　형리(刑吏)[986]놈이
ᄇᆡ관죄인　드로라ᄃᆡ　배관죄인(配關罪人)　들오라대

당당한　ᄉᆞᄃᆡ부가　당당한　사대부(士大夫)가
가엽시도　되엿구나　가엾이도　되었구나

하인으로　보든아젼　하인(下人)으로　보던 아전(衙前)[987]

983 어음(語音): 말소리.
984 호족(胡族): 오랑캐.
985 정돈(整頓): 어지럽거나 흩어진 것을 가지런히 하여 바로 잡음.
986 형리(刑吏): 지방 관아의 형방아전(衙前).
987 아전(衙前): 서리의 다른 이름. 각 관청에 딸려 벼슬아치 밑에서 일을 보던 중인 계급.

호ᄅᆡ쳣가	하단말가	호래척거(呼來斥去)[988]	하단 말가
먼길을	종일가면	먼 길을	종일(終日) 가면
못본일을	다보긴ᄂᆡ	못 본 일을	다 보겠네
비도오고	바람치고	비도 오고	바람 치고
즁도보고	속도보고	중도 보고	속(俗)도 보고
욕된일과	분한일을	욕(辱)된 일과	분(忿)한 일을
복으로	볼수박게	복(福)으로	볼 수밖에
즁이벗고	사장방에	중의(中衣)[989] 벗고	사장방[990]에
들고시퍼	드려시며	들고 싶어	들었으며
절간에간	ᄉᆡᆨ시가	절간에 간	색시[991]가
하란ᄃᆡ로	할밧업다	하란대로	할 밖 없다[992]
압푼다리	게우ᄭᅳ려	아픈 다리	겨우 끌어

988 호래척거(呼來斥去): 사람을 오라고 불러 놓고 곧바로 내쫓음.

989 중의(中衣): 고의적삼. 남자의 여름 홑바지.

990 사장방: 감옥.

991 절에 간 색시: 남이 시키는 대로 따라 하는 사람을 이르는 말. 또는 아무리 싫어도 남이 시키는 대로 따라 하지 아니할 수 없는 처지에 있는 사람을 이름.

992 할 바 없다: 할 수밖에 다른 길이 없다.

형이쳥을	차자가니	형리청(刑吏廳)[993]을	찾아가니
슈형이방	셔형이방	수형이방(首刑吏房)[994]	서형이방(序刑吏房)[995]
기거도	안이하고	기거(起居)[996]도	아니하고
ᄇᆡ관을	압ᄒᆡ노코	배관(配關)을	앞에 놓고
용모파기	살펴본후	용모파기(容貌疤記)[997]	살펴본 후
거류을	하깃다고	구류(拘留)를	하겠다고
나가라고	하는구나	나가라고	하는구나
도라와	누어스니	돌아와	누웠으니
한숨이	절노나ᄂᆡ	한숨이	절로 나네
쥬슈에	남치원이	주수(主守)[998]인	남치원(南致源)[999]이

---

993 형리청(刑吏廳): 형방이 업무를 보던 관청.

994 수형이방(首刑吏房): 수리(首吏). 수형리(首刑吏). 지방 아전의 대표자. 지방 관아에 속한 형리의 우두머리.

995 서형이방(序刑吏房): 수형리(首吏)의 바로 아래 아전.

996 기거(起居): 일정한 곳에서 먹고 자고 하는 따위의 일상적인 생활 또는 앉아 있다가 손님을 영접하려고 일어섬.

997 용모파기(容貌疤記): 사람을 잡기 위하여 그 사람의 용모에 대한 특징을 기록함. 또는 그 기록.

998 주수(主守/主倅): 자기가 사는 고을의 수령(守令)을 이르던 말. 명천 부사를 가리킴.

젼갈을	하엿스나	전갈(傳喝)[1000]을	하였으나
젼갈가진	관장하인	전갈(傳喝)가진	관장(管掌)[1001] 하인(下人)
ᄲᅥᆺᄲᅥᆺ하기	짝이업셔	뻣뻣하기	짝이 없어
졔졔ᄇᆡ	ᄃᆡ한다시	제 제배(儕輩)[1002]	대한 듯이
초면인사	먼져하고	초면(初面) 인사	먼저 하고
관가말이	이르트라	관가(官家) 말이	이렇더라
남에말	드른드시	남의 말	들은 듯이
젼갈이짜	간ᄃᆡ업고	전갈(傳喝) 이자(二字)	간 데 없고
ᄲᅥᆺᄲᅥᆺ하기	짝이업ᄃᆡ	뻣뻣하기	짝이 없데
평일에	거ᄒᆡᆼ할젹	평일(平日)에	거행(擧行)할 적
관문출입	안ᄒᆡ쎤니	관문출입(官門出入)	안했더니
신셰가	궁곤하고	신세(身世)가	궁곤(窮困)하고
욕셩이	만을터에	욕성(辱聲)이	많을 터에

999 남치원(南致源): 본관은 의령(宜寧). 1886년 1월부터 이듬해 6월까지 명천 부사로 임명됨. '南致源爲明川府使.' (『승정원일기』 고종 23년 1월 30일). '南致源爲京畿中軍' (『승정원일기』 고종 24년 6월 29일).

1000 전갈(傳喝): 사람을 시켜 말을 전하거나 안부를 물음. 또는 전하는 말이나 안부.

1001 관장(管掌): 일을 맡아서 주관함.

1002 제배(儕輩): 같은 또래의 사람.

쥬슈가	친차하면	주수(主守)가	친(親)차 하면[1003]
안이친코	어이하리	아니 친(親)코	어이 하리
數三日	지난후에	수삼일	지난 후에
상ᄃᆡ을	하여보니	상대(相對)를	하여보니
무신난	입졀공신	무신난(戊申亂)	입절공신(立節功臣)[1004]
츙장공	자손이오	충장공(忠壯公)[1005]	자손(子孫)이오
유화하고	자상하야	유화(柔和)[1006]하고	자상(仔詳)하여
武夫지ᄐᆡ	젼혀업ᄃᆡ	무부지태(武夫之態)	전혀 없데
쥬인이라	졍한집이	주인(主人)이라	정(定)한 집이
누추하고	협착하야	누추(陋醜)하고	협착(狹窄)[1007]하여

1003 친차 하면: '친하자고 하면'의 줄임말.

1004 입절공신(立節功臣): 절개를 굽히지 않은 공신.

1005 충장공(忠壯公): 남연년(南延年), 1653-1728. 본관은 의령(宜寧), 자는 수백(壽伯), 시호는 충장(忠壯). 부친은 남두명(南斗明). 1676년(숙종 2)에 무과에 급제, 선전관(宣傳官)을 거쳐 1727년 무신난(戊申亂)때 청주영장(淸州營將)이 되어 토포사(討捕使)를 겸함. 이듬해 이인좌(李麟佐)의 난이 일어나자 난을 진압하던 중, 청주성이 함락되면서 절도사 이봉상(李鳳祥)과 함께 붙잡혔으나, 반도(叛徒)들에게 굴하지 않고 꾸짖다가 순절(殉節)함.

1006 유화(柔和): 성질이 부드럽고 온화함.

1007 협착(狹窄): 차지하고 있는 자리가 몹시 좁음.

드려가면	기여들고	들어가면	기어들고
일어셔면	ᄭᅩᆨ두박질	일어서면	곤두박질
셰상이	너른ᄃᆡ도	세상(世上)이	넓은데도
나혼자	협착하고	나 혼자	협착(狹窄)하고
하늘이	놉다ᄒᆡ도	하늘이	높다 해도
나혼자	ᄭᅮᆸ푸리니	나 혼자	구부리니
평일에	놉흔ᄯᅳᆺ과	평일(平日)에	높은 뜻과
평일에	너른마음	평일(平日)에	넓은 마음
좁고좁은	일읍졍사	좁고 좁은	일읍정사(一邑亭舍)[1008]
용납하기	어려워셔	용납(容納)하기	어려워서
ᄇᆡᆨ두산하	발ᄒᆡ상에	백두산하(白頭山下)	발해상(渤海上)에
용납할가	너겨ᄯᅧᆫ니	용납(容納)할까	여겼더니
이더지	협착하니	이다지	협착(狹窄)하니
어ᄃᆡᄆᆡ로	가잔말고	어디메로	가잔 말고
무지막지	하드라도	무지막지(無知莫知)	하더라도

1008 일읍정사(一邑亭舍): 한 고을에 있는 작은 집.

인심은　ᄒᆡ롭잔아　인심(人心)은　해롭잖아[1009]

차자와　보난것들　찾아와　보는 것들
걱졍이　분등턴니　걱정이　분등(噴騰)터니

東門밧　김ᄃᆡ관이　동문 밖　김대관이
집조코　인심좃타　집 좋고　인심(人心) 좋다

여려이　권하야셔　여럿이　권(勸)하여서
그리로　옴겨구나　그리로　옮겼구나

거쳐음식　ᄒᆡ롭잔아　거처(居處) 음식　해롭잖아
불힝중　다힝일ᄉᆡ　불행(不幸) 중　다행(多幸)일세

집에셔　써날졔난　집에서　떠날 제는
四五百金　가져와셔　사오백금　가져와서

족하는　글일이고　조카는　글 읽히고
종놈도　두잣던니　종놈도　두잤더니[1010]

三四朔　길에쎗쳐　삼사삭[1011]　길에 뻗쳐

1009 해롭잖아: '해롭지 않아'의 줄임말.
1010 두잤더니: '두자 했더니'의 줄임말.
1011 삼사삭(三四朔): 삼사개월.

分戔이 업셔지고 분전[1012]이 없어지고

우즁지 明川邑이 우중지(又重之) 명천읍이
흉연을 만ᄂᆡ다ᄃᆡ 흉년(凶年)을 만났다대

사셰에 할일업셔 사세(事勢)에 하릴없어
三奴主 보ᄂᆡ라니 삼노주[1013] 보내라니[1014]

힝자가 쳑분업셔 행자(行資)가 척분(隻分)[1015] 없어
本官게 말을하고 본관에게 말을 하고

三十兩 변통하니 삼십 냥 변통(變通)하니
가당치 안이하나 가당치 아니하나

헐일업시 보ᄂᆡ려니 하릴없이 보내려니
이정경이 엇더하라 이 정경(情景)이 어떠하랴

十餘日 묵은후에 십여 일 묵은 후에

1012 분전(分錢): 푼돈.

1013 삼노주(三奴主): 조카, 종 칠복, 상용.

1014 보내라니: '보내려고 하니'의 줄임말.

1015 척분(隻分): 척분척리(隻分隻厘), '척푼척리(몇 푼 안 되는 적은 돈)'의 잘못.

五월망일 발경이라　　오월망일(五月望日)[1016] 발정(發程)[1017]이라

마암을 굿게먹어　　마음을 굳게 먹어
작회을 마자썬이　　작회(作懷)[1018]를 말잤더니

족하종놈 우난거살　　조카 종놈 우는 것을
ᄭᅮ지자고 소리하니　　꾸짖자고 소리하니

즁치가 쫙믹히여　　중치가 꽉 막히어
나오든말 슷쳐지고　　나오던 말 그쳐지고

두눈에 더운눈물　　두 눈에 더운 눈물
난ᄃᆡ업시 쏘다지ᄂᆡ　　난데없이 쏟아지네

四奴主 우난양은　　사노주[1019] 우는 양(樣)은
木石도 늣길게라　　목석도 느낄 게라

하늘도 갓치우나　　하늘도 같이 우나
구진비난 무삼일고　　궂은비는 무슨 일고

1016 오월망일(五月望日): 오월 보름.
1017 발정(發程): 길을 떠남.
1018 작회(作懷): 생각을 품음.
1019 사노주(四奴主): 작자 자신과 조카 윤호, 종 칠복, 상용.

비온다고	안보ᄂᆡ며	비 온다고	안 보내며
종일종야	울터인야	종일종야(終日終夜)	울 터이냐
윤기에	깁흔인졍	윤기(倫紀)[1020]에	깊은 인정(人情)
드는칼노	비는드시	드는 칼로	비(베)는 듯이
ᄭᅮ지셔	구박하야	꾸짖어	구박(驅迫)하여
ᄯᅥ쳐셔	보나구나	떨쳐서	보내(는)구나
여광여최	이ᄂᆡ마암	여광여취(如狂如醉)	이내 마음
퇸마루에	건이다가	툇마루에	거닐다가
남경밋	너물젹에	남경 밑	넘을 적에
셔이쓴	갈모ᄭᅩᆨ지	셋이 쓴	갈모[1021] 꼭지
그리ᄆᆡ	지ᄂᆡ드시	그림자	지나듯이
형영이	업셔지니	형영(形影)이	없어지니
ᄭᅳᆺ쳣든	두쥴눈물	그쳤던	두 줄 눈물
다시금	쏘다지ᄂᆡ	다시금	쏟아지네
방안에	드려와셔	방안에	들어와서

1020 윤기(倫紀): 윤리와 기강.

1021 갈모: 비가 올 때 갓 위에 덮어쓰는 우장(雨裝).

목침을	베고누어	목침(木枕)을	베고 누워
별회난	썬져두고	별회(別懷)[1022]는	던져두고
ᄂᆡ신셰	ᄉᆡᆼ각하니	내 신세(身世)	생각하니
말이갓한	하늘가에	만리(萬里)같은	하늘가에
게발무려	썬져두고	게발 물어	던져두고[1023]
혈혈한	이ᄂᆡ일신	혈혈(孑孑)[1024]한	이내 일신(一身)
누기을	이지하랴	누구를	의지(依支)하랴
병이든들	뇌가알며	병(病)이 든들	누가 알며
쥭은들	뇌가아랴	죽은들	누가 알랴
남자에	구든간장	남자(男子)의	굳은 간장(肝腸)
눈물이	업셔썬니	눈물이	없었더니
오늘날	이원일고	오늘날	이 웬일고
금할수가	젼혀업ᄂᆡ	금(禁)할 수가	전혀 없네

1022 별회(別懷): 이별의 회포.

1023 게발 물어 던져두다: 할 일은 다 했다고 내버려 두고, 아주 외로운 형편이 되었다는 뜻(태백산 갈가마귀 게발 물어던지듯).

1024 혈혈(孑孑): 외로운.

쥬인이　불상타고　주인(主人)이　불쌍타고
만단으로　위로하나　만단(萬端)[1025]으로　위로(慰勞)하나

네말도　듯기실코　네 말도　듣기 싫고
네얼굴도　보기실타　네 얼굴도　보기 싫다

위회라고　하는마리　위회(慰懷)라고　하는 말이
ᄀᆡᆨ에회포　돕난구나　객(客)의 회포(懷抱)　돕는구나

ᄭᅮ지셔　ᄂᆡ보ᄂᆡ고　꾸짖어　내보내고
쥭든지　사랏든지　죽든지　살았든지

잠이나　자자하니　잠이나　자자하니
눈이ᄯᅬ여　못일우고　눈이 뜨여　못 이루고

져역이나　먹자하니　저녁이나　먹자하니
목이메여　못먹깃ᄂᆡ　목이 메여　못 먹겠네

그력져력　밤이드려　그럭저럭　밤이 들어
비긋치고　다리ᄯᅳᄂᆡ　비 그치고　달이 뜨네

반갑다　져달빗쳔　반갑다　저 달빛은
고향친구　네로구나　고향(故鄕) 친구(親舊)　너로구나

1025 만단(萬端): 수 없이 많은 갈래나 토막. 여러 가지나 온갖.

ᄂᆡ심경	이려타고	내 심경(心境)	이렇다고
은근이도	차자왓나	은근(慇懃)히도	찾아왔나
月宮에	잇난황아	월궁에	있는 항아(姮娥)
말을조금	하라무나	말을 조금	하려무나
예와셔	빗칠졔난	예[1026] 와서	비칠 제는
우리집도	빗칠게니	우리 집도	비칠 게니
가장보난	졀문부인	가장(家長) 보낸	젊은 부인(婦人)
너을보고	안이우나	너를 보고	아니우나
사랑에	늘근동싱	사랑에	늙은 동생
너을보고	한심한다	너를 보고	한심(寒心)한다
ᄃᆡ소가	여려소슬	대소가(大小家)	여러 소실(小室)
걱졍하며	싱각난가	걱정하며	생각는가[1027]
客中에	ᄂᆡ심사와	객중에	내 심사(心事)와
故鄕에	여려경회	고향에	여러 정회(情懷)
너난경영	알거시니	너는 정녕	알 것이니

1026 예: '여기'의 줄임말.

1027 생각는가: '생각하는가'의 줄임말.

이리져리	젼ᄒᆡ주소	이리저리	전(傳)해 주소
무졍한	져달빗치	무정(無情)한	저 달빛이
말ᄃᆡ답은	안이하고	말대답은	아니 하고
南窓門	깁흔방에	남창문	깊은 방에
틈틈이	차자드려	틈틈이	찾아들어
봉호난	멀이하고	봉호(蓬戶)[1028]는	멀리 하고
심사만	굿쳣구나	심사(心事)만	굳혔구나
젹막한	ᄀᆡᆨ창하에	적막(寂寞)한	객창하(客窓下)에
밤나즈로	혼자안자	밤낮으로	혼자 앉아
쳔사만렴	나는마암	천사만념(千思萬念)	나는 마음
엇지다	기록하리	어찌 다	기록(記錄)하리
후회로다	후회로다	후회(後悔)로다	후회(後悔)로다
ᄂᆡ마암	후회로다	내 마음	후회(後悔)로다
젼ᄉᆡᆼ에	무삼죄로	전생(前生)에	무슨 죄(罪)로
사ᄃᆡ부가	되어나셔	사대부가(士大夫家)	태어나서

1028 봉호(蓬戶): 자기 집을 낮추어 부르는 말.

우즁지 학문집에 우중지(又重之) 학문(學問)집에
그련어이 ᄇᆡ왓다고 글은 어이 배웠다고

현부현조 가르침과 현부현조(賢父賢祖) 가르침과
셩현현젼 이른말삼 성경현전(聖經賢傳)[1029] 이른 말씀

올케듯고 올케역여 옳게 듣고 옳게 여겨
사람노릅 하자기로 사람 노릇 하자기로

올치안인 공명부괴 옳지 않은 공명부귀(功名富貴)
지극히도 하기실코 지극(至極)히도 하기 싫고

게관업는 이리시비 계관(係關)없는 의리시비(義理是非)[1030]
소견이 너른체로 소견(所見)[1031]이 넓은 체로

시ᄃᆡ난 안이보고 시대(時代)는 아니 보고
츙분이 겸동하니 충분(忠憤)[1032]이 겸동(兼動)[1033]하니
셰상에 미음바다 세상(世上)에 미움 받아

1029 성경현전(聖經賢傳): 성현(聖賢)이 남긴 글. 성인(聖人)의 글을 경(經)이라고 하고, 현인(賢人)의 글을 전(傳)이라고 함.

1030 의리시비(義理是非): 의리(사람의 도리)와 시비(옳고 그름).

1031 소견(所見): 보고 헤아리는 생각, 올바로 인식하거나 바르게 처리할 수 있는 능력.

1032 충분(忠憤): 충의로 인해 생기는 분한 마음.

1033 겸동(兼動): 아울러 일어남.

너르고	죠흔거시	넓고	좋은 것이
효졔와	충신이오	효제(孝悌)와	충신(忠信)이요
오른거시	현군진ᄃᆡ	옳은 것이	현군자(賢君子)ㄴ데[1034]
이려무로	미음바다	이러므로	미움 받아
일ᄉᆡᆼ궁곤	할터에난	일생궁곤(一生窮困)	할 터에는
人間百年	얼마되리	인간백년	얼마 되리
무슨노릇	조흘넌고	무슨 노릇	좋을런고
무지막지	상한되야	무지막지	상한(常漢)[1035]되어
農業이나	힘을써셔	농업이나	힘을 써서
곰방ᄃᆡ나	입에물고	곰방대나	입에 물고
검둥쇠	압셔우고	검둥소	앞세우고
南田北畓	ᄯᅡ라가며	남전북답[1036]	따라가며
이라져라	갈고심어	이랴저랴	갈고 심어
九十月	秋收後에	구시월	추수 후에
是非가	무어신지	시비가	무엇인지

1034 현군잔데: '현군자인데'의 줄임말. 현군자(賢君子): 어진 군자.

1035 상한(常漢): 상놈.

1036 남전북답(南田北畓): 남쪽의 밭과 북쪽의 논이라는 뜻.

禮節이	무어신지	예절이	무엇인지
밤이나	굴불에	밤이나	군불[1037]에
신이나	삼아신고	신이나	삼아 신고
게집자식	궁됭이을	계집 자식	궁뎅이를
이리져리	뚜드리며	이리저리	두드리며
예예틈틈	낭걸져셔	예예틈틈	나무(를) 져서
구실츄렴	맛차노코	구실(口實)[1038] 추렴	맞춰 놓고
함포고복	격양가을	함포고복(含哺鼓腹)[1039]	격양가(擊壤歌)[1040]를
ᄂᆡ歲月노	보날거살	내 세월로	보낼 것을
연골에	못ᄇᆡ와셔	연골(軟骨)[1041]에	못 배워서
이거시	후회로다	이것이	후회(後悔)로다
農事일을	못할터에	농사일을	못할 터에

1037 군불: 음식을 하기 위해서가 아니라, 방을 덥히려고 아궁이에 때는 불.

1038 구실(口實): 핑계를 삼을 만한 재료.

1039 함포고복(含哺鼓腹): '잔뜩 먹고 배를 두드린다'는 뜻으로, 먹을 것이 풍족하여 즐겁게 지냄을 이르는 말.

1040 격양가(擊壤歌): 옛날 요임금 때 늙은 농부가 땅을 치면서 천하가 태평한 것을 노래한 데서 온 말로 태평성대(太平聖代)를 즐기는 노래.

1041 연골(軟骨): 어렸을 때.

그무어셜	하잔말고	그 무엇을	하잔 말고
셕자셰치	발감기에	석자 세치[1042]	발감기[1043]에
길힝젼	올이치고	길 행전(行纏)[1044]	올려 치고
사즉빅이	결딕말을	사즉백리(駛卽百里)[1045]	절대 말을
압되에	셰워노코	앞뒤에	세워 놓고
치쥭을	놉피드러	채찍을	높이 들어
압되을	쑤드리며	앞뒤를	두드리며
피장시셰	엇더턴고	피장(彼場) 시세(市勢)	어떻던고
압장이	느져가닉	앞 장(場)이	늦어가네
울월이	구비도리	울울[1046]이	굽이 돌아
이라져라	쑤드리며	이랴져랴	두드리며

1042 석자세치: 삼척삼촌(三尺三寸).

1043 발감기: 감발. 버선이나 양말 대신 발에 감는 좁고 긴 무명천. 주로 먼 길을 걷거나 막일을 할 때 사용.

1044 행전(行纏): 바지나 고의를 입을 때 정강이에 감아 무릎 아래 매는 물건. 반듯한 헝겊으로 소맷부리처럼 만들고 위쪽에 끈을 두 개 달아서 돌려 매게 되어 있음.

1045 사즉백리(駛卽百里): 달리면 단번에 백 리를 가는 말.

1046 울: 풀이나 나무 따위를 얽거나 엮어서, 담 대신에 경계를 지어 막는 물건.

약슈光陰 景도좃타 약수광음(若水光陰)[1047] 경도 좋다
楚水吳山 노ᄅᆡ불너 초수오산[1048] 노래 불러

半醉半셩 夕陽天에 반취반성(半醉半醒)[1049] 석양천에
萬事泰平 좃컨만은 만사태평 좋건마는

시셰물졍 몰낫스니 시세(市勢) 물정(物情) 몰랐으니
이역시 못하깃네 이 역시 못 하겠네

장사도 못할터에 장사도 못할 터에
노름이나 하여볼가 노름이나 하여볼까

1047 약수광음(若水光陰): 물같이 흐르는 세월.

1048 초수오산(楚水吳山): 초나라의 강과 오나라의 산. 호남·호북성 일대의 강물과 강소성 일대의 산들.
고원망단욕여하(故園望斷欲何如) 고향 땅 바라보나 막히어 어찌할 수 없나니
초수오산만리여(楚水吳山萬里餘) 초나라의 강과 오나라의 산으로 만리나 떨어져 있네
금일인군방형제(今日因君訪兄弟) 오늘 그대가 우리 형제 찾아간다 하니
수행향루일봉서(數行鄕淚一封書) 고향 생각에 눈물 흘리며 몇 줄 편지 적어 보내노라
백거이(白居易) <강남송북객인빙기서주형제서(江南送北客因憑寄徐州兄弟書)>.

1049 반취반성(半醉半醒): 술이 취한 듯도 하고 깬 듯도 함.

으슥한	졉주집에	으슥한	접주(接主)집[1050]에
쥬육을	ᄇᆡ셜하고	주륙(酒肉)을	배설(排設)하고
마게돈	쳬게돈을	마계(馬契)[1051]돈	체계(遞計)[1052]돈을
바리바리	시려노코	바리바리	실어 놓고
富者집	날난子息	부자집	날란[1053] 자식
消日하댜	쐬워다다	소일하자	꾀어다가
ᄃᆡ격추리	소격추리	대격추리	소격추리[1054]
업퍼무리	ᄃᆡ갈치기	엎어무리[1055]	대갈치기
탁치고	걸쳐구나	탁치고	걸쳤구나
네쌍쟉혀	가군노름	네 쌍 잡혀	가군 노름

1050 접주(接主)집: 도둑이나 노름꾼, 또는 상인을 거느리는 우두머리.

1051 마계(馬契): 말을 세놓는 일을 목적으로 삼던 계.

1052 체계(遞計): 장체계(場遞計). 장에서 비싼 이자로 돈을 꾸어 주고 장날마다 본전의 일부와 이자를 받아들이던 일.

1053 날란: 날라리. 언행이 어설프고 들떠서 미덥지 못한 사람을 낮잡아 이르는 말.

1054 대격추리, 소격추리: 강패(江牌) 곧 골패 놀이의 기구. '강패(江牌)의 기구인 대격을 우리말로 대격추리라고 말한다'. 최영년(崔永年), 『해동죽지海東竹枝』.

1055 엎어무리: 뒤집어 놓기.

갑오라　갑ᄉᆡ원은　갑오(甲午)라　갑생원은
갑작골이　호기나고　갑작골[1056]이　호기(豪氣)나고

아부동　홀상손은　아부동[1057]　홀상수[1058]는
호ᄑᆡ토기　第一이라　호패(胡牌)[1059]투기(投機) 제일이라

눈치잇고　손치빨나　눈치 있고　손치 빨라
잘쏘겨　쏨넘기며　잘 속여　꼼 넘기며

판안에돈　쳔ᄇᆡᆨ양을　판 안의 돈　천백(千百) 냥을
모도쓰려　닥칠게라　모두 쓸어　닥칠 게라

만ᄉᆡᆼ만사　이셰월이　만생만사(萬生萬死)[1060]　이 세월(歲月)이

1056 갑오갑작골(갑오갑자꼬리): 투전판 용어. 갑오갑자미, 갑작골, 갑잡골 등을 외치면서 투전 또는 골패를 탁 치면서 판을 거둠. '갑오갑작골은 마작과 비슷한 마적패(馬弔牌)라는 도박놀이에서 나왔으며, 도박하는 자가 9를 얻으면 패를 땅에 대면서 갑오갑자미(甲午甲子尾)라 외쳤다' 매천(梅泉) 황현(黃玹)의『오하기문(梧下紀聞)』.

1057 아부동: 골패놀이에서 쓰는 용어. 패를 가져올 때 아부동은 7곱의 점수가 나도록 되어 있음.

1058 홀상수(上數): 손에 든 쪽이 다 홀수로 아주 좋은 수. 홀아비쌍소라 하기도 함. '쥐코사오 삼육허고 백사사오 아륙을허니 홀애비쌍소가 뒤집어 지누나' 민요 <골패타령> 중. 패를 가져올 때 홀아비쌍소는 6곱의 점수가 나도록 되어 있음.

1059 호패(胡牌): 골패. 강패(江牌)·아패(牙牌)·호패(號牌).

1060 만생만사(萬生萬死): 만 번 태어나고 만 번 죽음. 일일일야 만생만사(一

모도다 좃컨만은 모두 다 좋건마는

敗家亡身 썬져두고 패가망신[1061] 던져두고
白쥬大賊 이게로다 백주대적(白晝大賊)[1062] 이게로다[1063]

그노릇셜 못할터에 그 노릇을 못할 터에
客酒노릇 하여볼가 객주[1064] 노릇 하여볼까

통구大道 네거리에 통구(通衢)[1065] 대도 네거리에
큰마방집 버려노코 큰 마방(馬房)집[1066] 벌여 놓고

큰어미 자근어미 큰어미 작은어미
즁임이 머셤군을 중님이[1067] 머슴꾼을
쌍쌍이 버려노코 쌍쌍이 벌여 놓고

큰어미 밥푸면셔 큰어미 밥 푸면서

日一夜 萬生萬死): 하루 낮 하루 밤에도 만 번 나고 만 번 죽음. 시간을 죽이지 말고 살리는 삶을 살아야 한다는 말.

1061 패가망신(敗家亡身): 집안의 재산을 다 써 없애고 몸을 망침.

1062 백주대적(白晝大賊): 대낮의 큰 도적.

1063 이게로다: '이것이로다'의 줄임말.

1064 객주(客酒): 손님에게 대접하려고 마련한 술.

1065 통구(通衢): 사방으로 통하여 왕래가 잦은 거리.

1066 마방(馬房)집: 마구간을 갖춘 주막집. 객점(客店).

1067 중님이: 부엌에서 심부름하는 여자아이를 일컫는 말.

밥잡고	가시라오	밥 잡수고	가시라오
져근어미	숣을드려	작은어미	술을 들여
숣잡고	가시라오	술 잡수고	가시라오
쳠아밋ᄒᆡ	방물젼과	처마 밑에	방물전(方物廛)[1068]과
大門압ᄒᆡ	떡박통이	대문 앞에	떡 바가지
밤ᄉᆡ베	안이헤고	밤 새벽	아니 헤고
이것팔고	져것팔고	이것 팔고	저것 팔고
날마다	쾌돈버리	날마다	쾌돈[1069] 벌이
이역시	조컨만은	이 역시	좋건마는
쳔하여	못하긴ᄂᆡ	천(賤)하여	못하겠네
世上萬事	괴찬으니	세상만사	귀찮으니
즁노르셜	하여볼가	중 노릇을	하여볼까
萬쳡靑山	드리달나	만첩청산(萬疊靑山)	들이달아
졍소한	庵子차자	정소(淨掃)[1070]한	암자 찾아

1068 방물전(方物廛): 도자전(刀子廛). 소장도(小粧刀)나 금·은 패물 따위를 팔던 가게.

1069 쾌돈: 쾟돈, 관돈. 엽전 천 닢, 곧 열 냥의 돈을 이르던 말.

1070 정소(淨掃): 깨끗이 쓺.

有道僧	弟子되야	유도승[1071]	제자 되어
삭발위승	하온후에	삭발위승(削髮爲僧)[1072]	하온 후에
능암경	화음경과	능엄경(楞嚴經)[1073]	화엄경(華嚴經)[1074]과
딕장경	불가셔을	대장경(大藏經)[1075]	불가서(佛家書)를
차차로	통달하고	차차(次次)로	통달(通達)하고
오계십금	하온후에	오계십금(五戒十禁)[1076]	하온 후에
물욕지심	긋쳐지고	물욕지심(物慾之心)[1077]	끊어지고
꼭갈가사	이관이오	고깔 가사(袈裟)[1078]	의관(衣冠)이오

1071 유도승(有道僧): 정도를 행하는 승려.

1072 삭발위승(削髮爲僧): 머리털을 깎고 승려가 됨.

1073 능엄경(楞嚴經): 불교 경전의 하나. 선종(禪宗)의 주요 경전. 인연(因緣)과 만유(萬有)를 설한 경임.

1074 화엄경(華嚴經): 석가모니가 성도(成道)한 깨달음의 내용을 그대로 설법한 경문.

1075 대장경(大藏經): 불교 성전(聖典)의 총칭. 석가여래의 설교를 기록한 경장(經藏)과 모든 계율을 모은 율장(律藏)을 비롯해서 불제자들의 논설을 모은 논장(論藏)을 총망라한 경전.

1076 오계십금(五戒十禁): 속세에 있는 신자들이 지켜야 할 다섯 가지 계율과 열 가지 금해야 하는 일.

1077 물욕지심(物慾之心): 돈이나 물건에 대한 욕심.

1078 가사(袈裟): 승려가 장삼 위에, 왼쪽 어깨에서 오른쪽 겨드랑이 밑으로 걸쳐 입는 법의(法衣).

청염쥬 경쇠소리 청렴주(淸廉珠)[1079] 경(磬)쇠[1080] 소리
마음잡고 ᄭᆡ친후에 마음 잡고 깨친 후에

靑山白雲 버지되고 청산백운 벗이 되고
藥草여지 양식되야 약초 여지(荔枝)[1081] 양식(糧食)되어

옛죄자복 하온후에 옛 죄(罪) 자복(自服)[1082]하온 후에
蓮花臺 極樂世界 연화대[1083] 극락세계[1084]
차자가면 좃컨만은 찾아가면 좋건마는

옴쥰업고 허무하야 엄준(嚴峻)[1085]없고 허무(虛無)하여
이도역시 못할네라 이도 역시 못할네라

ᄯᅩ무어셔 하잔말고 또 무엇을 하잔 말가
관속노릇 하여볼가 관속(官屬)[1086] 노릇 하여볼까

1079 청렴주(淸廉珠): 맑고 깨끗한 구슬.

1080 경(磬)쇠: 놋으로 주발과 같이 만들어, 중앙에 구멍을 뚫고 자루를 달아 노루 뿔 따위로 쳐 소리를 내는 불전 기구.

1081 약초여지(藥草荔枝): 약으로 쓰는 풀과 박과의 한해살이 풀.

1082 자복(自服): 저지른 죄를 자백하고 복종함.

1083 연화대(蓮花臺): 연화좌. 연꽃 모양으로 만든 불상의 자리.

1084 극락세계(極樂世界): 극락(極樂). 아미타불이 살고 있는 정토(淨土)로, 괴로움이 없으며 지극히 안락하고 자유로운 세상.

1085 엄준(嚴峻): 엄하고 준열(峻烈)함.

1086 관속(官屬): 지방 관아의 아전과 하인.

한산모시	징영쾌자	한산(韓山)모시[1087]	진영[1088]쾌자(快子)[1089]
셰포띄	둘너미고	세마포(細麻布)[1090] 띠	둘러매고
통영갓	숙여쓰고	통영(統營)갓[1091]	숙여 쓰고
두손길	눌너잡고	두 손길	눌러 잡고
영이한쳬	공경한쳬	영리(怜悧)[1092]한 체	공경(恭敬)한 체
원임눈에	들고지고	원님 눈에	들고 지고
공졍이	고요하야	공정(公庭)[1093]이	고요하여
읍사을	알욀젹에	읍사(邑事)[1094]를	아뢸 적에
明治을	하신딕도	명치[1095]를	하신대도[1096]

1087 한산(韓山)모시: 충청남도 서천군 한산 지역에서 생산되는 품질이 좋은 모시.

1088 진영: 경상남도 김해 진영.

1089 쾌자(快子): 소매가 없고 등솔기가 허리까지 트인 옛 전투복. 근래에는 복건과 함께 명절이나 돌에 어린아이가 입음.

1090 세포: 세마포(細麻布). 가는 삼실로 짠 아주 고운 삼베.

1091 통영(統營) 갓: 경상남도 통영 지방에서 만든 갓. 품질이 좋고 테가 넓은 것이 특징.

1092 영리(怜悧): 눈치가 빠르고 똑똑함, 슬기롭고 민첩함.

1093 공정(公庭): 관정(官庭). 관가(官家)의 뜰.

1094 읍사(邑事): 고을의 일.

1095 명치(明治): 잘 다스림.

1096 하신대도: '하신다 해도'의 줄임말.

國事에도	사졍이라	국사에도	사정(私情)[1097]이라
과한용도	不足하나	과한 용도(用度)[1098]	부족하나
本宅사셔	안보시오	본택[1099] 사서(私書)[1100]	안보시오
우쥬록	노름속은	우주속(牛酒贖)[1101]	노름속(贖)[1102]은
國法에	잇사오니	국법에	있사오니
져져이	바다쓰면	저저(這這)이[1103]	받았으면
관향박게	관향이오	관향(管餉)밖의	관향(管餉)이오[1104]
짐슈밧씨	하올젹에	짐수 방재(防災)[1105]	하올 적에

1097 사정(私情): 개인의 사사로운 정.

1098 용도(用度): 씀씀이.

1099 본택(本宅): '본댁'의 원말.

1100 사서(私書): 사신(私信). 비밀리(祕密裡)에 하는 편지(便紙).

1101 우주속(牛酒贖): 우속(牛贖)과 주속(酒贖). 우속(牛贖): 소 잡는 것을 금지한 법을 어기고 소를 잡은 사람이, 돈을 내고 형벌을 면하던 일. 주속(酒贖): 술을 만들거나 팔지 못하게 한 규정을 어긴 사람이 무는 벌금.

1102 속(贖): 죄를 씻으려고 벌 대신에 재물이나 노력 따위를 바치던 일. 또는 그 재물이나 노력.

1103 저저(這這)이: 있는 사실대로 낱낱이 모두.

1104 관향(管餉): 군량(軍糧)을 확보하여 보관·관리하는 일. 또는 확보된 군량미. 관향밖의 관향: 원래 군량미 외에, 군량미를 더 받는다는 의미인 듯.

1105 짐수 방재(防災): 짐수로 세금을 거두어 재정(災政)에 충당함. 짐수 : 백성들이 부담한 수량. 이두로는 卜數.

한둔뭇만	가셜하면	한두 뭇[1106]만	가설(假設)[1107]하면
民官은	십시일반	민관[1108]은	십시일반(十匙一飯)[1109]
千萬金이	남을게오	천만금이	남을 게오
흉연에	ᄌᆡ변분포	흉년(凶年)에	재변분포(災變分包)[1110]
十分一만	하겟스면	십분일만	하겠으면
다하던지	덜하던지	다하든지	덜하든지
百姓이	어이알며	백성이	어이 알며
ᄆᆡᆼ향을	슬타마오	매향(賣鄕)[1111]을	싫다마오
풍속이	되어삽고	풍속(風俗)이	되었고
동ᄂᆡ마다	되여스니	동네마다	되었으니
소인도	어려운게	소인(小人)도	어려우니
지셩봉상	하엿다가	지성봉상(至誠捧上)[1112]	하였다가

1106 뭇: (수효가 매우 많은) 토지 넓이의 단위.

1107 가설(假說): 거짓말.

1108 민관(民官): 민간(民間)과 관공(官公).

1109 십시일반(十匙一飯): 열 사람이 한 술씩 보태면 한 그릇의 밥이 됨.

1110 재변분포(災變分包): 재앙으로 인하여 생긴 변고를 위해 세금을 거두는 일.

1111 매향(賣鄕): 돈이나 재물을 받고 향직(鄕職)을 주던 일.

1112 지성봉상(至誠捧上): 지극한 정성으로 물건을 바치어 올림.

셰답족ᄇᆡᆨ	쳐분물와	세답족백(洗踏足白)[1113]	처분(處分) 물어
덕ᄐᆡᆨ을	입사이다	덕택(德澤)을	입사이다
어리셕은	져원임이	어리석은	저 원님이
말말리	곳듯거든	말말이	곧 듣거든[1114]
밤더리	씨겨노코	밤드리[1115]	시켜 놓고
알차리난	ᄂᆡ가먹셰	알차리[1116]는	내가 먹세
官門밧ᄀᆡ	쎡나셔면	관문 밖에	썩 나서면
허리펴고	고ᄀᆡ드려	허리 펴고	고개 들어
村民을	ᄃᆡ하거든	촌민[1117]을	대하거든
은연이	자셰하야	은연(隱然)히[1118]	자세(藉勢)하여
일이져리	등을쳐셔	이리저리	등을 쳐서
을너먹고	쐬와먹어	얼러 먹고	꾀어 먹어

1113 세답족백(洗踏足白): 상전의 빨래를 하여 주느라 종의 발꿈치가 희게 된다는 뜻.

1114 곧 듣거든: 곧이 듣거든.

1115 밤드리: 밤 들도록.

1116 알차리: 알찬 것. 속이 꽉 차 있거나 내용에 실속 있는 것.

1117 촌민(村民): 마을 사람들.

1118 은연(隱然)히: 겉으로 뚜렷하게 드러나지 아니하고 어슴푸레하며 흐릿하게.

良田美畓	高大廣室	양전미답[1119]	고대광실(高臺廣室)[1120]
一邑權勢	혼자가자	일읍권세	혼자 가져
一平生	安樂하면	일평생	안락하면
그노릇도	좃컨만은	그 노릇도	좋건마는
악독한	일을하면	악독(惡毒)한	일을 하면
鬼神이	안이보나	귀신이	아니 보나[1121]
여앙이	잇슬게니	여앙(餘殃)[1122]이	있을 게니
그노릇도	못할게오	그 노릇도	못할 게오
토호죄에	걸여스니	토호죄(土豪罪)[1123]에	걸렸으니
참토호질	하여볼가	참 토호(土豪)질[1124]	하여볼까

1119 양전미답(良田美畓): 기름지고 좋은 논과 밭.

1120 고대광실(高臺廣室): 높은 누대와 넓은 집이라는 뜻으로, 크고 좋은 집을 이르는 말.

1121 귀신이 아니 보나: 귀신이 보지 않겠나.

1122 여앙(餘殃): 남에게 해로운 일을 많이 한 값으로 받은 재앙.

1123 토호(土豪): 어느 한 지방에서 오랫동안 살면서 양반을 텃세할 만큼 세력이 있는 사람. 지방에 웅거하여 세력을 떨치던 호족. '지방 세력가', '토박이'로 순화.

1124 토호(土豪)질: 지방의 양반이 자신의 세력을 믿고 무고한 백성에게 가혹한 행동을 일삼던 일.

여력잇	환악하고	여력(餘力)[1125]있고	완악(頑惡)[1126]하고
눈치잇고	ᄌᆡ바른놈	눈치 있고	재바른[1127] 놈
몃놈이나	거다드려	몇 놈이나	거둬 들여
유이유식	씩겨노코	유의유식(遊衣遊食)[1128]	시켜 놓고
四面八方	ᄂᆡ여노와	사면팔방	내어 놓아
富者놈을	잡아드려	부자놈을	잡아 들여
不孝不友	읍힝죄을	불효불우	음행죄(淫行罪)[1129]를
씰말이나	헌말이나	쓸말[1130]이나	헛말[1131]이나
기와쑬임	장작쑬임	기와꿇림[1132]	장작꿇림
ᄃᆡ고지	씩ᄀᆡ질에	대꼬지	찍개질에
볼기에	회을치고	볼기에	회를 치고[1133]

1125 여력(餘力): 일을 하고도 아직 남아있는 힘.
1126 완악(頑惡): 성질이 억세게 고집스럽고 사나움.
1127 재바른: 동작 따위가 재고 빠른.
1128 유의유식(遊衣遊食): 하는 일 없이 놀면서 입고 먹음.
1129 음행죄(淫行罪): 난잡한 행실로 인한 죄.
1130 쓸말: 참말.
1131 헛말: 거짓말.
1132 기와꿇림: 기왓장꿇림. 기왓장을 깨서 그 위에 사람을 꿇어 앉혀 고통을 주던 형벌.

억기에	학침주어	어깨에	학침 주어
累百金	累千金을	누백금	누천금을
날마다	바다드려	날마다	받아 들여
好衣好食	일호강이	호의호식	일호강(日豪强)이
그도역시	좃컨만은	그도 역시	좋건마는
白晝에	강도젹질	백주에	강도적(強盜賊)질
도젹힝사	안이온가	도적행사(盜賊行事)	아니온가
이도실어	못할터에	이도 싫어	못할 터에
學者노릇	하여볼가	학자 노릇	하여볼까
셩이셩심	말도말고	성의정심(誠意正心)[1134]	말도 말고
修身졔가	못하면셔	수신제가(齊家)	못하면서
압푼다리	꾸려안자	아픈 다리	꿇어 앉아
두쥬먹을	부릇쥐고	두 주먹을	불끈 쥐고

1133 회를 치고: 경상도 방언. 회치다. 벌건 줄이 서도록 회초리로 마구 때리는 일.

1134 성의정심(誠意正心): 뜻을 성실히 하고 마음을 바르게 가짐. 대학(大學)의 도를 실천하는 팔조목(격물(格物), 치지(致知), 성의(誠意), 정심(正心), 수신(修身), 제가(齊家), 치국(治國), 평천하(平天下))에 속함. 출전 『대학』.

슌실한쳬 공검한쳬	순실(純實)[1135]한 체 공검(恭儉)[1136]한 체
것ᄭᅮ미ᄀᆡ 하여가며	겉꾸미기 하여가며
친구을 ᄃᆡ하던지	친구를 대하든지
션비을 ᄃᆡ하던지	선비를 대하든지
太極陰陽 도셔슈와	태극음양 도서수(圖書數)와
쳐인셩명 사칠변을	천인성명(天人性命)[1137] 사칠변(四七辨)[1138]을
진지실덕 업드ᄅᆡ도	진지실덕(眞智實德)[1139] 없더라도
구이지학 아는쳬로	구이지학(口耳之學)[1140] 아는 체로
그리져리 남쏙이고	그리저리 남 속이고
그력져력 일홈어더	그럭저럭 이름 얻어

1135 순실(純實): 순직하고 참됨.

1136 공검(恭儉): 공손하고 겸손함.

1137 천인성명(天人性命): 성(性)과 명(命)은 하늘에서 태어날 때 부여한 것으로, 올바른 마음을 가지고 행동하면 요순(堯舜)처럼 어진 사람이 될 수 있음. 성(性)은 하늘이 부여한 보편적인 진리이며, 사람의 행동에 따라 명(命)이 결정됨.

1138 사칠변(四七辯): 사칠론. 주자학에서 사단(四端)과 칠정(七情)에 관하여 벌인 논쟁.

1139 진지(眞知): 진리를 깨달은 지혜. 개오(開悟)한 지혜. 실덕(實德): 실제로 효과가 있는 은덕(恩德).

1140 구이지학(口耳之學): 귀로 듣고 입으로 지껄이는 천박(淺薄)한 학문.

졀문소연	후려드려	젊은 소년(少年)	호려[1141] 들여
문도나	만코지고	문도(門徒)[1142]나	많고지고
道內에	큰文字나	도내에	큰 문자는
ᄂᆡ게졍영	바들게오	내게 정녕	받을 게오
道會에	도집예난	도회에	도집례(都執禮)[1143]는
나을졍영	쳥할지라	나를 정녕	청(請)할지라
ᄌᆡ물은	슬타ᄒᆡ도	재물(財物)은	싫다 해도
페ᄇᆡᆨ이나	만코지고	폐백(幣帛)[1144]이나	많고지고
조흔이복	좃컨만은	좋은 의복(衣服)	좋건마는
부로검소	좃타하고	부러[1145] 검소(儉素)	좋다 하고

1141 호려: 꾀어, 현혹하여. 호리다.

1142 문도(門徒): 스승의 가르침을 받는 사람.

1143 도집례(都執禮): 상례(喪禮)를 총지휘하는 총대표로 호상(護喪)의 상위 개념. 도유사(都有司)라고도 하는데, 이는 향교나 서원의 우두머리로 지방의 교육을 담당한 사람을 일컫는 것임. 가문(家門)의 범위를 넘어서는 지역 유림이나 전국적인 범위의 상례를 치를 경우, 호상(護喪)의 위에서 상례의 대표자 기능을 하도록 도집례를 두었음.

1144 폐백(幣帛): 윗사람을 만나러 가거나, 스승에게 가르침을 청할 때 가지고 가는 선물.

1145 부러: 일부러.

富귀난 실타히도 부귀(富貴)는 싫다 해도
베슬이나 더하고져 벼슬이나 더하고져

슈문是非 듯드라도 숨은 시비 듣더라도
명망이나 더하고져 명망(名望)이나 더하고져

시비장을 당하거든 시비장(是非場)[1146]을 당하거든
권모실소 남후리고 권모술수(權謀術數)[1147] 남 호리고

이리장을 당하거든 의리장(義理場)[1148]을 당하거든
명철보신 핀기하야 명철보신(明哲保身)[1149] 핑계하여

一平生 쓰려니야 일평생 끌어내어
그력져력 션빈쳬로 그럭저럭 선빈체로[1150]

文集卷도 보아노코 문집권(券)도 보아 놓고

1146 시비장(是非場): 시비총중(是非叢中). 시비가 자주 생겨 말썽이 많은 가운데, 또는 잘잘못이 빈번하여 말썽이 많은 속.

1147 권모술수(權謀術數): 목적 달성을 위해서는 인정이나 도덕을 가리지 않고 권세와 모략, 중상 등 갖은 방법과 수단을 쓰는 술책.

1148 의리장(義理場): 의(義)와 리(理)를 따지는 말썽.

1149 명철보신(明哲保身): 이치에 밝고 분별력이 있어 적절한 행동으로 자신을 잘 보전함.

1150 선빈체로: '선비인 체로'의 줄임말. 선비인 척하며.

혈식군자　바릴터엔　　혈식군자(血食君子)[1151]　바랄 터엔

기셰도　명찰하면　　기세(氣勢)도　명철(明哲)하면
그역시　좃컨만은　　그 역시　좋건마는

심슐간에　슈문변통　　심술간(心術間)에　숨은 변통(變通)
도젹에셔　더할게요　　도적(盜賊)보다　더할 게오

當時나　後世上에　　당시나　후세상에
공의득죄　엇지하노　　공의득죄(公議得罪)[1152]　어찌하노

이력져력　싱각ᄒᆡ도　　이럭저럭　생각해도
아모걷도　못하겐ᄂᆡ　　아무것도　못 하겠네

아셔라　다던지고　　아서라　다 던지고
ᄂᆡ마암에　조흔ᄃᆡ로　　내 마음에　좋은대로

궁하면　궁한ᄃᆡ로　　궁(窮)하면　궁(窮)한대로
달하면　달한ᄃᆡ로　　달(達)하면　달(達)한대로

1151 혈식군자(血食君子): 생육 제물을 사용하는 제사를 받는 인물. 문묘배향 인물, 서원배향 인물, 불천위 인물 등을 의미.

1152 공의득죄(公議得罪): 다수의 의견에 의해 죄를 얻음.

기필도	말거시오	기필(期必)[1153]도	말 것이오
경영도	말거시오	경영(經營)[1154]도	말 것이오
바른마암	바로가져	바른 마음	바로 가져
팔자에	믹겨노코	팔자에	맡겨 놓고
큰허물	업고지고	큰 허물	없고지고

1153 기필(期必): 꼭 이루기를 기약함.

1154 경영(經營): 계획을 세워 일을 해 나감. 무언가 일을 도모함.

제3부 영인편

우습도다 너의일이라
이일이 뉜일인고
계서 風景 조흔 故鄕
날셈인 노늬 버리고
二千里 밧근 어듸
明月客이 이뒨 일고
客窓이 寂寞한듸
손에마 밤 엇더하고
그음업난 이너시름

北征歌

李[illegible]

해양업난 이너회포
그뉘가 위로하며
그뉘와 아라줄고
네난 늬가 되고
나난 네가 되여
늬셔름 네가 알고
늬회포 네가 아라
혼자말로 셔로화답
혀몽이 생조드던

이보소 벗님네야
이내소회 드르시오
人生世間 한平生에
苦樂이 업슬손가
富貴公明 못다하고
貧賤窮困 슨다하네
이ᄯᅩ도 팔자로다
팔자가 현명이라
유심치 호다난 현명
버기든 못하나니

富貴가 못다ᄒᆞᆫ들
저마다〻 하오며
貧賤이 슨다한들
저마다〻 변ᄒᆞᆫ가
한사람에 팔자라도
조만이 條로 잇셔
부괴햇다 빈궁하고
빈궁햇다 부괴하여
분젼디로 옷채가셔
헛비를 쓰지마소

어리석은世上사람
녀자로되난다시
一生에연〃곤〃
빵시빵병만이보니
셰샹말다던지ㄴ
이니경역드르시오
天下로말은하면
朝鮮이第一이요
朝鮮으로말은하면
嶺東이근본이요

嶺南으로말은하면
추로지향안례로다 (安禮)
洛江上大名家에
山東현이고향이라
이니몸다행하여
그집에티여낫븐
우흥지賢祖賢父
學行文章거록하사
一道에장석이요
一世에명망이라

어나ᄂᆡ賢父兄이
나ᄂᆞᆫ두고이름인가
듯ᄂᆞᆫ거시仁義禮智
보ᄂᆞᆫ거시孝悌忠信
이리이욕분별ᄒᆞᆫ
연ᄒᆞᆫ삼법본키ᄒᆞ다
朝夕으로빠든훈게
피베들ᄂᆞᆫ빰베석녀
견발븨옴이련하녀
연쟝하ᄂᆞᆫ후베

科舉便셔울가셔
世態ᄅᆞᆯ쌀펴보니
염이염치젼혀업시
념져경쟝져친졔료
아ᄒᆡ구봉협견졈소
一世가成風이라
쳘업ᄂᆞᆫ어린마암
남대로하여본가
도포ᄂᆞᆫ셜쳐입ᄂᆞᆫ
빅셕져님어셔ᄀᆡ

宰相名士 ᄒᆞᆫ두 집은
구경ᄎᆞ로 ᄎᆞ자가니
기거타ᄂᆞ 하는 모양
마지못ᄒᆡ 일어셔ᄂᆞ
졀이라ᄂᆞ 하는 모양
마지못ᄒᆡ 하난거나
존현에 자드렷더니
흐포악 ᄲᆞᆯ져려ᄒᆞᆯ가
순결에 듣이이ᄂᆞ
마암에 안이쓰와

마지못ᄒᆡ 인사주에
ᄆᆡ자셔 ᄉᆡᆼ각ᄒᆞ니
조상으로 ᄇᆞᆮ은 하면
졔가 ᄂᆞᆯᄆᆡ 못ᄒᆞᆯ계 보
쳐심ᄒᆞᆫ 사일은 ᄃᆡ도
너가 져ᄆᆡ 못ᄒᆞᆯ손가
ᄒᆞ양화복이 ᄒᆡ츈에
훈ᄆᆡ결이 하다가셔
富貴公名 ᄂᆞ하엿다ᄂᆞ
묘근지ᄐᆡ 져려ᄒᆞᆯ가

본맛ᄃᆞᆫ 이더셜져
다시 볼 병신 업다
彼丈夫我丈夫라
자최하여 복은 볼가
ᄂᆡ 팔ᄌᆞ 자니가 타셔
貴賤苦樂 定ᄒᆞᆫ 슈
ᄂᆡ 맘 일 貴ᄒᆞᆯ 터에
네 엇지 賤케 하며
ᄂᆡ 맘 일 賤ᄒᆞᆯ 터에
네 어이 貴케 하라

도라와 신각ᄒᆞ니
셰ᄐᆡ 볼졍 져련ᄒᆞᆫᄃᆞ
ᄂᆡ 마암 이러하니
ᄒᆞᆫ셔 가 어렵거나
바쉬라 셤져두소
곤명 길 연져두소
富貴은 하드라도
諂련 낙셰 반ᄒᆞᆯ게라
公名은 하드라도
治国擇民 반ᄒᆞᆯ게니

聖賢書에 集을 뭇쳐
修身讀書하온 후에
누의 짐 조흔가 셩
추락이나 마잣던가
親命이 계시기을
폐
폐과가 부당하다
科業에 하신 말씀
파불인 누미 누파라
흔흔 서하 결불거시
삼하 빠여 열친 민뒤

한심하ᄂᆞᆫ 놈그리노
親命이 계시기로
부심 염불하엿구나
정생명 자분나 수이
과결 경택이 순손가
天甲에 잇ᄂᆞᆫ 쳐자
중이 업시ᄂᆞ 짐가며
山君에 만난 僧이
제 몸은 색빈 행가
쓰난 빠 탕 동곤 쏙게

마질수가져혀업ᄂᆞᆫ
남걸ᄲᅵ여쳔업ᄉᆞ니
고기는구ᄒᆞᆯ손가
그럭져럭십오년에
병불과빙ᄒᆞ엿ᄯᅩ나
부츙지불효지죄
죄역이심즁ᄒᆞ며
辛未年先妣상에
자친이못져지ᄂᆞᆫ
三喪을나자마자

乙亥年원수희에
祖父와先人喪을
一旬內에當ᄒᆞ엿ᄉᆞ니
오늬가불택ᄒᆞᆫ
쳔지가ᄶᅬ별이라
어양이마자안어
近三十年동ᄋᆞᆫ조금ᄉᆞᆫ
子息못도ᄇᆞ시던니
쓰는자식ᄲᅵ여가가
졍신은무섬비는

연하여 보올 한하니
고븐지홍가 이업니
늙색지니 자디 샘찬
일샬에 샘셜이다가
죽지못한이니 왼편
여막에 혼자 안자
풍슈에 유모지 홍.
억제한 슈젼혀 업ᄂᆞᆫ
안이라 드러가니
큰마큰디른 짓에

네다섯 어린 거시
쪽빡게 빼담드시
보게 좋게 모여 안자
죽은 어미 생각하야
우난 것 부르난 것
니 안이 가련하다
생젼이 찬히 되야
눈 맵히 빡ᄭᆞ 하다
측쪽에 생심이노
측차 세 빼흉이라

즁ᄯᅢ에 나는 바ᄅᆞᆷ

집 떠나기 소원이라

三喪이 나듯 바듯

關契什二百條로

丁丑春 되오지연

밀게이 한 떠나 다라

ᄒᆞᆫ자ᄉᆞᆯ 보자 하고

四十七年 續絃하여

십천은 평하스나

夢又가 無心이라

少時에 있든 바ᄅᆞᆷ

공명에 뜻이 없어

시화가 양이 부드

과거길 하즉하고

현세도 마음없어

큰아큰 세간 사리

편연이 오드는 체

증든 뱀 맛겨 두고

草堂을 평제 쓰려

冊床과 벼룻 삼아

窓前에花階ᄡᅡ고 ᄇᆞᆰ은ᄭᅩᆺ티난홍보화보
花階밋헤연못파고 눈ᄭᅩᆺ헤난슉국화라
연못밋헤도랑이ᄋᆞ 塵世遠ᄒᆞ여지니
쥭간에낭걸슈어 神仙을불어하랴
나무고든나리거던 時ᄒᆞ고ᄒᆞ고ᄒᆞ나서
사ᄅᆞᆷ편지음겨고로 잠결은옷디견년
無思無慮白首翁이 ᄃᆡ쥭연엽회何ᄒᆞ고
遇然이ᄡᅡᆫ자슈ᄂᆞᆯ 詩朋을빗고려서
놀은편은불게슈고 五色슈벽게방에
보인편은ᄲᅡᆫ닥은ᄭᅩᆺ치 春花秋菊五ᄒᆞᆫ時節

슐먹ᄂᆞᆫ바둑。쓰ᄂᆞᆫ
바둑ᄯᅳᆺ희시ᄂᆞᆫ짓ᄂᆞᆫ
詩ᄯᅳᆺ희 최ᄒᆞᆼ이라
낭연이 읍퍼보니
湯春白雪곡조련가
高山流水역에로다
흥흥에 울젹심사
구비〻〻 싯쳐니니
너허가소ᄅᆞᆷ다
世上萬事가소ᄅᆞᆷ다

그른게ᄭᅮ어시며
올흔게ᄭᅮ어시며
부피난ᄭᅮ어시며
공명은ᄭᅮ어치ᄂᆞᆫ
셰심젼 나가지ᄂᆞᆫ
니몸을 나가져셔
불녹이업셔ᄉᆞ
실듬인들 밋슬손가
다만지 어려운게
ᄂᆞᆫ ᄒᆡᆼ셩각안이 노ᄂᆞᆫ가

時〻로셩각하니
변화심자잼관인다
우리동기 四男妹가
버름즉지안이하여
사가에뫼슈련가
맛시에난곡빈듯
고당햑빤흥〻노라
부최승환하올적에
우숨웃고잔난하여
안빡그로온일년셔

노리자에偏은파다
윤후친쳑하올던니
生효다가이업다
고로여셩되온후에
풍슈옷히모진파란
外해옷지흔날이여
妹弟난시집가고
中第난고향드고
戰筆圭함게와셔
他鄕사리하엿구나

四五年 쌍이 하여

여난회로 위로던이

家運이 不幸하ᄂ

조분이 서암빨나

앱깝ᄂ 불쌍하다

화숙이 어디 간노

단아한 그네 몸라

괴결한 그지기로

흰쳔은 티끌자뇨

분핵 본적자료다

名筆 명화겸 하여서

음률새키 혼댈하니

불로랠 키우란가

未頭之望 져 잣던이

五十三歲 石火光陰

낙지 부변 이뤈 빌ᄂ

앱깝ᄂ 불쌍하다

연제나 다시 볼ᄂ

他鄕一稀 엣진가치

혼벼리 서로 짜볼ᄂ

淸天에 ᄯᅥᆫ 빨근되
외기력이 실무구나
時〻로 셩각하니
生死離別 가이업되
ᄉᆞ박챵〻 업슴빈하니
션영구봉이 되며셔을
혈〻 만〻 거로원하니
고향산쳔 어듸민ᄂᆞᆫ
동기지정 버려쉬
훈챵지화 ᄒᆞᆯ일업ᄂᆞᆫ

산임화슈 깁흔ᄂᆞᆫ되
녹강츈츄 셩각나니
부즁지불효득심
당치견사시진이라
乙亥年 원봉후에
음봉이 버려가니
일편가산 조흔터을
엇지하여 넘전밀ᄂᆞᆫ
쵸요에 미친한이
칠셕이 미〻 개터니

甲申秋 閏에 경기
임시 낭의 仕되엿ᄂᆡ
흥곡한 듣어이 하노
현효권 빅다시 도가
낭의 후 쁜지스로
풍속을 不하라ᄂᆞ
奉化 仰明湖村 븐
분연이 저ᄂᆡ 쁘니
미수가 둘ᄂᆡ 지ᄂᆞ
三山이 作局 한되

白龍潭 降仙台가
山水가 絶勝이라
隱者에 반신지소
미천 반곡나 븐가
고진도 가작하ᄂᆞ
미엽에 든다 하니
동기와 뎨친도 ᄯᅥ
還故을 갓되하가
풍권이 미쁜ᄂᆞ스ᄂᆞ
한자 든권하난구나

인편허인 업셔
빈면이 허락ᄒᆞ니
일가에 족친들과
인비에 친구드리
ᄒᆞᆫᄃᆡ 비빈기변셔
비온 후 하난 마리
비자람 녀모 되셔
곤견 일을 일 수 업셔
비중에 베가 가셔
소을 본다려 노라

편당짒듯 뭇ᄌᆞ들 미ᄂᆞᆫ
즁군이 나가더니
ᄉᆞ실 쯤 보셩 동비
둣돈 녀논나 듯ᄂᆞᆫ
이런 양반 못셔나니
이련 덕은 못셔나리
閭會을 하논 후에
閭內 소임 편위하며
양반은 편지하ᄂᆞᆫ
박선은 면병 고목

원겹자셔나갈셔
원유을하난다시
二百里不近程道
傳停이비원일는
내허이뇌도다
조흔일만이는다
八九年고곳자리
일천금은가죄업는
너내몸에서삐업시
총미가시지이시셧난되

未做이엇더하기
총맛을못다하도.
고향졍셩가이업다
효우하며보난후비
졸존이나갈졍에
쉬니로노마더니
가산졍도파라하니
賣買에뎌희가야
현이는업시遑遑하는
乙亥年二月初에—

소실번다려다가
환고을하엿구나
쌍슈부구오든고되
츄쳥은뭇만겨하은
山東슈복화슈혼에
叔兮伯兮차자와서
별친쳑지젼화하은
내금셔이소무하나
미녀시인간내자
곳탓고자하리쁜만

八九年혼자이셔
지당화오녁은생아
망쳬간지길자하은
효인간지是非하여
어심망염졀노하며
山中字士되엿더니
일가친쳑셜명하되
번화쟝졋쳔쁜노
인사가보든하은
시비가다단하며

연쳔한 이의 션쳥
뭇지도 견되리니
明湖村 舍音 안해
山林之樂 하려하나
左右에 견권하야
倒도 것도 뭇희 가나
벗지하야 이의 병슈
世上에 티며 슈니
벗지하야 이의 병슈
互不如意 되단 말가

好事난 多魔하고
惡事가 相應이라
乙巳年 四月 初에
無心히 안자 셧다
安東府 [illegible] 치자
問安 뭇희 하난 마리
御使에 비 [illegible]
[illegible]이 되엿다되
며[illegible]고 [illegible]하다
이야라 [illegible]

직쳐여사삭셕이가
져지을하엿는가
관자에죄목업시
우연이젼혀스니
뇌본되어리셕에
[illegible]죄을뇌으은셔
슈악이不孝하니
免할슈가잇긴는가
허일업시젼혀가니
安東宮다럿ᄒᆞ나

거룩라ᄒᆞ하온ᄃᆞ에
녕부업시복셩인셔
御命에ᄉᆞ불용되
책가하속하난ᄒᆞ나
본복사슈복사에
복자한을엇지하랴
속으로나되갈뎨
미마음엇더한ᄒᆞ
기ᄲᆞᆨ히ᄒᆞ너이어며셔
분한마ᄲᆞᆷ도ᄃᆞ업ᄂᆞ

닉평ᄉᆡᆼ 닉죄악을
역〻히 ᄉᆡᆼ각ᄒᆞ여도
황비ᄒᆞ고 우미ᄒᆞ여
아ᄆᆞ라도 모르 긋ᄉᆡ
ᄏᆞᆯ 숫ᄒᆞᆫ 죵이 블노
ᄏᆞᆯ머리에 죡ᄒᆞ니
닉신 숙고 이키로
너에 눈에 눈ᄲᅮᆫ이라
ᄉᆡᆼ각ᄒᆞ니 극불이라
극불ᄒᆞᆫ 듯 멋지ᄒᆞ랴

속ᄭᅳᆫ 은드러 ᄒᆞ고
뽀관 형차 ᄌᆞᄃᆞ니
고가지 죡지 변지사
ᄒᆡᆫ돌 ᄲᅮᆫ 인이로다
박신에 공ᄯᅩ 씨와
뿍게에 도수 죡ᄒᆞᆫ
원ᄃᆡᆼ에 여긴사 난
兄弟 명ᄲᅧ 부흡도다
동생가 여려 이ᄅᆞ다
不孝中 不孝 회ᄇᆡᆫ 餘

셔로 보ᄂᆞᆫ 뒤로 하ᄂᆞᆫ
셔로 안자 담석이라
침〻한 잠신 중에
사〻마현에 ᄉᆡᆼ이련가
하우승과 황희 만나
생셔은 엇우라나
도포우에 ᄯᅴᆯ 빵빠람
이골이 무손 쏜ᄂᆞᆫ
별벽사창 어듸두ᄂᆞᆫ
판벽 판분 빈 일이며

갱장 장판 어듸두ᄂᆞᆫ
서젹자리 뵌 일이며
滿庭花草 어듸두ᄂᆞᆫ
쑥구렁이 뵌 일이며
숙흑 진창 소트라도
구석뺍이 긋쁜하다
건는 방에 생놈 좌면
곤노 차영 조련질라
마당 앞 중고 복에
도젹놈 우근놈 소리

깃븐며듸드난소릐
븨곰하우난소릐
괴가치ᄂᆞᆫ긋듯긴늬
민ᄃᆞᆫ군자되여샤가
박셩은긋ᄉᆡᆯ인드ᄅᆞᆫ
침혹ᄒᆞᆫ져련광경
ᄎᆞ마엇지보잔ᄇᆞᆯᄂᆞᆫ
조셕으로블복굴이
ᄲᆡᆼ이ᄲᅥᄂᆞᆫ블이삐여
부죄타ᄂᆞᆫ고로ᄯᅳᆫ키

블샹타ᄂᆞᆫ그렷든지
엄동셜ᄒᆞᆫ노난ᄇᆞᆼ얇
곰ᄲᅡᆸ기도ᄒᆞ련미쇼
졍신은긋차려셔
조셕도ᄭᅳᆺ벅긴늬
十二日十七日은
녯적쎨예생日이라
어미업시키운자식
미졍경미ᄒᆞᆨ실인ᄂᆞᆫ
夜三更잠업시보ᄂᆞᆫ거

伸에졍지셩각하니
거원비별ᄒᆞ던ᄃᆡ
죽은어미ᄒᆞᆫ일업ᄂᆞᆫ
五十일不遠之地
셔아비도뭇보깃ᄂᆡ
이리져리셩각하니
슈심눈물솟난구나
희슈뿔사며난후로
十五日寂然터니
二十五日아젹ᄒᆞᆫ후에

슈심은별쳐변셔
使令놈오기니며
비관죄인놈이라되
조흔기별드른다써
힐쟝을차린젹에
버슨갓다시쓰ᄂᆞᆫ
官庭에온나가니
依法하라하난고로
左右나졸달녀드러
依法이라희소으니

이복견이우심일다
졀기이관하는며리
가션엿지벗겨수며
심이다ᄒ쇠든허리
식기결빡뵌밀이며
척샹만한잇든노ᄒ이
동들좌기뵌일만다
종마리거드치다
부드폐신확ᄒ하닝
듯그라이뿌드뜨마

네죄운데아는바
셰샹이알그른듸
더혼자쏀ᄒ하여
저샹병사견저가네
급죄들알이런가
보낭ᄂ이아다ᄂ에
이흑이며사오다
관자못터다짐하야
죄묵이부어친다
한죄묵얻더스뫼

너이가 士儒된셔
자셰하야 효감하ᄂᆞᆫ
힝신이 괴ᄋᆡᆨ하니
직ᄎᆞ을 하라 하니
어허 우숩도다
죄목도 분별하다
벗지 하니 자셰하며
엇지 하니 효감이며
엇더 하니 괴려한지
조목이 업셔스니

되엿흔이 공자가
즁치다난 혜겨면가
죄목 듯ᄂᆞᆫ 싱각하니
으은도다〻〻〻
형셰가 업셔스니
부쟌셰가 자셰하며
기셰가 업셔스니
부산셰은 자셰한ᄂᆞᆫ
효강느字 싱각하니
더구나 우숩구나

ᄉᆞ사 음 슈호강 인가
폐이 ᄇᆞᆫ 호호강 인가
낭핟 볍지 만희 밧니
호강이 뵌 호강ᄂᆞᆫ
부만 행곡 만희 핫니
호강이 뵌 호경ᄂᆞᆫ
지극히 도원 ᄒᆞᆫ하보
헝신 괴려 하다 ᄆᆡᆯ은
핳ᄂᆞᆫ 엇지 만이 하ᄂᆞᆫ
벌난 꺼난 늬 ᄇᆞᆫ 바도

잇난 쇠아니 ᄇᆞᆫ 운가
괴려라ᄂᆞᆫ 하난 거시
남다른 게 괴려로다
축쉐 ᄇᆞᆯ이 하난 쉐월
더난 엇자 남다르며
함지 호석 하난 세월
더난 어이 남다ᄅᆞᆫ 바
거세 과택 남다르ᄂᆞᆫ
거쉬 지회 남다르니
남다른 게 괴려로다

괴려러온변ᄒᆞᆯ손아
현숀인척三十자리
교소감심마잣구나
허〻처우스변서
다리아원빵마라
인시곤경복을마드
빅셰공이업희잇다
人生第乃명복간에
是〻非〻第一이라
맛는거시보믈는지

치는거시보믄은눈지
第人에괴가잇ᄂᆞ
第人에눈비잇다
인심과빅셰공은
임이드못하나니
희빅하ᄂᆞ착가하며
하복을다시하니
도젹질을맛이희드
포도쳥이사뢰비보
마음을망법희드
니

존경을 치난구나
홍ᄃᆞ되ᄭᅮ근당에
하로 ᄇᆞᆯ롬 고사로다
사쟝이 음하난 ᄆᆞ리
엿자ᄉᆞ올 ᄈᆞᆯ셤이 잇스오
양ᄇᆞᆫ님 갓치 쳔ᄃᆡ
다른거션 못ᄲᅡ려도
고사추렴 셔돈식을
주실던지 ᄆᆞ씬던지
베사라 이ᄋᆞᆷ듯기 실타

고사관계ᄭᅮ머신ᄆᆞ
녹鬼神을 ᄯᅥ힌는이
당보侑고 보시가
녹평을 ᄆᆞᆺ하잇셔
萬古에 ᄉᆞ平하니
누리가 져 잇스면
ᄈᆡᆫ다ᄂᆞ 노아주며
누리가 져 업스면
ᄋᆡᆫᄈᆡᆫ다ᄂᆞ가 다두라
사쟝이 현이 어ᄇᆞ셔

건딘빱건디가셔
쟝놈죄인명슈마다
져〻이모아다가
슐잔이나부어노교
졋사와씌난마리
드른본죄슈명〻사람
다훌터벗어수니
슈이〻노으시오
연하여이음다라
현셰빤은큰죄인든

빤미〻〻든노스셔
쎄는소리드려보니
우숩도도패셤하다
지분이부어셔며
먹난거시부어선
사쟝이도사람은
어진마음업건빤은
복심에가리어셔
본심은간디어쓴
민구인심뿜친마음

앙급자손만이하리
도〻한 빨셰인 칙
쌍장이 쌀밧이 이로다
소조를 당한〻 내
시〻로 션책희도
머든 공게롬 든거고
기둥 쏘에 버리 빽바
젹진이 환혼하여
아바리도 뽀뭉더니
섬옹서 보반 소뭉

분복존이 젼하기는
업는 죄 크게 되〻
원통이 빨변 업셔
션분에 분이 붓허
쏘셰〻 기화을 빌는
고릐에 싸옴 쏫체
서부가 치인다니
이빨을 드른 후〻 베
다시 곰싱각하나
죄도 사법전 만는

가자일더잇드라도 곤듸에듸변하야
병이쟁에즁젹업ᄂᆞ 힝셰가추미하ᄂᆞ
은원간에ᄲᅮᆫ이업서 인심이막책기은
됴흡로벌ᄂᆞ번듸 부지한셔뿍도가
셰도가어이ᄲᅮᆫ녀 보히려추로ᄅᆞ다
ᄎᆞ즁죵쳔깊ᄒᆞᆫᄂᆞ듸 연남사람거려여키
곤ᄉᆡᆼ이엇지마라 염남슴이ᄲᅮᆫ이ᄒᆞᆯ가
남벽어졔지ᄂᆞᆫ되기 졔가즉에졈이나ᄂᆞ
쳡스가쳑조됴다 혈식혈이되면ᄲᅮᆫ가
춘흥ᄒᆡᆫ연남품속 원통햄은고자하ᄂᆞ

분하기가 ᄲᅢᆨ이 업ᄉᆞ되
단〻한 사디부와
헌〻한 호걸 남자
졔공병을 햇일 업ᄂᆞᆫ
남에기 화되단 ᄯᆞᆯ가
간교하ᄂᆞᆫ 악독한 놈
죽사야 ᄒᆡᆨ고 나가숨에
셰도 ᄲᅮᆺ는 조흔 쓴이
신몸이 되단 ᄯᆞᆯ가
공명하난 거름 ᄲᅧᆫ이

너몸이 되단 ᄯᆞᆯ가
셰도와 우리 임군
추호라도 원망마소
시호가 잴젼하면
안ᄭᅵ든이 뇌잇스며
픠승이 셩쟝하면
안쑥으리 뇌이시ᄂᆞᆫ
즁ᄯᅩ가 ᄲᅮᆨ셔진졔
그아ᄃᆞᆯ이 못ᄲᅵ 더ᄉᆞᆫ
백게가 버려진졔

그아빼올이심훗시
뇌희뇌역그간게올
뇌다셔바라닐ᄂᆞᆫ
되혜로싱각하면
이모도늬ᄑᆞᆯ자라
홍달한늬흉금에
그사람도원빵업늬
마셔다다던저ᄂᆞᆫ
소일이웃듬이라
척자이나보자하니

장판에붙늬로다
혼자나갓치이ᄂᆞᆫ
셰월이나빼올뎌베
이젼사람빌샘되로
조선셕사볼다하ᄂᆞᆫ
빵혜소일겸하여서
일과나하련빈본
여려인빈젼스히
부련치되책올보면
마음에빈비드ᄂᆞᆫ

복변쁜 헌 거시니
쉬생이 버리셕버
이일은 못타하니
곤등자 적법 손끼에
구일 홉은 곳권이라
벗즙 쎈은 셩변 셈자
부변싸만 쏫하누니
리종언 셋곤자을
마부도 믄나 스며
분맛ㄷ 맏즌 자햄

이복은 보긴는가
조셕으로 쁠은 듸면
마됫믁 연기나셔
자운둥이 완연하니
신션이 되라는가
현일은 업서 쏫겨나와
망지쏨을 차자가셔
운둥굴지 맏즌 맘은
비마진 소리리요
미쏙ㄷ 쥭 빈지 난

비름빙이 뵌연하다
밤이가ᄂᆞ 나지가니
분도업ᄂᆞ 검도업ᄂᆞ
ᄉᆞ일ᄒᆞᆯ수 젼혀업셔
그거시 난감일세
그즁에 이쳔ᄇᆡᆨ이
흔젼이 젼혀업셔 (혼자 잇셔)
허〻 혀우스면셔
푸려셔 하난마리
자고곰 병인ᄃᆞᆫ사

비곤복이 뇌업린나
三分天下 周文王도
유리에 가쳐보ᄂᆞ
대셩인 공부자도
관[illegible]에셔 녹은 던고
션불고 졔공바당도
뉘실박을 당하엿ᄂᆞ
현승지군 초회방도
뿌관에 뿟들이ᄂᆞ
호걸군자 빙신군도

진관에가셔보ᄂᆞᆫ
챵업지쥬한뒤로ᄂᆞᆫ
빅등친밋복은보ᄂᆞᆫ
천자자부소빵지도
젼뷔녹에서릇하ᄂᆞᆫ
한나라동한당과
송나라외학당과
명나라동림당과
우리나라기묘당이
비보도명빈조자

붕당하면다망힛니
붕슉되로조차가ᄂᆞᆫ
팔자되로붙나가셔
하관되로빅겨노고
거천들디모빠노
구변이업스라도
이빅이나하여보ᄂᆞᆫ
풍젼은업드라도
히당이나하여붙가
자천하여시작하나

픠쟝이 가퇴맛구나
빰나즈로 간〻버조
복즁사리 오라깃늬
티평셩티 어듸빈보
춘풍화기 여계로다
방친과 조부기 일은
차〻로 지늬치니
편일은 뿔효나 뿐죄가
노실〻 더댱힛늬
혼별이 노션난가

거졍을 뫼앎난듯
자야반계별 시베
쏜난거시 눈물빈세
복즁지 복즁과셰
이복신 죄별민〻
하나임이 가르친가
鬼神이 씨기신가
죄업다〻 바은마라
죄업스면 이려하랴
젼싱이 싱빙싱즁에

네블나도 잇난이다
쓰은노다 〻〻〻
쳐상인은 쓰은노다
다셜 젤벽으면셔
즈뿌아 죵되믈셔라
미너셔션 빈고은
숙섮변아 긱으른
죄인든 댱는 모양
셟뫼게 보왓더니
뇌쓩에 니곤 북은

셤에나 쉬어ᄀᆞ라
눈슈에 닛먼 일과
펜자베 되인 빅회
우슴도 만이하ᄂᆞ
뵌ᄒᆞᆫ호 만이하나
丙戌二月初五日베
봉지마 가쑤어서지
두뻔 복을 보와ᄉᆞ라
더븐도 만이하다
드젹놈베 경은 젓ᄂᆞ

기든 붓을 젹셧네
괴행은 두ᄯᆞᆫ 법시
식신ᄲᆡᆼ 싼 빠티션니
그후에 牧十餘ㄴ
븨관이 봣다하니
초시회시 쟝중칠
디빤을 하난다 지
늙셧ᄃᆞᆯ 디젼후에
늬갬 자빠티다 시
늬근이 벗더해지

풍ᄃᆞ가 벗더현지
운나서 ᄃᆞᆸ고 더니
쳘영이다 하난구나
빠운영 마쳔영을
니뎝ᄯᆞᆫ 드뭇던니
그저을 다더 머셔
이쳔이 졍도라놔
머이 업ㄷ기 ᄲᆞᆨ히나
그뎐들 머이하라
두ᄃᆞᆯ ᄲᆞᆫ에 ᄲᆞᆼ젼슈

신ᄎᆡᆨ 잆ᄒᆞᆫ 것갓ᄂᆞ
두ᄃᆞᆯ ᄲᅵᆫ에 복ᄇᆞᆫ나니
쳔일을 본 것갓ᄉᆞ다
다셔 시주바 등고
젼이가 자변ᄒᆞ여
괴ᄒᆡᆼ을 가드라도
ᄉᆡᆼ근쳐은 원희션니
낙엽이 헛날이듯
부평초 흣터지듯
동셔북 삼도간에

쳔이 ᄉᆡᆼ거셔ᄂᆞ 하다
녹ᄇᆞᆫ을 변고나셔
사족인 차자보니
원근친구 ᄂᆞ와드러
치원가 ᄇᆞᆯ등하여
부셤죄가 져덧하여
부손녹이 져덧ᄒᆡᆫᄂᆞ
ᄇᆡᆨ수을 헌날 비ᄂᆞ
별ᄂᆞ 네려너 비가나
녀도 ᄃᆞᆺ녹도 하ᄇᆡᆼ

치워ᄲᆞᆫ되ᄃᆞᆹ하되
마든나하돌잴펀듸
생호봄시원일인ᄂᆞ
장무에평생쓰지
사뱅에잇스미라
넛기동자괴앤에
집ᄭᅵ짓기반리가된가
사ᄲᅡ현이본쟁ᄒᆡᆫ졔
갑희도노라ᄯᅩᄂᆞ
ᄲᆞᆫ포가셔역친졔

녹볼관도나가ᄯᅩᄂᆞ
ᄒᆡ회지에조주길는
二弟偕로가즉잔코
며자ᄇᆡᆨ이괴앵갈졔
四弟偕로버려수기
다힙비ᄉᆞ곳이라
이현여리버다ᄒᆡᆫ가
남은나을불쌍타나
나는남을가련타니
나ᄭᅮ캘덥퍼스ᄂᆞ

유산긱쟝부업게
치마켠덥퍼스ᄂ
쁘뺭자리쟝부된가
셔쇼픈회로뿐노
한빠탕우섯구나
관부에明川물이
멀기로드려스나
지형에엇더한지
우선에밀수업셔
이곳짐팔노지도

어더다펼쳐보니
칠보산리심사가
쳔눈에드는구나
이쟝하ᄂ고이하다
이안이현젼인가
十餘年前셜흔수여
遊山은하올난듸
石山이차아하여
경치가졀승이라
山이렴부려쓰니

칠보단을 하드구나
도라셔 보든 길에
앤경 셋치 버던 난되
그 앤경에 글을 쓰되
부끠공 변하다 핫던
셰고나셔 성각하니
칠보산이 어듸 잇지
사람마다 꾸려 빠트
아나니 업셔스나
스ᄃ 하ᄅ 녁ᄃ 흔데

심층에 불 땡더니
괴항이 원 밑ᄂ 빈ᄅ
변현이 원 맨인ᄅ
숙세에 민근 업붓
팔자에 졍하엿너
짓이 다 도라오너
아주 먼 빤겨하나
불기 일이 별기디
현의 지 갹어이 할ᄅ
신변이 고이하야

五十이담두한듸
쓴자식하나업고
과ᄉᆡᆨ한인뿐이니
업영은盡하여도
인졍에졀박이라
數十餘日착히하야
生男이나하기되면
멸이ㆍㆍ가난사람
뉘회된가되겨셔니
하ᄂᆞᆯ도아속하ᄂᆞᆫ

괴신도아속하제
六女가不足하야
七女가되엿구나
듯는사람낙담하니
당는사람벗뜻크ᄂᆞ
婦女베쯤은셩경
秀빼베눈굴빈쇄
비을쓰니쓴티업ᄂᆞᆫ
한탄하니엇지하랴
가난사람낫혈보와

댁이나 상치마소
조용키 하여다 이르도
조흔 톄도 관심하나
섭는구나、、、、
미니속이 섭는구나
初七日 지난 후에
行裝을 차리라 하니
못가지만 지면서
닥도 물도 쌀도 구대
丈夫에 가든 바 밥

섭지져인은 바라
가다도 못 보긴나
우름이 된 우름도
비천부사 하여다면
눈물이 나갓는바
섭저려 하얀 모손
친척에 하즉하도
丙戌 二月 二十九日
發行을 하려 하니
遠近親戚 모여드러

心懷은 듬는구나

사ᄅᆞᆷ에 하즉ᄒᆞᆫᄃᆞ

家人은 作別ᄒᆞ니

참담ᄒᆞᆫ 그졍셕은

현연은 다못ᄒᆞ나

너마암 관계찬아

ᄯᅢ러쳐셔나 ᄀᆞ나

宋나라 고군자에

亥지완 치기둥이

미쇼로 ᄃᆞᆷᄒᆞ여씨

싹ㄱ히 셔나 숙이

ᄃᆞᆯ은 빛은 못ᄃᆞᆫ희도

그ᄲᅵᆫ 빛은 못다ᄒᆞᆯ가

秋風도 지이업셔

가는 ᄲᅵᆫ치은 쳐써

ᄯᅩ 잇곳 벌는지나

복고리은 너어셔ㄱ

우연이 ᄲᅡ라 ᄯᅩ나

北風 虛天 밤ᄂᆞᆫ 밤에

靑山이 벗졉이며

深水가 엿ᄒᆞ면ㄴ
淺水가 ᄭᆡᆫ물되ㄴ
靑山이 ᄭᆡᆫ산되야
ᄭᆡᆫ산이 ᄯᆡᆫ겸이노
ᄭᆡᆫ물이 ᄯᆡᆫ구ᄲᅵ뎌
나는셔도 못다가ㄴ
가는구름 쉬여가니
많ㄴ하다 ᄂᆡ길이야
져기운 버이가뎌
ᄀᆡᆫ길운 가드라도

져디면 멱겨 젹인디
하ᄂᆞᆯ여이 나ᄀᆡᆫ이
병식이 ᄋᆞ손길고
治國安民 하며하ㄴ
시야 뇌빈셔 아가아
濟世安濟 하려하ㄹ
변ᄂᆞᆯ호걸 차자가나
뎐도ᄉᆞ음 하자하여
복즁자 하난길가
닙픈션병 하라하며

젼별출사하난길가
쳐샹변사슈령빵빅
治民하로가려하나
奉系世系붓샹되고
興利하로가려하나
안이로다、、、
이련기리안이로다
뻐셕호치음탁뻐하니
골샘여에길이련가
援詩明羅吊屈原하니

앙티붓에길이련가
셔롬남젼빠붓젼하니
한챵여에기리련가
혜슈붓제현젼샹하니
소동파에길이련가
不遠千里이니길이니
피향길이뭇샘빈ㄷ
샹소연소안이하ㄷ
골롬작간안이힛너
問셕이나쓱ㄱ하여

감심이나되던ᄯᆡ은
변식업ᄂᆞᆫ감심찬아
져리먼듸어이가ᄂᆞ
흔호되난변든누의
作別이나하ᄂᆞᆫ가려
흔列差차자가셔
淚水로ᄲᅡ져구나
효갈은하엿듸도
家勢가不治하여
二千里변치할ᄂᆞᆫ

현인이업서션니
지친이나찬구드리
힘되든부조하여
존자베붓효마와
노자에친복생본
븨한길노속장하여
奔흐베作라봣며
海底베이젼버련
김숭찬아븟씨가
明미ᄂᆞᆫ괴행가셔

路程記 잇다하기
벽져셔 가쟈는셔
빈흰을 하여하니
누이에 백한 창자
첨병이 된가하여
간단맨 반이하는
가만이 셔나갈제
너심쟁 캔노뇌어
멉기리 어듭구나
가난갈 여려고뢰

小白山 백단 저돈
江陵이 버잔다기
그리도 황히셔니
梧麓은 잠판드뎌
箕맷주 백숙소하니
맨첩첩 새가리는되
구진비 난부샘에는
자는나 셔나라는
嶺宮은 벋혀보니
崇山은 이마빠지

시녁소리 괴메이는 벗지하여 가잔말은
만리난도 民不變 인하여 길은곤켜
材木은 챵쳡이라 仰嶺으로 향히갈셔
시흐不현는 火賊혼중 海底에 감추부가
無人孤境 牧百里라 아질혼 우거하니
草原廣野 다든드례 역노에 차자드려
시원시리 가든다도 하로뺌자는 나니
별이가는 客에마밉 누연비 벗는사랑
슈란키가 쌕업슨졔 主人게 젼한마리
하불며 쳐려한디 원흥한 면남젹긱

다쓰도록여셔되
주각이는늬듯느
자셔이못혀보니
頃臾베깁잔인짐
셔울기별그듯타되
극뷰가밧뭇하여
인하여권하기를
쓰文젹은쁜이라도
헛스븐은갓잔은니
노혐은가지바라

이근쳐에반신하느
힘써반번져보니
셔울가아라보바
빵블빵허실간에
進退을다시하소
그밧이고이찬다
뉘호를보넌후에
긔밤이치빡과로
도라셔단미다가
자급져사줄수하오

음흉가와잇다되
빤가이안난후베
牧日을뭇연하여
삐회봐별이회은
굳피로소믿하나
소왼이젹연하고
힝지가주관하야
결연이셔나가셔
셔울노현희갈졔
졸포베졍이견이

하고빨셔회하고
밧는날셔나셔고
밟기은빠라쓰녀
진하인진원이가
馬頭베納拜하고
家書을놀비거낸
빤가이細여쓰니
家人베빤댄셜화
벗지다바을하타
行資가不足하바

길베셔굴볼가바
쉬군이염녀하아
희불은뵈나구나
옛편니앗기는괴
미거시제인빈디
미거션뵈신젹에
이바뱜보쟉하라
곰기론반은희도
언바보담반뎐게노
비셕휫그마밥이

平生한이된터비라
路中에答못하ᄂᆞᆫ
빈하여환송하니
진원이하즉못ᄒᆡ
눈불이회로도다
덕업난등신갓치
바상에뭇쳐반자
그려져련젼은버
장임졈숙소하ᄂᆞᆫ
미거시어티빈아

忠淸道丹陽이라
버려젓니〃〃〃
禮安山川버려뎐대
가리엿다〃〃〃
竹嶺저가가리엿다
싱각하야쓸듸업ᄂᆞ
니른쇄ᄂᆞ쓸듸업니
아셔라마라ᄯᅡ나
빗가만못하구나
忠淸道다지나ᄂᆞ

京畿道드러셔ᄂᆞ
이졋회길이업다
光州山城되온도다
漢江上流비음진불
간신이건너가니
江水난도ᄂᆞ하ᄂᆞ
靑山은호ᄂᆞ한듸
雲君메ᄯᅳᆫ기력이
깔듸난의ᄯᅡ려ᄉᆞᆫ
그불은피하라나

지혜자빗건ᄯᆡᆫ은
누연이닷친ᄇᆡᆨ을
지혜도못변하ᄯᅡ
ᄯᅢᆯ분이견여주나
너ᄲᆡᆼ에걸여주나
장부에니지혜도
더ᄆᆡᆫ은하것ᄯᆡᆫ은
노ᄂᆞᆫ날이거든ᄆᆡ이
世上그물견이엿ᄂᆡ
벌에졌보고나물간장

城內에든기시려
東小門밧너른자잔
숲음빗희혼자안자
하인ᄯᆞᆫ드려보니
즉하을ᄇᆞᆯ게하ᄂᆞ
ᄲᅡᆫ혼에잇난자ᄅᆡᆯ
일가친척ᄲᅡᆫ컨ᄆᆡᆫ혼
노름에뎌여ᄲᅳ나
년숲에도겨ᄲᅮ이나ᄂᆞ
밋고쳐쓰든도ᄀᆞ기

ᄲᆞᆯ등도 씻켜 보니
인가도 못 비더ᄂᆞᆫ
친쳑도 못ᄲᅵ더워
아무도 기별ᄲᆞᆫᄂᆞᆫ
가ᄲᆞᆫ이 가려 하나
쳐남에 ᄎᆞᆷ질 씨야
혈마나 벗더하라
족하은 차즈랴ᄂᆞᆫ
거기〻 별하엿던이
젼벽ᄒᆞᆫ 주민 잡ᄂᆞᆫ

그여이 드보라니
아지 못ᄒᆡ 드려가셔
하로밤 지니치니
그려져젹 소문나셔
일가친쳑 차자왓ᄂᆡ
ᄂᆡᆯ잡ᄂᆞᆫ 사ᄅᆞᆷ ᄲᅡᆨ졉
그중에 잇건만ᄂᆞᆫ
분별ᄒᆞᆫ 형젹 업ᄂᆞᆫ
쇽〻이 드르은 ᄲᅡ에
뇌변슈 슈ᄉᆡᆼ이 ᄒᆞᆯ가

볼〃이 뵈여드려
치워하는고로니가
곤욕지경못하잔아
도뢰혜감사함은
볼젹은드려보니
회뵈난가망업니
갈길은가ᄂᆞ바졔
당인뉘려부질업다
과군베치힘편에
家書은붓치ᄂᆞ셔

인하여빌힐하여
北道은向하여길계
큰긔에뻠한다서
뼘잔은부질업다
遠村에宇海会라
愚山에쳔편은
관이끠다리무에
빈하여作別하ᄂᆞ
鄭泰秦창질씨와
사여族叔계조써와

校理叔兄은경셔와
法田叔姪덕연이와
玉山에鄭씨슉년
東小門밧似라나와
잘가그라잘잇그라
졀연이作別하니
山川도셔러진은
故鄕자랑버려지니
如狂如醉但난심자
갈바이젼혀업니

우리임계신곳라
날가친쳑보련고지
이곳과갓튼대에
이곳차셔러지니
되어비져디버셔니
다시곰눈물이다
三角山도뿐쎤은
차례로지니치니
심회가긋케되면
구경도되련만은

二十일게오가셔
이편부즁화하니
심기도불편하니
사지을쑤시ᄂᆞᆫ다시
한젼이졀ᄂᆞ나니
큰변은념여업고
감기로벅여던니
졈졈이침즁하여
날마다더희가네
行資난주려가니

압길은먼ᄂᆞᆫ더듸
인심은빡빡하야
쥬막놈구박하니데
ᄌᆞ리은하려희도
자셰예할일업셔
졀신빈일치밀ᄂᆞ
강변을하자하ᄆᆡ
나지면버지씨ᄂᆞ
밤이면고ᄃᆞᆼ하니
鐵原仲종송졍에

간신이 닷쳐가니
다리팔 쓸수업셔
빌딜 길할 일 업ᄂᆡ
중한 씩에 꼬군니와
평강 싸자니다가
우연이 빠라보니
어느젹 옛날 새션
기친려 완연한에
눈ᄉ다려 우려보니
군예에 션이라되

군예가 누길 뇐ᄅ
티뽄군 밤군 비라
흔악하ᄅ 몹스기가
걸주와더 하여셔
빈고베 명순자려
우셔운게 업다더니
인국에 인심 빈버
빡션으게 바자죽버
三陽끝 깊흔ᄅ되
돈우덤 비되단 말가

앗갑다 되봄곤 바 삼수도 되봄소리
단되별방가 이업다 계조도 되봄소리
인신천병 두려하여 음흉한 일편고션
조심못하엿스면 임자업시 니버려셔
되봄이 젹다하되 빳가는 져놈뿌가
山川이 험조하야 미댜져댜 하는구나
금탕갓치 구든나라 三防골 바리볼봐
千百年을 젼할거셜 소분은 드려쏠니
일시 부심 못이겨셔 火賊이 자심하야
뭇취빨련 되단말가 혈인비 못된간다

편가인변두고운베
포군은갓다두어
흰긱븐도송하나
져음은뉘셰하와
馬上라보힌줄베
도시칙줄흰맥하니
이음도도젹이노
져음도도젹이라
본셰색가린거시
보도도젹만이본가

안변사온주원이
신의쌍후자든디라
고젹도잇슬게요
게신도곳건쁜본
변셰가침중하와
뉘이담쌍못하여보니
변든지七八日베
하도조리못하니보니
뉜기와잇건쁜은
변기와보작하와

족하죵놈의은 쇄〻 遠竄이고향가듯
빰잡을못자〻셔 ᄂᆞ타난곳잇난다시
遠近向葉〻은지어 重病에불기형자
지극히권〻뺌은 불회품우뵌민ᄂᆞᆫ
너집에잇섯스면 남산죽빡다〻려셔
집ᄶᅡ사람보작할가 夕後에호이하야
미음이느질쉬라 두돈젼에失母한것、
빠람을쓰일셰라 다섯셰설흑경이라
둔〻흑〻셔빳드녀 불씨이키우기로、
누비나시러하려면은 빠뱀에빡켜던니

허심즁하난마듸
ᄒᆞ경아ᄯᆞᄃᆞ려라
므不絶聲하는소리
겻희사ᄅᆞᆷ으ᄌᆞᆨᄒᆞᆫ가
ᄌᆞᆨ하죵놈三奴主가
ᄲᅮᆨ옷고무졋더라
그거션ᄲᅮᆫ나듯ᄉᆞ
졋신아조업서다듸
그날밤鷄鳴ᄒᆞᆫ후에
우연이졍신셋쳐

窓前에明月빗다
窓下에玉溪聲이
괴셔치ᄃᆞ눈이쇠여
詩興이어셔나는
허심은셧친후에
絶句一首지엿ᄌᆞ나
丙戌四月初八日에
元山온다ᄂᆞ랏늬
우리나라큰포구에
큰도방이ᄯᅳ기믄

은진은강경이오
창원은마산포라
興界에포항이오
羅界에법셩포라
덕원에元山포라
八道에스물낫시
하물며十餘年에
青銀倭銀洋人銀은
物貨을버뎌스니
不경이잇건만은

원슈에병이드려
볼길이전혀업다
가령하난쇄음버듯
밤자고셔나라니
죽하와조은것은먼
니셩쳔본디아라
조리은하고가자
강전은할수업셔
主人과債錢는계
좌청우촉하난구나

主人에 쥬생연과
셔울에 허갈 챌비
벅지도 ᄲᆞᆯ귀하니
허일 업시 무어구나
뉘도가 쥬인다려
이원을 부려보니
셔울 셔와 션난듸
全釗書에 再從弟가
医術이 高明ᄒᆞᆫ 僧
흰세가 졈잔하며

가셔나 부려보진
쳔희보든 뭇한다니
뉘도가 차자가셔
遠客多情 미진하든
강졀하여 다려다가
집박을 하여보니
소독여 빅젹픠 하여
시기난 만야라도
되제난 쓸수업든
득셤당을 쓰라 하니

元山이 大変이라도
人參이 업다 하네
셔울셔 드려 보니
덕원 보사 이즘 화가
니일 몸만 다 하기
싱각마다 가 할 길 업셔
닌효은 보나 여셔
參茸은 在請청하니
쓰는 것 만치 만어
다셧 색리 주드라니

사람이 쏙〻 할 분
그마암 감사하되
參胃湯 두 쳡 쓰고
독삼탕 한 번 먹어
그날 밤 지난 후에
변세가 차감 잇네
인마에 六七 沓다
四五日 뭇련하니
힘질와 포군씩이
택어 쓰지 不足비라

ᄡᆞᆯ 한 바리 白米 七匹
헐가로 와닷구나
쏙는 거션 ᄌᆞ사 하ᄋᆞ
운호에 고ᄇᆞ 흰 셕
빗ᄲᅵᆫ 하ᄂᆞ 어엽ᄇᆞ구나
사셰에 하믄 업셔
轎軍 하나 셰을 ᄂᆡ매
친목이 와 베엿셔ᄃᆞ
비운들 주ᄂᆞᆫ 화우에
친목이 가ᄇᆞᆯ곡 다되

눈혈셔 업더지니
奴病으로 누워ᄒᆞ니
千里 客唐 병든 ᄇᆡ는
奴主가 다름 업ᄂᆡ
ᄇᆞ담 ᄡᆡᆨ 엽헤 노코
길가에 안자스니
지ᄀᆡᆨ 업난 ᄆᆞ을 게집
황아장사 이섬ᄒᆞ매
北道 ᄲᆞᆯ 노하는 ᄆᆞ디
져구리 ᄉᆡᆷ ᄡᆞ기시노

지내가난한인들은
술장신가이심하여
쑥단이봇난빠리ᄂᆞᆫ
연흥술춤뽀가나
빠뱀이쳡고하야
저리이싸보드드니
복견은보느라니
누쥰맞도보깃구나
친뽀기나은ᄒᆞ기네
교군은햇빗별서

고원은싹교군은
순한음디잇고나
서벽에金光고올
前年에친히셧니
그형이여흥자리야
형세가곳다하기
너병으로패차친고
뽁마도병이드더
빋뽁으로차자드려
牧使도리하직ᄉᆞ더니

기각이 막심하여
폐이불견하는구나
흰석이 곤하라니
흑쳐에 방피로다
변흥을 곤침이 이를
셕후에 군뜻 퇴시히
자ㄷ나 셔나라ㄴ
식차을 누려보니
北邊에 주막 통숙
뵌생 빤생 분별잇셔

이원 단청 이북에난
빤생도 하여주나
이원 북쳥이 남에난
뵌생 빳게 아이하네
빤생 소라 하난 것도
넘도 주막 본생이로
뵌생이라 하난 빠는
셔이 벅어 엽여 법다
지난 곳 빳생 갑지
느七 老담 잔션

이고지존지되야
방도은달나하니
는없ᄂ고이하여
主人불너부려보니
主人이하난말이
손임니ᄂ이야소
치결탓도안이츙ᄂ
민심탓도안이로셰
명현셔이본녁이
남보죵손자로셔

도망질에서울자셔
불홍지사하다가셔
壬午年군변후에
민군기왕니하야
충견보외하신후에
장흥원부빨셔을
특별이주시노라
단쳔府使졔수하야
파직은하엿던니
北靑府使이되야셔

연흥샤금뫼원네
姓金이만은지라
원노ᄃᆞ션만이ᄒᆞᆫᄃᆞ
치음ᄒᆞᄃᆞ와빗셔ᄃᆞ
불가ᄇᆞᆫ도드노니
빅불이ᄇᆡ가ᄃᆞ샤
빅셩이ᄆᆞᄌᆞᆷ편ᄃᆞᆯ몬
긱주질이더ᄒᆞ오니
빈갑션되다만ᄃᆞ
치음블먹마주오

그말ᄋᆞᆫ드른ᄃᆞ구에
ᄒᆡ만이련혀업다
염녀되다나셔니
묘흥강이억메로다
연흥메인흥ᄊᆞ와
묘흥메인흥ᄊᆞ가
일홈도좃컨이와
엇재ᄒᆞ야그럿턴ᄃᆞ
연흥샤흥셩이에
ᄐᆡ조大王ᄃᆡᆺ간ᄒᆞ사

창업을하시ᄆᆞ로
일흔싸인흠힛ᄂᆡ
十條로더머가니
금회권쳔금혀라
탄강하션흥셩이라
鬼神갓는쳐금곤이
千百이例을지버
산도파ᄂᆞᆫ골도파ᄂᆞᆫ
혼도파ᄂᆞᆫᄆᆡᆺ도ᄯᅡ셔
산ᄆᆡᆨ도단졀하ᄂᆞᆫ

혈ᄆᆡᆨ도단졀하데
마사라ᄲᆞ아ᄂᆞᆫ바
차마한들버이하라
太祖大王나션ᄂᆞᆫ지
우리나라근본이라
국ᄆᆡᆨ을엇지차ᄂᆞᆫ
근본을손한말가
역젹이분명한데
흉신일졔하ᄂᆞᆫ구나
실何엽산이ᄂᆡ븐이

강혈이 쓸난구나
그고결 지나셔니
졍평ᄉᆡᆼ이 여에로다
大ᄆᆡ이 흐르ᄂᆞᆫ듸
다리마다 뵌실ᄒᆞᆫ
다리운 지난ᄂᆞᆫ데
곳〻마다 ᄆᆡ가 셧ᄂᆡ
그ᄆᆡ에 셕여 쓰되
뭇어시라 셕여든ᄂᆞ
졍편 회계ᄂᆞᆫ 화원이

연셰물 ᄆᆡᆼ하자 ᄒᆞ엿듸
마ᄋᆞᆷ에 미셤하야
그곳사람 무러보니
大ᄆᆡ이 험악하야
ᄒᆡᆼ인이 불편ᄒᆞ더니
늣화원이 돈을 ᄂᆡ야
곳〻마다 다리 노코
민간에 돈을 펴셔
희ᄅᆞ마다 최셕ᄒᆞ야
千百年을 가드라도

다리 숙착하게 하니
이생하는 기특하다
사뒤뿌가 빗그렵다
우리난 사뒤뿌로
졍분을 풀어셔가
팔자가기 구하야
빅슈은 나은 이도록
불쌍한 져빅 셕게
덕퇴을 못이은헌되
녀갓튼 하향현기

지각이 우연이 잇有
분잘이은 빰벽을 흘려
세상만벽 이연데에
벗지하야 버진 마야 입니
벗지하야 번져 셩져
萬人에 쳑셜하는
後世에 욕현하는
近來 비부人會 方伯
졀명 만하다가 有孔
가만이 드른 분즉여

빅셔워유병하야
져ᄢᅵ야 이미 바리라
붓그렵지 안이한ᄯᅢ
졍평을 지니다라
져회가 돌연난되
하나은 왕숙회요
하나흔 왕낙져리라
국조져 太祖大王
창업하로가셜 何베
治國을 벗지 햇는

곤쳥을 하시기는
곤셤숙싸왕숙회가
일렵이 되야 잇는
ᄲᅢᆫ연베 젼역한
비져베 논나셔ᄂ
고행이 즐겁닷는
질길닉싸왕낙지가
민등이 되야셔되
남지경지니셔ᄂ
햄흥감연건디봇니

가기는 흥ㄷ하온
국셰도 조흘시고
빅여리 던 가온디
봐봉산 작국하야
셩현 강둔디지온
바다을 밤해 난데
萬世橋 다리 모양
朝鮮에 第一이라
여포지 북덜 다리가
보리 강을 건너노바

넙이가 달디숙이
노마디도 나갈계오
쇼히가 솔하숙니
스장기도 셔울지다
별이 셔빠리 보니
쑥지리 빅하여온
가䭓변 셔드려 보니
누회가 든비인가
다리 밑은 흠 밤셰고라
몃자하야 그려는

太祖大王 開國하사
開國하신 기쁜올제
咸與什萬百姓이
다들이 베모여셔ᄃ
西쪽으로 향히셔ᄃ
萬歲를 불너구나
江左右 슈양버든
十里派濤 썟쳣는디
붉ᄂ푸른 젼불게 젓ᄂ
불가에 느려 맨자

쌘나 하난미 뼉셩비
白路을 흣날닌듯
東門맛 楊柳넌베
큰길이 태혓는디
고금에 원강자와
녀자에 비粧드러니
단졍이 는난한디
미자로 썟쳐이스ᄃ
그다음 좌우시졍
불화을 버려노와

안목이어디치리
東行사지쎗혀주나
누우리나라효자감사
평안감사민은디도
자원八日歲鏡監使
효자가가득하되
太祖大王거둥하는
본궁에뿐심하는
전역후드려온계
萬歲橋는月明

三百여과土관드리
사모관디씨는버쓴
數百名妓生든은
칠보단장곱게하는
九百名軍士드리
前後에옹위하며
萬歲橋五里다리
가득히오는나서는
서평강太守便에
落花쇄모른느려서는

第宅稱左右便에
등쇽은흔ㄷ빅아
水光은결련한듸
花色이돈호ᄂᆞᆫ이라
그즁에삼평웅깁
歌舞가쟈ᄂᆞᆫ지니
長安이擧動和景
이에셔더헐ᄂᆞᆫ온가
在小之国낫다가셔
이련호강뭇희뿐뿐

금ᄌᆞ되도뿐타는듸
괴항기리더뿐하다
아ᄊᆞ려나수이풀녀
윤ᄌᆞ晴에나하여뿐가
나부호강뻔는하나
늬져련이져쟌큰마
ᄌᆞ리소뽁못하여셔
다리健여셜수업ᄂᆞ
轎軍은타자하니
行資貝不足혈빈업ᄂᆞ

말이나다자하니
졈도말고다리져려
현유여리봇견말븐
七곡월밤아손이
가도보도못하깃녜
격졍이자심혐이
직시뿐베드난사람
늬인이동심한은
구즁한쇼연이
추연이하난마리

긱에격졍은려보며
나에격졍다른마음
변통할수업게되니
민망한생각이로다
갓치이견질줄은
빈섬갈에맨이크고
말변이그려키던
복즁하여그려하니
신셰한하면늙배
졈한지낸나의배

明

셔호에 최늬셜이
늬집에 모나시면
明세으로 방늬션젹
늬으드지 안이하니
망삭이나 파랑주면
믜쉐 업시 모늬여셔
明州 仟泗州 浦에
롯셕롯이 친하노니
늬부럭하엿스면
격졍업시도 착되리

너흔나 곱쁘구나
벗지하사 치사하가
이복짐 갈나 늬야
칠복이 쓴 쓰구하야
돈단 양糧合 갑실
너렵잰케 쓰구택하야
平日에 지친키로
이러케 헤워줄가
하블며 팔면 쓰구지
인심도 거록하다

칠복이 보난ᄒᆞ구베
민하여셔 낫구나
빨거름 낫지 안너
촌〻 젼진하는구나
덕샌仕三千 굴 본
중인가 숙소힛ᄂᆡ
빽빽ᄒᆞ게 샘자빽이
큰지최 붓빳더니
힝인이 하난 마리
힝걸영 쟁타 하니

남향에 빗슨 졀벽
험괴영ᄒᆞ여니
무식한 빵연이라
아마도 그게 굴다
져는 빨달 숙엇서
짓편어에 모름 묻쳐
간신이 논나가니
댄 외셜ᄉᆞ 숨에태데
그샌이 겹샌이라
벗졀이 쳘〻한ᄃᆞ

深淺이자ᄃᆞ려셔
天日을가리우고
두견졉동은피우며
긱에회로둥는구나
겹ᄉᆡᆫ은하나비며
안자셔쇠노라니
그염헤숫을소계
빠ᄀᆡᆨ이조보향니
간신이일어셔ᄀᆞ —
댐넘으로더버보니

太祖太王여고셕에
다ᄃᆞᆫ이軍士보니
도젹치든고ᄌᆞ라
勝戰碑세웟구나
그적은다ᄃᆡ버셔
叔姪이시잡커늘
술진을ᄲᅮ려보니
추졀이숫가버ᄊᆞ다
쇠여ᄲᅡ진채진셕은
ᄲᅮᆨ곰이셕비라나

한돌리에 두푼버치
갓신이 벅버구나
홍원라 공돈으론
업니가 십이하니
고션베 고른 십이
하로면 못가긴니
십이에 써친사람
되강으도 계집이다
험지 빽다리 사예
어불라 치스로다

고이하여 부려보니
혼원은 장이라니
고품속 고이하여
계집만 장본다되
혼원은 지나쳐셔
불가으로 가다가니
기묘한 君峯하나
불가본되 세벗거나는
한번에 계부려보니
사치셤이는 홈조스데

셧치아네듯그라
天上金鷄못되여든
인간에조흔기별
네가또도젼ᄒᆡ스니
번제나셕〻거려
희빈기별젼하려노
그고젼지너셔니
소즘가비되엿스나
염호가소조하다
셕양이걸혓는듸

나ᄭᅮᆺ빗헤안진것은
격졍이뿐듯하다
지너치여드려뽀니
뿐생해ᄂᆞ가련하다
우리너사는목숨은
염뿐에걸엿는듸
벗진숨에염뿐숨세
每加時增하여가니
우엇벽ᄂᆞ자진빨ᄂᆞ
뿔에俳져죽어스면

누가드려 다ᄅᆞᆯ나 난하노 니거젼도 ᄡᅳᆯᄃᆡ업다
막징이 젼노나니 五로허젹 둔지가
불생하ᄃᆞ 가련하다 츙소참이 될더인되
가변셔신 깍하니 인즉이 가잣션니
그모도 니다신듯 고리더ᄲᅥ 놉나셔고
비렷케 곤곤한노 ᄲᅡᆯ되을 도다ᄯᅡ니
치군틱빈 하엿ᄉᆞ면 무슨일노 낙후하야
즁ᄒᆡ가 난데 베ᄡᅡᆨ셔 놈호과 형영업ᄂᆞ니
니가조곰 ᄲᅢᆫ일거셜 마ᄲᅧ에 고이젹어
ᄇᆡ야쳥도 ᄡᅳᆯ듸업ᄂᆞ 길가에 나려안자

人馬를 번려보니 실속이 볼브면셔
主人을 청하라ᄂᆞᆫ 바람웃치 견혀슴고
혼자 ᄆᆞᆫ자 가다리며 多湯이 되온후만
쳔사만념 되엿더니 다리빠파 꼿가지고
별이ᄂᆞᆫ 소난모양 이운거경 쇼빗난가
혼ᄌᆞ 젼진하난구나 손목을 쓰은ᄂᆞᆫ셔
져엇진 이ᄂᆞᆫ 연던ᄂᆞᆫ 간신이 버두운후
눈늬 빠 누려보니 쥭빠을 차자와셔
쉰셕이 체흿는지 더운빵 가리니며
낫팝이 체흿는지 아릐목 누펴노고

燒酒잔 ᄲᅡ다다가
丸藥도 다 먹이나
지졀 통과되 ᄒᆞᆫ젼네
졍신이 顚倒엿니
主人을 밧ᄉᆞ 뵈옵니
이원을 ᄆᆞ며 오리
무ᄒᆞᆨ동 감셜ᄃᆞᆫ이
잉구졔 맛다 ᄒᆞ디
졍히 다 짐ᄲᅢ기 ᄒᆞ니
혜기므 짐ᄂᆞᆫ구나

참도 죽여 약도 죽여
너 밋은 낫긋다 되
나졈ᄂᆞᆫ 현기관계
부죵지병 못 차아
증 바은 大痛ᄒᆞᆫ 뿐
그엇든 날 小無 차깃
비 인ᄂᆞᆫ 이 뵌 빈 인ᄂᆞᆫ
佳節 손 ᄒᆞᆫ데 본ᄂᆞᆫ
즉매 질 고셩 뒤 홍
셥셔로 ᄒᆞᄂᆞᆫ 소다

부모쳐자 못ᄯᅥ나ᄂᆞᆫ
듸 한심긱피 원흥 하오
업혜안자든 ᄂᆞᆫ사ᄅᆞᆷ
갈노씨ᄂᆞᆫ 모시ᄲᅡᆨ혀
엇지하여 너ᄂᆡ가죽너
헐여ᄲᅮ지 모ᄃᆞ고져
부죵지 겁나는계
인심을 ᄲᆡᆯ슈업셔
시기염질 염여하여
죽인이구 ᄲᅡᆨ하면

가조보도 보조해ᄂᆞᆫ 데애
한[illegible] 울ᄂᆞᆫ 화상 [illegible]
앱푸나 마그재 밥ᄂᆞᆫ 고ᄉᆞ
소리을 하지 말ᄂᆞᆫ ᄂᆡ
쇽아지셔 일은나니
져렁경 비ᄲᅳᆯ 생한ᄂᆞᆫ
가만이 밀은 ᄂᆞ니
죵치ᄲᅡᆨ혀 ᄲᆡᆯ이 업ᄂᆞ니
너역시 ᄃᆡ병지여
현기나ᄂᆞᆫ 다리셜여

안도셔도 못하면셔 구박은 만이 할분

쳘업난 하인 하나 겨졍을 힘게 하야

벗드며 달니면셔 볼복과 꿋구리을

쏘노즘 빳니면셔 지셩으로 하여주며

막기을 사라가며 큰구셜 만이 하면

잼한경 꿋이은근 샐기가 어렵다니

빔나조로 비을 쓰니 편일 베잴은 마암

닐은 졍경 쏘인는가 허망한 일만 짓더니

다흰비 버지족인 미쳐지 미졍경에

누연이 뻔니구나 고질비 버렵구나

드는거션혜지말고 비쥭으면나도쥭졔
쥬인을맛겨션니 숨지난것벗지보는
허비빈되여삼분 쳔하병이불싸앵는
병세가침즁하니 혀일이업건빈본
마흐릐되난뼘에 숨져는기보기실버
할일업시쥭는구나 꿈빅하로가려하니
가삼을쑤다리며 버린하인잡이길는
져거션벗지할는 병든빌다리보셔
질버셔지는가라 두쇄무난계병션에
길가에뭇는가라 간션이일버셔ㄷ

쌍잡핀이 손에 쥐ᄂᆞ
셔는 다리게 오거려
大門밧 건쳑 나셔니
니고지 어디 빈마
원촌에게 병셩비
ᄃᆞᆯ빗치 쳐량하다
심친은 여최하ᄂᆞ
눈물이 ᄲᆞᆯ흔가려
ᄏᆞᆫ붓은 건너는지
ᄏᆞᆫ샌붓은 담번ᄂᆞᆫ지

엽펴지며 잡바지며
우름소리 배져되며
염포집이 공방집
十리가 못되난듸
신연셔 차자가셔
본연셔의 견하며
간신이 다려오며
심중에 생각하니
그자이 죽여ᄂᆞ면
쳐지설 버ᄉᆞ지하ᄂᆞ

밋친다시회한다시
방울열혀보니
조상이도으신가
현신이도으신가
죽어슨것사라안자
졍신이서슷하외
침침한방가본디
초불울켜가혀며
음음한구름속에
인월을뇌혓친ㄷ

死者復生이變ᄒᆞ울
엇지다말을하랴
藥次含次도션차에
형덕이겹갈이라
말길은버렷는디
조리울핼수이스나
져는말업셔우ㄷ
우자색시되비ㄷ
쌍진흰이치여짐ㄷ
촌촌젼진하는구나

기현없ᄂᆞᆫ 소복못희 우연이 한 사람이
학질이 되여든지 녀엽헤 뻔지면셔
하ᄂᆞᆯ을 게우가면 치ᄯᅩᄂᆞ나 뢰ᄯᅩ아
하ᄂᆞ는 빔파 누어 힝석을 고이 엿여
현신 빈고 하난 모양 직공도 젹못난 옷희
힝ᄉᆞ가 난쳐ᄒᆞ다 괴향을 간다 하니
티ᄭᅳᆯ 변 화졀 변이라 허ᄃᆞ 쳐우ᄉᆞ면셔
븍편 업ᄂᆞᆫ 쇠긴 ᄯᅩ록을 조흔 길 가난구나
차ᄃᆞᆯ 지나쳐셔 한 항에 잇ᄉᆞ드라도
쥬졈에 빈자 션기 소ᄅᆞᆯ이 업지 마너

이지와편당싸홈
근니에자심하야
남촌에지명지싸
과행이만타더니
아싸도그려한듯
격졍을너모마노
末世에과행기리
환노모댐낫사오니
北青에金道秋만
그련길뷘분하나

저지현교지혀업셔
가라나가모긔스
그려나과로봄은
김도화만못하오디
북쳥신쳥호면비라
신이가굿타는티
혀자천석만흰노교
고기이빰잴벽보니
아던지모르든지
그거시세상비라

격임게 믿느니
비렴을 조하 빵오
그으 빵승ㄷ 하믈
그이 논괘 화믈 하야
북도가 북ㄷ 희도
이른 사람 쳐음 밧다
간담을 헛쳐 노고
빨 힘쓸 하건 빈 본
흰석이 곰흠 하야
조봉이 댬 모시 하믈

홍진 결지 나쳐셔
빠다가 앱셕 깐 배
둘이 하나 셔잇거늘
지니다가 생혀 보니
앱힌 여자 희울 현이
영셰 불 빵하자 힛디
반갑다 이 종형을
예와셔 반난 것디
셔낸 졔 힌 졔 와셔
친구들 하난 마리

북쳥으로 가는길에
시즁티 보지마소
역남에 이쳔션ᄇᆡ
역々히 혜여보니
괴ᄒᆡᆼ 갈티 보시나난
뼈슨하뼈다 시보ᄂᆞᆫ
벼술ᄒᆞᆯ셔 보신이 난
괴ᄒᆡᆼ 갈티 다시보아
ᄒᆞᆫ번보면 두번보기
역々히 다그르나

시즁티 보지말나
댱박은 드렷더나
혼진은 지니ᄉᆞ나
티령이 압희잇니
쳔쟝은 쳡々ᄒᆞᄂᆞᆫ
챵희난 쌍々한듸
露々長松은 사면에 둘너진ᄂᆞᆫ
인빅지봉 베금잔티 더폇는듸
크ᄂᆞᆫ 놉흔 碑閣하나
길가에 세엿거ᄂᆞᆯ.

다리밟파쇠는참에
시중되는생각잔코
엇더한시골宰相
큰비를세원난ᄂᆞᆫ
밀어나돌거ᄇᆞ니
여전되픈에
시중되두렷하다
부심견에우은나치ᄂᆞᆫ
다시곰생각하니
萬事가天定이라

우은닐은것부억이스오
시중의라하난거貌
엇지하야몰으민ᄂᆞᆫ
옛날殘鏡一道
北胡에傳으로서
高麗何成宗朝에
부관이라하는將帥
벼슬은시중으로
北胡을불은이討伐
勝戰하ᄂᆞᆫ보는기ᄂᆞᆫ데

駐兵하든 그 고지라
往事가 막막하야
英雄은 간듸 업고
빈 깁다 어느 山에
칼부지긔부던 눈ㄴ
캑셰한 명읍도 걸
古今이 잇스믄 손가
長安에 多国된 놈은
北胡보다 더하 건만
清国에 無性土라

歎息이 절노 난다
그 고셜지 나셔니
이원이 권쳡이라
支那强暴 경복이는
나면져 不幸하야
져녁에 三水젹긱
이원볼이 빅라늬
졍이 가자별한 볼
소도가 녀시갓티
寒地에 떤나보기

一時가 밦분지라 힝석은 부려보니
西山에 낟은이 걸쳐 千峯萬壑外 희미하며
쳔쳡이 멀지라도 故鄉가는 길이라니
병든다리 ᄭᅳ으려서 독노시 하로베 령지
억지로 되잣더니 치하가 북궁하나
념분졈 곳빗쳐서 서셤시리 가난사람
뉘연이 만니구나 부렷기 개업더할는
손잡고 반기면서 연분졈도 로가서
눈물이 민사로다 하로밤 同枕하니
미뢰에 만년지라 해생에 가까와도

뻔 깁다 하엿ᄂᆞᆫ듸
淸白碑 세여 잇ᄉᆞ되
千里他鄕 今故人이
거산역 지내치니
그젼이 가엿더 ᄒᆞᆫᄂᆞᆫ
摩雲嶺 녀기로다
잠 업시 셔도 위회
삐진 바싸 구름 운싸
뺌 가난 ᄌᆞᆯ 몰나 ᄂᆞᄌᆞ나
놉흐다ᄂᆞᆫ 비ᄂᆞᆫ 음 만가
이길에 셔난 회도
流水에 푸른 ᄀᆞ른
동셔자ᄅᆞᆫ 몯 ᄒᆞᆫ 손가
玄名길 배못 밧치ᄂᆞᆫ
李花送情 보난 후에
운산에 한구름은
거산역 ᄌᆞᆯ 뺀도다
處士되야 반겨셔니
소리셔 셥지난ᄃᆡ
봉니 젼 소식 온가

누연이버려지ᄂᆞ
둥구령실음구ᄅᆞᄂᆞ
수ᄅᆡ밧긔ᄲᆞᆯᄲᆞ르니
그ᄂᆞ리나리다가
길가베션ᄂᆞᆫ비워
石面이희환하게
碑갓치삭여구나
옛忠臣조관빈이
고향길베지나갓ᄂᆞ
王子孫監使御使

六代은네리지니
차〻로싱겨스니
楊州趙ᄂᆞ빠워도다
그곳져지니쳐서
端川邑빠되보니
빠다은ᄲᆞ희ᄂᆞ고
경치가조흔지ᄂᆞ
친호난苦痛하ᄂᆞ
行資난여려진듸
비계도二百餘里

벗지하여 가잔 말은
大邱에 이셩진이
니소고 갓치 당하
단현은 와 잇다가
빨비쑤더 차자가나
손잼은 빤기면서
同年出情 다른 손가
葉結도 지어주며
行貨도 거졀하나
져여시 千里遠家

夏通이 어렵내니
校村에 黃進士가
字號난 사병이라
셩진이와 親面 잇셔
니소고 눈나 도슨
셩진으 兆請 으로
돈별 兩 夏通 한분
제친구 이셩 달은 이
어이 알은 회불 어렵 잇다
一封書 傳주면서

가다가傳하라더

고마운그마암은

벗지다치자하라

黃進士붓친편지

이셔맏게젼허더니

인하여차져와셔

붓으로는진빅하ᄂ

藥대쳡지여주며

빨니가지주하양에

하로븍본그쁘띠을

제가모도당허쥬더

순후한그인심에

孝道에잇슨손가

活人之佛곤ᄂ마다

헛빨이아니로쇠

痛哭之ᄂ前進

摩天山嶺넘나셔니

億丈高峯은

半空에소사잇ᄂ

萬里滄海在

되진듯돈던난되
日月星辰보는
손으로만질갓슨
風煙雲霧난
眼下에그림이라
덩도리선大輪船은
가마과난것가슨
鬱陵島對馬島난
一千山이묘망하다
楚나라釣角山은

行路難일흐믄잇슨
티량山양장구곡
험한人心比하스니
빗사담길九十九곡
구곡에서더甚하니
이고지어듸비여서
늬길이부샘갈는
인심이험하든가
行路難되오리라
어짠든지니쳐서

관동영나려가니
그아릐ᄲᅡ다가에
셩진졍자업니로다
摩天嶺來登ᄒᆞ니
조일봉소사잇ᄂᆞᆫ
평지괘엽잠관되야
녹도봉다시소사
다리ᄲᅵ자루ᄭᅡᆺ치
海中에드려가셔
山上에度高ᄲᅵ셧ᄂᆞᆫ

靑鶴抱卵형국이잇셔
소든편은참경ᄒᆞ고
뒨편본세검티라
山上에난內城ᄊᆞᆺᄂᆞᆫ
ᄲᅡ다가에外城ᄊᆞ셔
外城에ᄉᆞᆷ흔ᄆᆡ이
이층각공북누라
句勢도좃치이와
경치가絶勝이라
관동영림너셔니

쌍포가 희진이라
붓앞희 바다쪽에
싱빵에 소사구나
인걸은 지령이라
빠른도 장군낫다하듸
그고련지 년후에
이령장터 닷쳐구나
그여시도 빵이라
옛적에 곧이라듸
누리나라 趙中峯이

壬亂倡 양반으로
괴한은 가잇아가
이변은 일봐셔듸
山城을 박증화하드
吉州물은 빠리보봐
운호난타드오라
늬번져 앗셧더니
十里을 못빗쳐셔
칠복이 빈낫구나
水路로 번져가셔

明川물主人졍코
너희셩젹면키도
마츙은본다하네
봉호가보난ᄯᅳᆺ앙
仮우셈댄이낫니
落眉之의仮명힌셔
喜셰가빨작이라
義城에이사진비
갓든소조당하여셔
杏卯가뵈소되야

나넌져와잇다더니
西門밖客斉집에
봉호은놉혀노코
藥局집도부러보ᄂᆞᆫ
사진집도찻자하며
끝만은잇그려셔
셩안셩밖나드더니
자진이빠져드ᄉᆞᆫ
마츠만나소회로다
藥시며不五하ᄂᆞᆫ

하로밤자고나니
行資가졀핍이라
갈길이망연하네
뻔한빠라나볼거셀
반갑게비ᄂ하야
교군과셰마늬야
갈선이셔나수니
잇셔산어나션ᄂ
쳔중佳夢조흔셔라
북창되긴빵축베ᅵ

綠陰에자고진뒤
치석한추천줄은
곳곳지비여잇ᄂ
絶代佳妓와
佳童村女난
綠衣紅裳따
금이능나ᄅ
예ᄂ이희운지어
物色도번화하니
녀셕시少年흐느냐

호흥으로 논일 젹에
佳辰 매화 시졀 보셔
곳케〻 노라 셧니
男子에 한 平生에
누가 풍파 인연 어든가
오날〻 千里 關塞
남 업난 시름일세
風俗이 다 달나서
질〻이 省全하니
北靑山 곳〻 마다

졔젼을 차려 노코
고아와 과부드리
青山이 미여지긔
白楊樹 셔운 빠람
哭聲이 흣터지니
數千里 젹 客心懷
더구나 듯난구나
吉州 北 十五里에
탄슈 편다〻하시니
탄슈가 부여진ㄴ

東道밋노븐졍이다
北道가윤닌한듸
溫井이버이잇ᄂᆞ
그물이有名하야
百病을곤쳔다니
빤나기쉽지만아
목욕을하잣던니
重病餘路도중에
진빗씨기어려볼볼
니모므에빗ᄂᆞᆫ변은

다른병만이로다
곤졀룸피룸들은
生끈친듯하건이와
항보하ᄂᆞ고쌍변들
네가벗지곤치깃ᄂᆞ
고챔져은업는지나
피자령님어셔니
그아리우숙장터
배씨사도빵이라
중화을하려하ᄂᆞ

긱쥭을차자드니
明日날晝罷업다
즁화도반쳑이ㄴ
쥭쥭은흔하여도
곤셔도하인업니
明川믈十五로은
낫후에[illegible](닷)졋구나
버허여뫼도다
비고지왼고진바
직빵씨경계할졔

千里관서마련하ㄴ
부리父母나은나바
富貴公明기되던니
時運이不幸하ㄴ
병쥭가기존하바
인연이예와졋니
누기가빠리든ㄴ
누기을보라든ㄴ
山川도낫치셜ㄴ
인물도낫치셜ㄴ

草木도낫치셔러
한하는한日月에
그빗치빗건만은
衣冠이갓흔지라
他國도안일게오
面目이사람이라
즘성도안이로듸
風土人物살펴보니
판연이다르도다
반샹비등분업는

老少가分別업서
다른집는근이옷은
모도안듸老親이오
졔집에子息생은
빨쓴마다와듸하니
민자라는하는오방
더구나우슴거나
목에인된소리로
혓빨이뮈져ᄀᆞ
버음도못ᄀᆞᆺ하는

빵연도알수업니
옛날젹胡虜이라
무지막지쎡이업니
힝탁을졍돈하ᄂ
빅관은뭇쳣션니
거만시련혀이노ᄋ이
빅관죄인드로라되
댱ᄃ한사되뭇가
가엽시도되엿ᄉ나
하빈오로뽀든바견

호되쳣가하단빤가
번길을즐빌가녀
못본빌을다뽀괸니
빅도오ᄂ빠담치ᄂ
죵도뽀ᄂ흑도뽈
복뫼인과뽈한빈을
뽀므로뽈수빅게
죵미뻣ᄂ사쟝빵네
들ᄂ시뫼드녀시녀
졀간에간석시가

하한듸로할ᄲᅮᆫ업다
앏플다리게우셔듸
형이졍을차자가니
슉형이반셔형이반
기거도ᄆᆡ이하ᄂᆞᆫ
ᄲᅴ관을엷히노효
봄모파기셴펴봄ᄒᆞ옵
거룩은하깃다ᄂᆞᆫ
나가라ᄂᆞᆫ하ᄂᆞᆫ구나
도라와누어쉬

한숨에졀노나니
슉슉에남치원이
젼갈을하엿스나
젼갈가진관장하민
ᄲᅥᆺᄂᆞᆫ하가ᄡᅢᆨ이업셔
졔졔ᄲᅴ듸한다지
초변인자번져하ᄂᆞᆫ
편가ᄆᆞᆯ비비르드라
남에ᄆᆞᆯ드른드시
젼갈이싸간듸업ᄂᆞᆫ

뻣〻하기쌕이업더
평일에거힝헐젹
판문출입만희션나
시세가곤곤하ᄂ
복셩이만은듸에
주쇽가친차하면
만이친고어이하라
牧三日지난후에
샹듸은하여보니
부신난입련공신

二

충장공자손이오
닛화하ᄂ자샹하야
武夫지듸젼혀업듸
주인이라젼한집이
누추하ᄂ협착하야
드려가면기여든ᄂ
일어셔면쭉두박질
세상이디든듸도
나혼자협착하ᄂ
하늘이놉다히도

나혼자섭흑더니
평일에놉흔ᄯᅳᆺ과
평일베디든ᄆᆞ음
좁디좁은일을원자
용납하기어려워셔
박두ᄉᆡᆼ하ᄲᅮᆫ희ᄉᆡᆼ에
본낫한가디겨션니
미더지협책하니
어디미로가잔ᄲᅮᆫ스
박지ᄲᅡᆨ지하드라도

인심은희롬잔아
차자와보난거슨
격평이불든터니
東門빗김디과간에
집조코인심조타
여려이권하야셔
그리로옴겨구나
거쳐음식희롬잔아
불힝즁다힝일노셔
집에셔셔낼계난

四五百金가져와셔
족하는글밀배ᄂᆞ
ᄒᆞᆼ숨도두잣던니
三四𥿄길에쎗혀
分錢이업셔지ᄂᆞ
부쟈지明기물이
흉년을만나다ᄃᆡ
자세에ᄒᆞᆯ일업셔
三奴主뫼니라니
힘자가져뫼업셔

本家게ᄣᅢᆯ을ᄒᆞᄂᆞ
三十兩변통ᄒᆞ니
가ᄃᆡ치안미ᄒᆞ나
ᄒᆞᆯ일업지뫼ᄃᆡ려니
미령견이엇더ᄒᆞ라
十餘日낙은후에
五월ᄲᅵᆼ인ᄲᆞᆯ령이라
마ᄋᆞᆷ은굿게먹어
작회을마자셔니
족하종숨부난거ᄉᆞᆯ

쑥지잔 소릐하니
줌치가 쌕빅히며
나오든 맨 솟쳐진
두눈에 더운 눈물
난듸업시 쏘다지니
四奴主우난 뱅은
木石도 늣길게라
하늘도 갓치우나
구진비 난무 샘밀ㄴ
비오단 안보니며

증밀증아 울더만마
운기에 깁흔 민졍
드는 칼노 비는드시
쑥지셔구 빽하매
셔쳐셔 보나구나
여광여취 이니마밝
흰마루에 건이다가
남경빗디 물젹에
쉬이쓴 길 모쓱지
그리비지니드시

현뎡이 업서지니 누가 읏이 지와라

못쳣든 두줄 눈물 병이 드든 쇠가 발며

다시금 쏘다지니 죽은 드든 쇠가 아라

빙안에 드려와서 냄자에구 든 간쟝

목침을 베ᄂ 누어 눈물이 업셔 셔니

변화난 셰져두ᄂ 보는 내 이원 일ᄂ

늬 신세 생각하니 금한 수가 젼혀 업니

빨이 갓한 하늘가에 죽인 이 불 쟁타ᄂ

게 빨 부려 셔져 두ᄂ 빤단으로 위로 하나

혀ᄂ ᄒ한 비ᄃ비 밀 서 비밀도 듯기 실코

네얼굴도보기실타
원회ᄃᆞᆫ하는ᄲᅡ다
ᄀᆡᆨ에회포둘난구나
석지셔늬보늰
죽는지사랏든지
잠이나자ᄌᆞ해니
눈이쇠여못일운
젼역이나먹자하니
복이베여못먹깃늬
그뎍져뎍밤이드려

비긋친다리쓰늬
빤갑다져달빗젼
고행친구네도구나
늬심경이려단
운근이도차자왓나
月宮에빗난황아
빌은조금하라무나
예와셔빗칠제난
부디짐도빗칠졔니
가장보난졀믄부인

녀흔 ᄲᅮᆫ 만이 ᄡᅮ나
사랑베는 근등 신
너흔 ᄲᅮᆫ 한심 한다
티ᄉᆞ가 여려 ᄉᆞ는
겨령하여 신 각 난가
客中에 너심 사와
故鄕에 여러 졍회
너난 졀영 만흔 거시니
이리져리 뎐희 ᄌᆞ소
ᄡᅮ랑한 여 ᄎᆞᆯ 빗ᄉᆞ 이

밉ᄃᆡ 달은 만이 하ᄂᆞᆫ
李廣行 길흔 방에
듬ᄃᆞ 이 좌자 드려
몽호난 별이 하ᄂᆞᆫ
심자 ᄲᅡᆫ 굿젓구나
젹막한 긔창 한에
맘나 즈흔 호흔 자안자
천자 만뎡 나는 바만
엇지 다 기록하리
[illegible]

니마암 후회ᄒᆞᆫ다　지극히도 하가신고
졀셩에 부샴ᄒᆞ로　계관업는 이러시매
사되부가 되여나셔　소견이 너른톄ᄒᆞᆫ
우쥴지 ᄒᆡᆨ문집에　시디난 양이 보ᄂᆞᆫ
그련어미 뵈왓다ᄂᆞᆫ　츙분이 겸동ᄒᆞ니
현부현조 가르침과　세상에 미움바다
셩현현젼 이르ᄂᆞᆫ ᄆᆞᆯᄉᆞᆷ　너르ᄂᆞᆫ 조흔거시
본체듯ᄂᆞᆫ 본체ᄒᆞ여　효졔와 츙신이오
사람노릇 하자기로　보ᄂᆞᆫ거지 현군젼듸
본치 빤빈 공명부리　이런부로 미움바다

만싱공끈혼터에난
入泉百年얼마되리
부스느듯조흔된는
부지박지생혼되야
農家이나힘을쓰는
곰빵되나입에붓는
검둥씌입셔이는
棗果枇當사다가며
비라져라깔는집어
九十月秋收後에

是非가부어친지
禮節이부어친지
밤이나쌀곡불에
친이나생아친는
계집자식공당이온
이리저리뜨드리며
예를들을방견져셔
구실초주덤밧차는고
합도고뿍격양까올
닉炭月느밋낸는지싼는

연곧에 옷비와셔 뫼잔시 세엿더던ᄂᆞ
이거시 ᄒᆞ구뢰로다 맵잔이 느려가니
農우 일은 못한더에 날월이 구비도리
그부어 설하잔 빨ᄂᆞ 이라져라 쏙드리며
셔자세치 빨갬기에 약슈光陰 暴도좃타
길흰 뎐볼 이치ᄂᆞ 楚水吳山 느리블너
사즉빅이 절디빨을 罕蹄罕셩 夕陽天에
맵뫼에 세워느코 第우 紫宇좃컨만은
치죽은 숩피드려 시세불평 모ᄅᆞ난슈
맵되울 쏙드리며 이벽치못하리잇네

쟝사도 못한터에
ᄂᆞ듬이나 하여본가
으슥한 졈주집에
죽욕은 뵈쳔하ᄂᆞ
마게든 톄게든 ᄂᆞ던
바리ㆍㆍ 시러ᄂᆞ고
富者집 낼난 子息
消日하야 鋪워다ᄃᆞ
디겨ᄌᆞ리 ᄉᆞ겨ᄌᆞ리
벌벅우리 되깐치기

탁치ᄂᆞᆫ 견쳐구나
비쌍 ᄌᆡᆨ혀가근 ᄂᆞ든
깝ᄂᆞ다 깝시원은
갑작골이 ᄂᆞ기나ᄂᆞ
마부동혼 쌍순은
ᄒᆞ피ᄂᆞ기 第一이라
눈치잇ᄂᆞᆫ 순치ᄲᅢᆫ나
잘쓰겨 쏩념거녀
판안에 돈쳔 ᄲᅡᆨ ᄲᅢᆺ은
ᄇᆞᄂᆞ쓰러 ᄃᆡᆨ질게라

빈셩안자이이세원이 쌍〻이뻐려노고
모도다좃쳔인은 큰어미뽈무던셰
敗家ᄂᆞᆫ身셰져두ᄂᆞ 빨잘노가시라노
白쥬大賊이게로다 져근어미술을드려
그노릇셜웃할터에 술잘노가지라노
窮活노릇하여볼가 쳡아잇희빰울편다
흥부大道네거리에 大門밖희셕빽돌이
큰마방집버려노고 빰서삐안이헤ᄂᆞ
큰어미자근어미 이것팔ᄂᆞ져것팔ᄂᆞ
쥬ᄂᆡ임이며셤근은 날바다패돈버리

이여시곳컨만은 차ᄃᆞᆫ든단하ᄂᆞ

천하여못하외니 소게싶금하온후에

世上萬事과 찬ᄂᆞ니 불복지심못혀지ᄂᆞ

중ᄉᆞ드설ᄒᆞ여보ᄂᆞᆫ가 쓱개ᄂᆞᆫ가자 이관이오

萬惡靑山드리댄ᄂᆞ나 청염즉경의소리

졍ᄉᆞ한庵子차자 마음잡고서천후에

有道僧弟子되야 靑山白雲벗지되ᄂᆞ

석밴되승하온후에 藥草여외망석되야

느암경화음경과 벡리자복하온후에

티장경별가서오ᄂᆞᆫ 蓮花袷衲世界

차자가면옷컨빈은
솜족업는허부하매
이도역시옷한네라
또부어셔하자매는
관속노듯하여뭇는가
한번쓰시짐영쾌자
세호쇠들더미는
홍연갓속여쓰는
두손길놀디짐는
병이한체공경한체

원임눈에듣는절은
공경이고보하매
늠사은말뵈는적에
明治은하시되도
国今에도자경이라
파한봉도不足하나
本宅자서매보셔오
우주루노름속은
国法에잇사오니

져ᄀ이 ᄲᅡ다 쓰면
관ᄒᆡᆼ빽게 관ᄒᆡᆼ이오
짐승맛씨 ᄒᆞ올젹에
한눈못ᄒᆞᆫ가 셜ᄒᆞ면
民農은 싫시일 ᄯᅢ
千萬金이 ᄂᆞᆷ을 게노
흉년에 져면 ᄲᅮᆫ로
十分一만 ᄒᆞ게ᄉᆞ면
다ᄒᆞ던지 던ᄒᆞ던지
百姓이 어이 ᄆᆞᆯ며

방향을 슬타아노
풍속이 되여 ᄉᆡᆼ는
돈니 ᄲᅡ다 되여 ᄉᆞ며
소민도 어려운게
지셩봉생ᄒᆞ여ᄉᆞ다가
세ᄯᅢ죽ᄲᅡᆨ 져ᄆᆞᆯ ᄭᅮᆯ와
덕택을 ᄇᆞᆯ자이다
어려셕은 져원님이
ᄯᅢᆯ되곳 듯거든
ᄲᅡᆷ더리 ᄲᅥ져노코

이ᄂᆞᆫ 차라리 난ᄂᆡ가 ᄆᆡ셰
出門 밧기 ᄲᅧ나셔면
허리 ᄭᅥᆨ고 고ᄀᆡ 드려
村民 운ᄃᆡ 하거든
운변이 자셰 하야
빈 이 ᄭᅧ리 등을 ᄭᅧ셔
ᄂᆞᆫ ᄃᆡ ᄆᆡᆨ고 ᄊᆡ화 ᄆᆡᆨ어
良田美畓 高大廣室
一邑 權勢 혼자 가자
一平生 安樂ᄒᆞ면

그도 그도 좃건마ᄂᆞᆫ
악독한 일을 하면
鬼神이 안이 ᄆᆡ오냐
여앙이 잇슬게니
그 노릇도 못할 게오
모로죄에 걸여슨이
참으로 지은 하여 ᄆᆡᆯ가
여력잇 화액하고
눈치잇ᄂᆞᆫ 젹 ᄲᅡ른 놈은
벗음이 ᄂᆞ 거다 드니

웃이 웃식 씩겨스쿄
四面八方 늬여스뫄
富者을 잡아드려
不孝不友 묘흰 죄은
씰말이나 헐말이나
기와솔은 임잔잭솔은 인
디ㄹ지 썩그진에
본기에 회을 치ㄹ
역리에 학침주며
累百金 累千金은

낼마다 빠다드려
好衣好食 일 호강이
그도역시 굿컨말은
白晝에 강도적질은
도적흰 자안이은가
이도실 어옷힌 터에
學者 노릇하여 본가
셩이 셩심말도 말ㄹ
修身齊家 못하면셔
맵분 다리 休려 말자

두죽벽을 뿌ᄅᆞ듯ᄒᆞ리ᄂᆞ
슌실ᄒᆞᆫ쳬 공검ᄒᆞᆫ쳬
것ᄯᅡ이리ᄒᆞ여가며
친구을 티ᄒᆞ던지
션ᄇᆡ을 티ᄒᆞ던지
太極湯도셔ᄒᆞ와
ᄎᆡ인셩병사칠변을
진지실덕업드리도
구이지ᄒᆡᆨ아ᄂᆞᆫ쳬로
그리져리 ᄂᆞᆷᄶᅩᆨ이ᄂᆞ

그력져력 일홈버려
졀ᄂᆞᆫᄉᆞ연ᄒᆞ려드려
븐도나ᄲᅳᆫ고지ᄂᆞ
道內에 큰文字나
뇌게졍변ᄲᅡ든게ᄂᆞ
道會에도 집에ᄂᆞᆫ
나ᄂᆞᆫ졍병쳥ᄒᆞᆯ지라
지불은 슌타ᄒᆞ리도
폐ᄇᆡᆨ이나ᄲᅳᆫ고지ᄂᆞ
조흔이복ᄌᆞᆺ권ᄲᅳᆫ은

부도겁ᄉᆞ롯타하ᄃᆞ
富귀난실타회도
베슬이나더하ᄃᆞ져
슉분是非듯드라도
병망이나더하ᄃᆞ져
시비쟝은ᄯᅥᆫ하거든
젼모실ᄉᆞ남후리ᄃᆞ
니리쟝은ᄯᅥᆼ하거든
면쳔모신편기해야
一平生ᄉᆞ려뇌야

그덕져뎍션민혜호
文集卷도모아ᄉᆞ고
혈자곤자빠되ᄃᆞ더베
기세도병잘하면
그역시롯천만은
심술간에ᄉᆞ기믄뻗든
도적에셔더한계요
當時나後世ᄉᆞ에
공의듣긔뎐지하ᄂᆞ
비뎍져뎍션가ᄒᆡ도

마ᄊᆞ것도 못하겟ᄂᆡ
아셔라 다던지ᄂᆞᆫ
ᄂᆡ 마ᄋᆞᆷ에 즈론되ᄂᆞᆫ
큰하면 궁한디ᄂᆞᆫ
단하면 댄한되ᄂᆞᆫ
기필도 ᄡᆞᆫ거시ᄂᆞᆫ
경면도 ᄡᆞᆫ거시ᄂᆞᆫ
ᄲᅡ른 마ᄋᆞᆷ ᄲᅡ른가져
팔자에 박겨노고
큰허믈 업ᄂᆞᆫ지ᄂᆞᆫ